東西文化の磁場

日本近代の
建築・デザイン・工芸における
境界的作用史の研究

山野英嗣 編

国書刊行会

まえがき

岩城見一

私たちが二〇〇九（平成二一）年度以後四年にわたって進めてきた文部科学省科学研究費による研究成果の一端が幸いにも書物としてここに公にされることになった。私たちの研究は最初に立てた研究計画に基づいて進められてきた。したがってここでは、本書の理解を容易にするために、科学研究費申請時（二〇〇八年）に示された「研究目的」をわかりやすくまとめておくことにしたい。これによって本書編集の基本方針が理解できるようになると思われるからだ。

なお私たちの科学研究費申請時の研究課題（タイトル）は以下のようになっていた。

「日本近代建築・デザイン・工芸：東西文化の磁場――それらの超‐、脱‐境界的相互作用史に関する基盤研究」

この冗長なタイトルは、本書では『東西文化の磁場――日本近代の建築・デザイン・工芸における境界的作用史の研究』というよりスマートなものに修正されている。タイトルのこの変更は、申請時に研究代表者であった私が科学研究費採択年に美術館長退任になったため、その後実質的な研究代表者として研究課題の遂行のために主導的役割を果たし、また本書の編集責任者になった京都国立近代美術館学芸課長、山野英嗣のアイデアによるものだ。

ただし、いずれの場合も、日本美術、特に建築、デザイン、工芸の近代における変容の模様を美術館という美術の現場で働く研究者と学会で活躍するこの分野の専門家からなる研究グループによってたどり直すという点では同じコンセプトを共有している。以下は、申請書に記された「研究目的」の概要だ（文責は岩城にある）。

①　近代以後の日本文化、それは東西両文化の影響の下で生み出されてきた。いわば近代日本の文化は、東西文化の磁場に投げこまれ、両文化の磁力の拮抗の中でその都度姿を変えてきたと言える。まず私たちが知っておかなければならないのは、近代日本における文化の諸概念（観念）自体もこの磁場で生み出されたものだということだ。「美術」、「芸術」、「建築」、「工芸」等々、これらはすべて近代日本人が、かつて中国から移入し身につけていた漢字を新たに組み合わせることで作った翻訳語であり、これらが現在の日本でも自明の用語になっている。それだけではなく、これら明治期に生まれた文化に関わる新造語は、中国、韓国をはじめとする漢字文化圏に逆移入され今日の公用語として定着している。私たち近代以後の日本人は、西洋文化を漢字の枠組みで理解し、また日本を含む東アジアの過去の文化を、西洋語の翻訳語である漢字の新たな組み合わせが生み出した枠組みで理解してきたのだ。こうして例えば東洋の「山水」は新翻訳語「風景画」の枠組みで見られ「遠近法的」に論じられてきたわけだ（翻訳語の中国への伝播については、李新風［岩城二〇〇二年所収］、王琢［岩城二〇〇五年所収］、「山水画」

と「遠近法」については、岩城二〇〇五年－2参照）。

芸術全般の技法やジャンルについても事情はかわらない。これらも近代以後、新造語の枠組みで整理され制度化され、今では最初から存在した枠組みであるかのように私たちには自明のものになっている。新しい用語（「人工物」）が私たちの意識を構成し、知らないうちに私たちの意識にとって「自然」になったのだ。「絵画」（その中の「洋画」と「日本画」）、「彫刻」、「建築」、「デザイン（意匠）」、「工芸」、「音楽」、「文学」、「演劇」等々。このような用語はすべて近代の造語だ。制度として確立され、今では自然に思われるようになっているジャンル区分自体、西洋の芸術概念に倣った新造語のシステム抜きには成り立たなかっただろう。学校をはじめとする教育制度、文化制度や文化施設においても、作家の発表の場においても、新造語に基づく分類と教育制度が広く深く私たちの心の中にまで浸透している。こうして各ジャンルの作家、学問研究、批評の分化と専門化とが、近代以前とはまったく異なるかたちで生じることになった。これは一方で実践、理論両面での専門分野の深化と進化とを促すことになったが、他方では実践、理論両面にわたり、近代日本文化諸領域の視野狭窄をもたらすことにもなった。

近年、このような問題をはらむ日本文化の近代化のプロセスの再検討、そこにおける光と影との両面についての考察、ジャンルの枠を越えた相互作用の具体的解明、これらが学会においても、美術館の展示活動においても、一つの重要な主題になってきている。例えば、東京国立近代美術館で企画展示され、京都国立近代美術館でも開催された『揺らぐ近代』展は美術館がこのような問題に取り組んだ一つの試みだったと言えるだろう（『揺らぐ近代』展図録、東京国立近代美術館、二〇〇六、および京都国立近代美術館電子メール討論会「揺らぐ近代――揺らいでいるのは何か」京近美ホームページ参照）。

② 私たちの研究は、このような、近年研究が進められている日本近代文化史の再検討の一翼を担い、また総合的研究を通して興味深い成果をもたらすだろう。本研究は「建築・デザイン・工芸」を主対象とし、それらのジャンルを超えた相互関係史を具体的に問い、同時にこれからの私たちの文化の在り方を議論する試みになる。「超－、脱－境界的作用史」という副題の用語はこのような視点から選ばれた。

実際、建築、デザイン、工芸は、今では概念的に区別され、その区別が教育制度の上でも基礎になっている。しかし、実際の制作現場では、個々の作家のみかジャンル自体においても、他の芸術ジャンル以上に領域を超えて作用し合い、また東西の文化を参照しつつその姿を変えてきた。

世界各地に広がったいわゆる「アーツ&クラフツ」運動は、周知のように「工芸」のみの運動ではなく、建築、デザイン、工芸、そして美術をも巻き込んだ総合芸術とも呼びうる運動であり、日本における「建築・デザイン・工芸」の近代化は、一方でこのような西洋の動きを同化しつつ、他方で東洋的伝統をそこに導入することで生み出されてきた。しかも日本では、作家、理論家、評論家によって、西洋建築、デザイン、工芸の参照枠は多様であり、一元化できるものではなかった。

例えば最初の人間国宝に選ばれた「陶芸家」富本憲吉が東京美術学校で専攻したのは建築、デザイン、室内装飾であり、彼が一九〇九年に渡英したのはそれを学ぶためだった。そこで富本が触れたのが、モリスの「アーツ&クラフツ」の思想である。富本はイギリスの新しい建築・デザイン・工芸思想、そしてそれに基づく芸術運動を最も早い時期に日本に持ち帰った作家だった。富本は「超－陶芸家」だったのだ。これに対して、富本も一時期参加した「民芸運動」の指導者、柳宗悦が当時加わった雑誌『白樺』の同時期の雑誌には、モリスや「アーツ&クラフツ」の話題は見出せず、わずかにあるのは、むしろウィーン分離派のヨーゼフ・ホフマンの記事であり、その時期『白樺』で紹介されたものの多くは西欧のいわゆる「近代美術」そして「文芸」であった。これだけを見ても、受容に際しての関心は一様ではなかったことがわかる。富本はやがて「民芸」を離れる。

同時に、「民芸運動」もまた総合芸術運動の一つであり、そこから特有の工芸思想が生まれたことも見逃すことはできないだろう。これはしばしば語られ、また民芸の作品は繰り返し展示されてきた。このとき「民芸建築」思想も生まれていたが、当時の建築史の中でのこの建築思想と実際の作用に関する研究はまだこれからであろう（川島智生「最初の『民芸館』三国荘」『生活と芸術――アーツ&クラフツ』展図録、二〇〇八参照）。

いずれにせよ近代日本が受容したのは、ウィリアム・モリスにはじまるイギリスの工芸運動だけではなかった。当時のヨーロッパの生活と芸術との関係を再構築する運動は、ウィーン工房、ダルムシュタットの芸術家村、そしてバウハウス等々、様々な場所で多様な芸術家達によって展開されており、しかもそれらの情報は相次いで日本に入っていた。その一例として上野伊三郎（一八九二―一九七二）の仕事を挙げることができるだろう。上野は早稲田大学建築学科卒業直後の一九二二年にベルリン、ウィーンに留学し建築、デザイン、工芸を学び、一九二四年から翌年帰国の一〇月まで、ウィーン工房の設立者の一人ヨーゼフ・ホフマン（一八七〇―一九五六）の建築事務所所員を勤めた。上野は帰国後一九二七（昭和二）年に志を同じくする建築関係者と「インターナショナル建築會」を創設し、機関誌『インターナショナル建築』が刊行された。

上野が指導的役割を果たした「インターナショナル建築會」はその機関誌とともに短期間しか存続し

なかったため、この会の理念や仕事はわずかな専門家以外には忘れられてきた。だがこの雑誌や残された証言から、私たちは同時代の建築、デザイン、工芸の状況とそれへの批判を読み取ることができる。西欧近代の「美的形式」の単なる模倣、アメリカ資本主義台頭の中で流行する高層建築（「摩天楼」）への無批判な賛美、神社仏閣様式を近代建築に取りつけた日本の復古建築（「帝冠様式」）などがそこでは批判対象として論じられている。

この機関誌からも、当時の建築界での西洋建築受容もけっして一枚岩ではなく、東西の磁場の中を流動的に動いていたことがわかるだろう（因みに機関誌『インターナショナル建築』は、幸い本書の出版社でもある国書刊行会によって二〇〇八年に復刻版が公刊され、日本近代建築史研究にとっての貴重な史料となっている）。上野はまた、この会の解散後は工芸に向かい、現在の京都市立芸術大学のデザイン科の初代教授になりそこから後進が育つ。個人においても、建築、デザイン、工芸はハイブリッドなしかたで交じり合っていたわけだ。芸術のこのような超ー、脱ー境界的な実践の場の特色は、現在に至るまで跡づけることができるし、また跡づけねばならないだろう。

上述の上野に関するような、まだ十分視野に入っていなかった史料や運動に目を向け、建築、デザイン、工芸の歴史の現場を具体的に再考察すること、これが私たちの研究の目的である。このため、現場で作品や資料の収集、整理、展示といった地道な活動を通して研究を進めてきた美術館関係者とともに、建築、デザイン、工芸の分野で優れた研究成果を公にしている研究者、さらには近代以前のこの分野に精通する研究者を分担者に加え、総合的な基盤研究を組織すること、このことが私たちの研究の遂行のために必須となった。

以上が私たちの設定した研究目的のうち本書の理解に直接関わってくると思われる部分の概要であるが、私が科学研究費申請書にこのような「研究目的」を立てることができたのは、私が館長に就任した二〇〇五年以後も、京都国立近代美術館において上に記したような近代の建築・デザイン・工芸を主題にした展覧会が相次いで開催されてきたからだ。これらの展覧会と、それぞれの図録における展覧会を企画した研究員を含む様々な研究者の論文とは、私たちが科学研究費による研究の目的を設定し、研究を進めるうえでの具体的な指針になった。これらの展覧会は本書に収められる諸論文を理解する上でも参考になると思われるので、ここに展覧会名を示しておきたい。『生誕120年　富本健吉』、『揺らぐ近代　日本画と洋画のはざまに』（以上二〇〇六）、『カルロ・ザウリ展　イタリア現代陶芸の巨匠』、『ドイツ・ポスター　1890-1933』（以上二〇〇七）、『生活と芸術　アーツ&クラフツ展　ウィリアム・モリスから民芸まで』、『上野伊三郎＋リチコレクション展　ウィーンから京都へ、建築から工芸へ』（以上二〇〇八）。

なお、本書には直接反映されてはいないが、私たちの研究を進める上での課題としては、当初はさらに二つの点が挙げられていた。

一つは、上に記したような課題遂行には、海外の研究者の参加が不可欠になるので、海外研究者を交えた討論の場を開くこと。いま一つは、近代日本文化を考える上でも、それとアジアの近代文化との関係を考える上でも、芸術諸概念の近代における形成と影響関係とを改めて検証し直すこと。

最初の課題は、四年間の研究活動の中で、京都国立近代美術館所属の研究分担者の企画により内外の研究者、芸術家を招いたシンポジウムが開催され議論の場に供された。この点については、代表者山野による

「あとがき」で報告されるであろう。第二の課題遂行のために、建築、デザイン、工芸以外のジャンルの研究者も分担者として私たちの研究に加わったのだが、四年という時間的な制限もあって十分に議論するまでには至らなかった。これは今後のさらに進んだ研究にとっての宿題として残されている。「研究目的」に記したさらに進んだ研究の展望をもここに示すことで、この「まえがき」を閉じたいと思う。

建築、デザイン、工芸の現在を考えるなら、それらは近代的意味での〈芸術〉をはるかに超え出た、科学技術に支えられて大きな変容を遂げていることがわかるだろう。そこで生み出される〈セラミック〉、〈金属製品〉、〈繊維〉、〈染料〉等々の素材の世界は、従来のジャンルを超え出たところでその存在意義を見出している。この新素材をも考慮に入れてはじめて、わたしたちの研究の現代性も本物になるだろう。

参照文献

李論文は、岩城見一（編著）『芸術／葛藤の現場——近代日本芸術思想のコンテクスト』晃洋書房、二〇〇二年所収参照。王論文は、岩城見一（編著）『四大（地・水・火・風）の感性論——思想・アート・自然科学の関わりについての基盤研究』（平成一三—一六年度科学研究費補助金〈基盤研究(A)(1)〉研究成果報告書）二〇〇五年所収参照、岩城見一「ヴィジュアル・エデュケーションのために——幾何学的遠近法：知覚に埋め込まれた文化」『美術フォーラム21』十二号、醍醐書房、二〇〇五年2参照。

目次

まえがき　岩城見一　i

第1章　「建築」から見た境界的作用史

祝祭を通じて受容される近代都市空間
――大正大礼で変わる京都を例として――　中川　理　15

上野伊三郎・リチの活動に見る「東西文化の磁場」　山野英嗣　37

二〇世紀的彫刻から二一世紀的庭へ
――イサム・ノグチの反モダニズム的転向――　新見　隆　63

第2章　「デザイン」から見た境界的作用史

京都高等工芸学校収蔵の日本美術資料
——漆芸品を中心に——　並木誠士　103

明治初期における「美術工業運動」の受容　籔 亨　127

ドイツ世紀転換期のデザインにおける日本と自然の言説をめぐる試論　池田祐子　153

第3章　「工芸」から見た境界的作用史

芸術（日本画）と工芸（染織）の融合
——明治期の京都——　廣田 孝　175

近現代における染織文化財の価値形成
——日本における国指定文化財と民間コレクションの動向を中心に——　河上繁樹　199

第4章　ジャンル、国境を超えた境界的作用史

モニスムスと生気論と生命中心主義
——宮澤賢治／中原實／バウハウスにみる芸術と生命——　前田富士男　239

大正期日本における蓄音機の教育的利用の事例
——雑誌『音樂と蓄音機』と日本教育蓄音機協會の場合—— 中川克志 283

竹久夢二、超-、脱-境界的「画家（?）」
——「夢二神話」のハイブリディズム—— 岩城見一 309

あとがき 山野英嗣 347

第1章

「建築」から見た境界的作用史

祝祭を通じて受容される近代都市空間
――大正大礼で変わる京都を例として――

中川　理

はじめに

都市はどのようにして近代という時代を受入れていったのか。それを空間や景観という観点から捉えようとしたのが本稿である。

そのために扱うのが京都である。「みやこ」として千年以上の分厚い歴史を誇る京都では、東京遷都が行われた明治期以降、近代化は容易には進まなかった。都市における近代化の過程とは、近世までの、小さな地域社会がモザイクのように組み合わされた社会と空間の構成が、近代国家の権力機構の確立とともに、一元的な構成へと再編される。その過程において、戦国期以来の伝統を持つ町方社会に形成された強固な地域組織が、他都市にくらべ明治維新以降も強く維持され続けた京都では、さまざまな軋轢が生じることになった。実際に、制度の改変や都市改造事業の実施も、東京や大阪にかなり遅れることになる。

しかし、だからこそ、その近代化過程を都市が受入れていく実相を見いだす契機をより多く見つけることができるはずである。近世までの仕組みや意識と、近代化に向かう意思の衝突が激しいほど、そこに近代が受容されていく姿を見いだすことができると思われるからだ。

ただし、そのためには政治や経済の仕組みの変容だけでは足りない。そこに暮らす生活者の意識の変化も捉える必要があるだろう。都市住民が、都市の変容をどのように捉え、実際に何を見て、そこにどのような楽しみ方や捉え方をしたのか。制度や空間の変容にともなう、そうした生活者の行動や意識の変化を読み取っていかなければならない。

そのために注目しなければならないのは、集う人々である。地域社会がモザイクのように組み合わされた生活空間では、都市全体をまきこんで人々が一つの意思で集うことはほとんどありえなかった。しかし、近代都市では、一元的な統治のもとに、都市全体をまきこむイベントが繰り返し開催されるようになる。それは博覧会であり、戦勝記念であり、大規模な事業の完了記念であり、大喪であり、大礼であり……。そこでは、まず物理的に、膨大な数の人々が集まることができる広い空間が必要とされる。近世までには必要とされなかったそうした空間こそが、近代都市空間の最初の登場となっていくわけだが、そこでの体験こそが、人々の意識の変容をもたらしていくはずなのである。

京都においても、そうした空間が確実に生み出されていく。そして、その空間の成立と、そこに集う人々の行動には、根強く続いてきた京都の伝統的な生活意識が、近代の仕組みを理解するにまで至るという、落差の大きい意識の変化を見て取れるはずなのである。本稿では、そうした問題意識の上で、京都において人々が集うイベント空間がどのように生み出され、それがどのような意味を持っていったのかを明らかにする。

一．奉祝の場の登場

東京遷都で疲弊した京都を産業都市として再生させるためのシンボル的な事業となったのが、北垣国道府知事が主導し一八九〇（明治二三）年に完成する、琵琶湖から京都市内に水を引く琵琶湖疏水事業であった。実際に、明治期のわが国の土木事業を代表するプロジェクトであったこの事業は、東京遷都により衰退した京都が、さまざまな意味において復興する契機となったことは事実である。とりわけ、水力発電による電気事業が、京都の工業化を支える役割を果たしたことは大きかった。

しかし、ここで注目したいのは、この事業で大きく生まれ変わった岡崎という場所である。琵琶湖疏水の当初の目的には水力発電は含まれていなかった。工業化を目指す主要な目的としては、琵琶湖疏水の京都側のトンネル出口にあたる岡崎周辺、とりわけ北上する疏水分流沿いの鹿ヶ谷界隈において、水車による工場建設を進めることであった。岡崎は、京都の市街地から東へ鴨川を渡った先に位置し、それまで近代的な都市施設が立地してこなかった地域である。その地域が、近代産業都市として生まれ変わる京都を代表する場所として想定されていたのである。

ところが、水力発電の実現により、結果的に岡崎は、工場地帯と全く異なる性格の場所となっていく。一八九五（明治二八）年には、この地を会場として第四回内国勧業博覧会と平安遷都千百年紀念祭が開催されることとなった。この一連のイベントは、日本国中から一二〇万近くの来場者を迎えることになり、京都が

「歴史観光都市」として広く認知される契機となるものとなった[1]。そして、これを契機として、岡崎は「歴史都市」を象徴する特別な場所となっていく。

内国勧業博覧会の跡地では、毎年のように様々な博覧会が開催され、その後近代的な公園空間として整備されていくが、その周囲、とりわけ工場地帯に想定されていた鹿ヶ谷周辺などに、明治後半期から大正期にかけて、東西の実業家・資産家たちのための別荘・邸宅が並ぶ住宅地が広がるようになっていく[2]。こうした開発は、ここにおいて、京都が「歴史観光都市」としての評価を確立していたことを示している。

もちろん、それより以前から、京都を近代国家・日本の歴史を体現する都市であると位置づけようとする動きがあった。その位置づけを導くのに最も尽力したと思われるのは、岩倉具視である。岩倉は、天皇・皇室の擁護を一貫して主張し、一八八三（明治一六）年亡くなる直前に「京都皇宮保存ニ関シ意見書」を提出している。そこでは、天皇の即位式・大嘗祭などは京都御所で行い、桓武天皇の神霊をまつる平安神宮を御苑内に創建することなどが主張された[3]。東京に対して、もう一つの都としての京都を位置づけようとしたのである。

そして、岩倉が提言した平安神宮も、前述の平安遷都千百年紀念祭の際に、平安京の内裏空間の建物を再現する形で、第四回内国勧業博覧会の会場の北側に創建されることになる。つまり、博覧会と紀念祭に集う人々は、そこが平安京ゆかりの都市であるということを、いやでも印象づけられることになる。こうして、琵琶湖疏水により脚光をあびることとなった岡崎という土地は、京都が「歴史都市」として位置づけられることを、内外に発信する場所として成立していくのである。

こうした岡崎という土地の性格付けは、近代都市が必要としたものであるとも言えるだろう。それは、近代国家・日本にとっての京都の位置づけを明確に示す場所として必要とされたのである。したがって、この場所には、京都に暮らす人々が狭い生活空間を超えて、こぞって集うという、それまでなかった広場としての役割を果たすことにもなっていく。

第四回内国博が終了後に毎年のように開催された博覧会には、少ない年でも一〇万人の人々をあつめていたという(4)。博覧会だけではない。日露戦争時には、「帝国万歳」と掲げられた巨大な櫓が設置され(5)、後述の三大事業の竣工祝賀会には一八メートルもの高さをほこる巨大な緑門が築かれるなど(6)、京都市民が祝意を示し集まる際には、必ず岡崎が、そのための場所としての役割を担っていた。確かに、多くの場面で人々がこぞって祝意を示すという近代都市に必要になる広場として、岡崎は役割を果たすようになったのである。

二　都市改造により開かれる空間

では、一方で旧来からの市街地はどうであったのか。三都と言われた都市の中で、先述のとおり、京都が最も都市改造に遅れをとっていた。岡崎が京都の近代化を象徴する場へと変貌し、東京や大阪での都市改造が着手された明治末までの間に、古くからの京都の市街地の空間は、ほとんど変わることがなかったのである。もちろん、それは東京や大阪に比べ、産業都市としての発展が見られなかったという事態にもよることだったが、実際には都市を近代的に改造しなければならないという動きは強くあったのである。

琵琶湖疏水事業を成功させた北垣国道府知事は、すでに疏水が完成する前年の一八八九（明治二二）年の時点で、京都市内の道路拡築と市街電車の敷設の必要を主張している。しかし、道路拡築も含む都市改造プランが、実施を前提とした具体的な計画案に至るのは、第四回内国勧業博覧会が終わった後の、一八九七(明治三〇)年に、市会の外部に専門家も含めて組織された京都市臨時土木委員会からであった。そこでは、市政特例が翌年に廃止され、最初の京都市長にも就任する内貴甚三郎がリードし、街路拡張を中心とした都市改造の計画案が練られることとなったが、結局市会では、この時点で都市改造の必要性は認めつつも、それをただちに実行することに強い抵抗が示され計画決定に至らなかったのである(7)。

その後、一九〇四(明治三七)年に、台湾で宜蘭庁長などとして治水事業や上水道建設などに実績があった西郷菊次郎(西郷隆盛の庶子長男)が、京都市長に就任することで、市長を中心としたリーダーシップのもとに、内貴市長の計画案を基盤とした実施計画がようやく市会で決定されることとなった。その計画とは、多岐におよぶものであったが、中心になるのは、(一)琵琶湖疏水の電力供給を増強する必要から第二琵琶湖疏水を建設すること、(二)その疏水の水を利用して上水道を市内に建設すること、(三)市内の道路拡築とそこへの市電の敷設の三つであり、それらを合わせて三大事業と称されることになった(8)。

そのうち、ここで注目しなければならないのは、三番目の道路拡築である。この事業により、それまでの町方社会により形成された強固な都市空間の構造が大きく改変されることになっていったのである。拡築される道路は、まず鉄道の京都駅から京都御所に向かう行幸道路としての南北の烏丸通を中心として、東西の丸太町通や四条通が選ばれた(図1)。これらの通りでは、大規模な用地買収が行われることとなった(9)。

この道路拡築の実施が市会で可決されるのが、一九〇七(明治四〇)年であり、その後、他の事業も含めた起工式が翌年に行われ、一九一二(明治四五)年に竣工祝賀会が行われている。もちろん、この三大事業の道路拡築の実施の過程では、強い反対運動も展開された。とりわけ、すでに繁華な商店街となっていた四

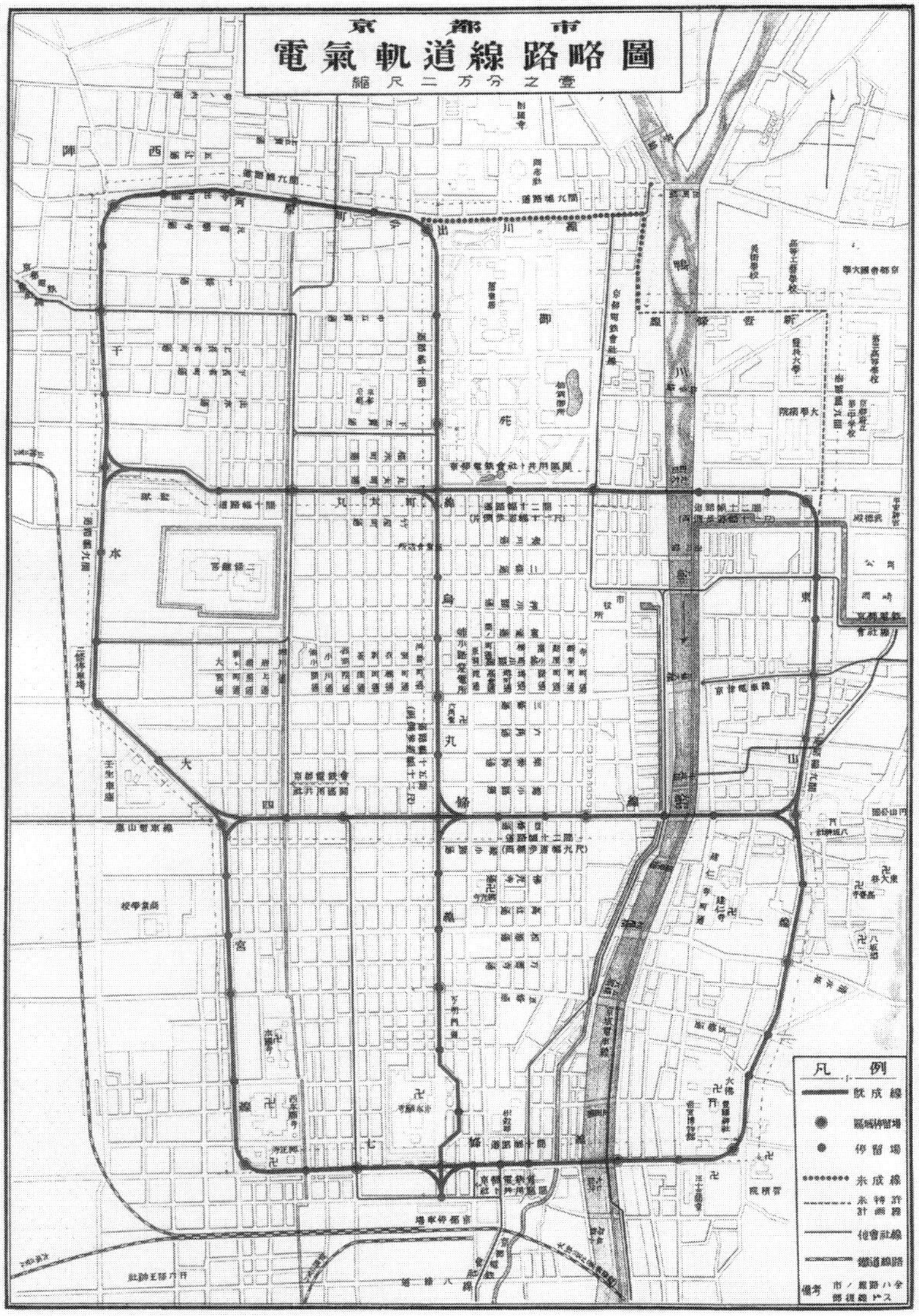

図１―三大事業道路拡築・電気軌道線路図
（『三大事業誌道路拡築編図譜』京都市役所、1914 年）

条通の反対運動は激しいものだったようだが、計画どおり、道路拡築は実現することとなった(10)。

三 都市イベントとしての大礼

以上のように、近世までの強固な地域支配が近代化を阻んできた京都でも、明治末に、ようやく大規模な都市改造が実施されたのである。しかし、空間や景観が物理的に大きな変化を遂げたとしても、そこに暮らす都市住民が、すぐにそれを受入れることにはならないはずである。彼らがその空間の近代化を受容するのは、その改造の実施を受入れた時点ではなく、むしろそれにより立ち現れる空間や景観の意味を理解した時点であるはずだろう。

実際に、三大事業で拡幅された街路は、当初市民から批判されることも多かったようだ。竣工当時は「こんなに広げられたんでは、広すぎて渡りきるまでに風邪ひいてしまう」などと揶揄されたという(11)。つまり、道路が拡幅されることの意義を市民は理解できないでいたのである。写真1は、三大事業によって拡築された直後の烏丸通のようすである。街路の両側には、伝統的な京町家が連なっているのがわかる。近代的街路に見合う建築物はまだほとんど見られない。街路が広げられただけでは、そこでの生活の様態は変わりようがなかったことがうかがえる。では、京都の都市住民はどのような体験から、都市改造で現れた空間の意味を理解していくことになるのだろうか。

それは、まず竣工式から始まっていたと言ってよいだろう。三大事業の竣工を祝う竣工式は、一九一二（明治四五）年六月一五日、一六日の二日間にわたり、近代京都を象徴する場所となった岡崎公園で盛大に

写真１―道路拡築直後の烏丸通（『京都市三大事業』京都市役所、1912年）

開催された。先述のとおり、巨大な緑門が仮構され、公園内の勧業館では「夜会」も盛大に行われた。

しかし、ここで注目したいのは竣工祝賀が「独り公園にのみ限らず市内各所に現出」したということである。なにより道路拡築反対運動が起こった四条通でも、「町内連合で両側に色旗を立て華やかな経木モールで眩ゆい程装飾」して、夜には「数千個の」イルミネーションを点火したという。また、開通した市営電車は、「意匠を凝らした花電車」を運転し、夜間はやはりイルミネーションを点火して走り回ったという。(12) こうした官民による祝賀演出は、市民に対して、道路が拡築され市電が敷設されたという改造の意義を知らしめる役割を果たすことにもなったはずである。

しかし、さらに盛大な形で、都市改造で現れた空間の意味を伝える祝祭イベントが、この竣工祝賀会のわずか三年後に再び行われるのである。それは、一九一五（大正四）年に行われた大正大礼である。先述した岩倉の提言の中にも主張されていたことだが、京都を日本の歴史を体現する「歴史都市」として位置づけるためには、天皇の即位大礼は京都で行うことが求められた。もちろん、即位の礼は帝都・東京で行うべきであるという意見もあったが、結局、一八八九（明治二二）年に皇室典範に即位大礼は「京都ニ於テ之ヲ行フ」と規定され、実際に大正と昭和の即位大礼は、京都で行われている。大礼とは、皇室による即位に関して執り行われる一連の儀式を指すが、その祝祭行事は京都市全域を舞台とする一大国家イベントにもなった。

京都市は、この大イベントを契機にして、三大事業をさらに拡張する都市計画事業を計画したが、実際には財源難などもあり、実現した事業は少なかった。北部地域の発展を促す目的もあって企画した下鴨博覧会も実施できずに終わっている。

しかし、一方で、祝祭のイベントはきわめて盛大に行われていた。そして、そのようすは、三大事業の竣工祝賀会と似ていた。同じように、拡築された街路が装飾され、花電車が走るなどした。ただし、その規模は、三大事業の比ではなかった。そこに、近代的様相に生まれ変わった都市空間を受容し理解する人々の姿が窺えるのである。

四. 装飾される街

京都でのこの即位大礼は、天皇の京都への行幸ではなかった。大礼の期間だけ政府が遷都する「移御」であった。そのため、政府機関の臨時移転も行われ、きわめて大規模な準備が行われ、各種の儀礼のための会場もほとんどが新築されている。そして実際の大礼では、一九一五（大正四）年の一一月六日から同三〇日までの二五日間に「即位の礼」「大嘗祭」「大饗宴会」を中心に数多くの行事が連日行われた。

もちろん即位大礼の公式行事のほとんどは、御所内に設けられた施設で行われたが、大正大礼から初めて開催されることとなった「大饗宴会」は、参列者が多いことから二条離宮（二条城）で行われることとなった。このことにより、大礼は京都市街を巻き込んだイベントになったのである。そのことにより、三大事業で拡築された道路も、大礼の舞台になっていくことになる。

京都駅から御所に向かう南北の烏丸通は、もともと三大事業において、行幸道路として位置づけられた街路である。しかしそれだけでなく、御所から二条離宮に向かう東西の丸太町通も行幸道路となり、それらの通りを中心として、三大事業で拡築されたばかりの道路において、天皇の鹵簿、すなわち儀仗を具えた行幸を奉拝し、さらには提灯行列などで大礼を祝う都市住民たちが大挙して繰り出すことになったのである。

この道路での奉拝を管理した京都府は、政府高官や各種公益団体、外国人などの有資格者に対しては奉拝場を設けたが、それ以外の一般の人々に対しては、自由に拝観することを許した[13]。道路拡築された烏丸通や丸太町通では、一〇万人を超える拝観者に対応できるとされたが、実際にはそれをはるかに超える人々が押しかけたという。これらの通り沿いの家では、「拝観所」や「奉拝席」と勝手に称して、家の軒先や玄関を貸し出す人が続出したようだ[14]。

しかし、単に人々が奉拝に押しかけただけではない。即位大礼では、数多くの奉祝・記念事業が行われているが、それらの多くは、京都府や京都市、あるいは市内の有力者で組織された大礼奉祝会や、一八九七（明治三〇）年から各町に設置された行政補完団体としての公同組合が主催していた[15]。つまり、皇室行事とは別に、京都市民が主体となる行事が連日行われていたのである。その事業とは、『大礼奉祝会紀要』の記録にしたがえば、（1）市街を壮観に装飾すること、（2）来賓を歓迎すること、（3）記念建造物を建設することに大別できたという[16]。

この中で、特に注目しなければならないのは、（1）の市街装飾である。行幸道路となった烏丸通、丸太町通を中心に、三大事業で拡築された道路には、さまざまな装飾がほどこされた。しかもそれは、三大事業の竣工式における演出的なレベルでの装飾ではなかったのである。この市街装飾の費用の多くを出費したのが京都市と大礼奉祝会であった。大礼奉祝会では、事業のために集めた多額の寄付金の最も多くを市街装飾に充てることとした。具体的には、一三万二五〇〇余円の寄付金のうち、五万円が市街装飾に費やされた。その他に外国使節の接待費などにも使われ、余った六万円あまりは、京都市が計画していた公会堂の建設費として市に寄贈された[17]。

この奉祝会による市街装飾への出費は、すでに立案されていた市の市街装飾の計画が「概シテ規模狭小ニシテ千古ノ大礼を奉祝スルニ於テ十分ト認メ難ク」ためであったとされる[18]。そこで奉祝会と市による交渉が行われ、烏丸・丸太町両行幸道路の中央に立つ市電軌道の電柱の装飾と京都駅前に設置する大奉祝門の建設費を京都市が負担し、道路両側に加える装飾など、残りの市街装飾の費用を同会が担うこととなった。さらに、大奉祝門や、京都市が装飾を施した電柱も含めて、ほとんどの市街装飾には電気装飾工事、つまりイルミネーションが施されたが、これも奉祝会の事業として実施された。この電飾を請け負った京都電灯によれば、行幸道路だけでその電灯数は六万灯に及んだという[19]。こうして巨費を投じて設置された装飾は、それまであった市街装飾をはるかに超える豪華なものとなったのである。

大礼の市街装飾は、もちろん京都だけではなかった。台湾、朝鮮といった植民地も含めて、全国の都市で行われていた。しかし、即位式が行われた京都では、とりわけ豪華なものとなり「其装飾の如きも厚化粧して至所美観を呈せり」[20]という状況となったのである。

では、その装飾の豪華さとはどのようなものであったのか。まず京都駅前に建設された大奉祝門は、写真2に見るように高さおよそ二七メートルの巨大なものであり、行幸道路となる烏丸通・丸太町通の電柱と沿道の装飾も、写真3から入念なものであったことがわかる。電柱装飾は、一本あたり三四円を投じたとされている。[21]

そして注目すべきは、そのデザインである。大奉祝門は「セセッション」式であるとされた。こうした記

写真2—京都駅前大奉祝門
(『大正大礼京都府記事　庶務部　下巻』京都府、1917年)
写真3—丸太町通の市電電柱の装飾
(『大正大礼京都府記事　庶務部　下巻』京都府、1917年)

念門は各地に作られているが、多くが鳥居や冠木門の型式を使った日本式のデザインが多い。この大礼で同時に市街装飾が行われた東京でも、東京駅前の巨大な奉祝門には唐破風が使われ、日本橋に設置された奉祝門も冠木門の型式であり、いずれも日本の伝統的な意匠をモチーフとしている[22]。それに対して京都では、明らかな洋風意匠が採用された。さらに、電柱装飾や沿道の装飾も日本式と言えるものではない。従来の祭礼などにおける街路の装飾であれば、幔幕やしめ縄であり、東京の大礼での街路沿道でも、そうした装飾が中心であったが、京都では、それらと明らかに異なる新規なデザインが採用されているのである。

　行幸道路だけではなかった。三大事業の道路拡築に合わせ、鴨川に架かる四条大橋、七条大橋、丸太町橋なども一九一三（大正二）年に京都市により架け替えられているが、それらにも装飾が施された[23]。とりわけ、

写真４―四条大橋の奉祝門
（『大正大礼京都府記事　庶務部　下巻』京都府、1917 年）
写真５―四条大橋イルミネーション
（『大正大礼京都府記事　庶務部　下巻』京都府、1917 年）

四条大橋には、写真4のような約一一メートルの高さを持つ大がかりな奉祝門が京都市によって建てられている。これも、アーチを渡したデザインで、日本式とは言い難いものであった。さらに、橋そのものには、写真5のようにイルミネーションもほどこされた。

もちろん、その他の京都市内で行われた住民による装飾は、写真6に見られるように、提灯や幔幕、そして冠木門といった、明らかに伝統的なものであった。つまり、市街装飾の中心となった京都市や大礼奉祝会が計画的に行った装飾のデザインだけが、従来の伝統と異なる洋風、あるいは近代を意識したものとなっていたのである。

こうしたデザインを監修したのは、建築家・武田五一であった[24]。武田は、一九〇三（明治三六）年から京

写真６―東洞院通六角周辺の市街装飾
（『大正大礼京都府記事　庶務部　下巻』京都府、1917年）
写真７―四条通のイルミネーション
（『大正大礼京都府記事　庶務部　下巻』京都府、1917年）

都高等工芸学校教授、その後一九二〇(大正九)年に京都帝国大学の教授をつとめ、数多くの建築作品の設計に携わり、京都の建築文化に大きな影響力を持っていた建築家である。そして、ヨーロッパ留学で影響を受けたアール・ヌーボーやセセッションなど、新しいデザインを日本に紹介した建築家としても知られている。京都市の大礼のための装飾が、あえてそうした建築家に託されたのである。

それは、都市改造の道路拡築により実現した新しい街路空間に相応しい装飾として企図されたものだったと考えられるだろう。幔幕や提灯のような飾りではなく、広げられた道路のための新しいデザインが求められたはずである。

五．近代都市空間の受容と理解

では、都市改造により新しく登場した空間に施された豪華な市街装飾を、都市住民はどのように体験することになったのだろうか。京都市民にとって、祭礼のための市街装飾はこれまでも経験してきたことだった。しかし、大正大礼で登場した、市街装飾による祝祭空間は、いままでの経験に全くないものであったと言えるだろう。祇園祭などの街路沿いの幔幕や提灯ではなく、遠くまで見通せる近代的街路空間に、大きなスケールでほどこされた市街装飾は、まさにスペクタクルな景観を市民に体験させることとなったはずだ。写真7でわかるように、夜間のイルミネーションは、そうした体験をより高める効果がとりわけ大きかったと考えられる。

実際に人々は行幸を奉拝するだけでなく、この祝祭空間で万歳三唱をし、昼には旗行列、夜には提灯行列を連日行った。それらは当初、京都市が主催する行事として、学校や公同組合などが管理して行われていたが、大嘗祭が終わった後ごろより、統制がとれなくなっていったようだ。

市民は思い思いに仮装を凝らして烏丸通、丸太町通、さらには四条通などに繰り出したのである。企業や工場、商店などの団体ごとに「各自奇抜に意匠を凝らしたる扮装」で提灯をかざして、中には集団で踊り出す人々も現れた。(25)その熱狂するようすを、当時の新聞は次のように伝えている。

「愈々二十五日迄と云ふのが踊る市民に知れ渡つた二十四日の夜、あと一日しか大ぴらに踊れる日は一生過ぎても恐らくは骨が舎利になつてもあるまいぞと踊り出した幾十数、（中略）日の暮るるを待ち侘びての大混乱、御苑内は場所柄とて大した騒ぎも無いものの、丸太町から下へ烏丸から東へ押し出した万歳連、八時と云ふに街路は千態万丈の踊り手に依つて狂乱の巷と化し去つた。(26)」

もちろん、こうした状況は、大正大礼によって引き起こされた熱狂であるわけだが、同時にそれは、三大事業で登場した近代的都市空間の意味を、人々が体得した瞬間でもあったと言えるだろう。拡築された道路がなければ、この熱狂はありえなかったはずだ。それは、思い思いのかっこうをして踊る人々にとって必要とされた舞台装置であった。

この事態は、先述の奉祝の場としての岡崎が、市の中心部にも登場したことを意味していたのである。近代都市が必要とする広場が、既存の都市空間の中にも展開されたのである。市街装飾の奉祝門や電柱は、まさに岡崎に建てられた櫓や緑門と同じものだったと言えるだろう。ただし、拡築された道路は都市全体を巻き込むものである。つまり、旧来の閉ざされた都市の構成が、広場として開かれてしまったのである。

近代的空間とは、都市全体に人々の視野が開かれる空間である。そこにおいて、街路は不特定多数のまなざしが交差する舞台となる。そうした都市空間のありようを、少なくとも、この即位大礼の期間において、京都市民は初めてしかも十分に体得しえたのである。

都市の近代的な再編に向かう都市改造を拒んできた、地域に閉鎖する京都市民の保守的な態度は、少なくともこの大正大礼で熱狂する人々には窺うことはできない。しかも、その熱狂は、市内有力者による大礼奉祝会や各町の公同組合という、それまでの地域コミュニティを支えてきた人や団体により組織されたものでもあった。大正大礼に現れた祝祭空間は、伝統的な地域支配の閉鎖的な意識を変え、近代的な都市空間に開かせる重要な契機となったと十分に考えられるのである。

おわりに

三大事業の道路拡築の直後には、写真１で見たように、拡築前と同じような町家の家並みが作られたケースが多かったが、道路拡築の用地買収が進んでいた一九一〇（明治四三）年には、拡築される四条通の商店街の中核となる御旅町では、有志が拡築後の自分たちの店舗のデザインを「洋式を採るか但しは和洋折衷式とするか等に付き」などの議論を行っている(27)。もちろん、これはきわめて例外的なケースであるが、実際に、この大礼が終了した以降から、京都の道路沿いの景観は大きく変容していくことになる。

拡築された道路沿いに、伝統的な京町家に代わり、近代洋風の意匠の銀行や百貨店が次々と建設され、近代的な消費文化が定着していくようになる。写真１に見られたような町家が続く家並みが、煉瓦や鉄筋コンクリートの建物、または木造の町家であっても、街路に面した部分だけを看板のように洋風意匠とする、いわゆる「看板建築」などに変わっていくのである。

こうした町並みの変化を導く大きな契機となったのが、以上見てきた大正大礼のイベントの体験であったと考えられるのである。明治末に実施された大規模な道路拡築により、京都では、近世から根強く続いてきた伝統的な空間構成が大きく変貌することになった。その道路拡築が完成した直後に開催された大正大礼は、その変貌を住民が体験し、そこに現れた広場としての街路空間を、近代都市空間として理解する重要な契機となるイベントとなった。そして、その結果として、人々は拡築された道路を近代的装いの街に変えて行く必要も理解していったはずなのである。

そうした事態を象徴的に示すのが、大正大礼で実施された豪華な市街装飾であった。それは、住民が飾り立てるものに限れば伝統的な幔幕や提灯であったが、京都市や大礼奉祝会による装飾は、「セセッション」の奉祝門、道路拡築の結果敷設された市電の電柱の飾り、イルミネーションなど、すべて洋風、あるいは近代を意識させるものであったのである。

では、京都市や大礼奉祝会の市街装飾は、はたして拡張された街路を洋風化・近代化に向かわせようとする企図のもとに実施されたものであったのだろうか。大正大礼の後、一九二八（昭和三）年に実施された昭和大礼でも、同じように大礼奉祝会の中心事業として市街装飾が行われている。この時も、即位の礼は京都御所で行われたが、大正大礼と同様に、行幸道路や四条通には、豪華な市街装飾が施され、多くの住民が奉祝行事に参加した。しかし、この際の市街装飾には、西洋や近代を意識させる要素は少なかった。もちろん、幔幕や提灯ではなく、街路沿いには豪華な装飾が施され祈念門も作られたが、その意匠は、むしろ日本の伝統的な祝祭装飾を意識したものとなっていたと言ってよい(28)。これを見ると、大正大礼の市街装飾の特異性がうかがえるのである。

昭和大礼の時点では、すでに町並みは洋風化が進んでいた。烏丸通も四条通も、多くの西洋建築が軒を並べる事態になっていた。そこでは、日本国の天皇即位の大礼として、わが国伝統の意匠が意識されたということであろう。であれば、西洋や近代をあえて意識した大正大礼の市街装飾の意匠は、伝統的な都市空間の仕組みと、そこでの住民の意識を、西洋近代に導く仕掛けとして意識されたものだったと考えられるのである。そこには、こうした都市イベントの仕掛けが、伝統的な都市を近代都市に変えて行く重要な契機としてあったという事態を読み取ることができる。

註

(1) 笠原一人は、この一連のイベントこそが、京都が「歴史観光都市」として「可視化」される契機となったものであったと位置づけている。笠原一人「イベントと都市演出」(高橋康夫・中川理編『京・まちづくり史』昭和堂、二〇〇三年)。

(2) 尼崎博正編著『植治の庭　小川治兵衛の世界』(淡交社、一九九〇年)に詳しい。

(3) 高木博志『近代天皇制と古都』岩波書店、二〇〇六年。

(4) 前掲『植治の庭　小川治兵衛の世界』。

(5) 『京都日出新聞』一九〇四(明治三七)年九月五日。

(6) 『京都日出新聞』一九一二(明治四五)年六月一六日。

(7) 京都の都市改造事業における、こうした一連の動きについては、中川理「明治期の都市改造事業における土木官吏の役割についての研究――京都市の三大事業に至る経緯を事例として」(『日本建築学会計画系論文集』第七六巻、第六六二号、二〇一一年四月)にまとめた。

(8) 前掲「明治期の都市改造事業における土木官吏の役割についての研究――京都市の三大事業に至る経緯を事例として」。

(9) この用地買収の実際については、中川理「明治期の都市改造事業における都市住民の反応とその動向に関する研究――京都市の三大事業の実施過程を事例として」（『日本建築学会計画系論文集』第七六巻、第六六八号、二〇一一年一〇月）にまとめた。
(10) 前掲「明治期の都市改造事業における都市住民の反応とその動向に関する研究――京都市の三大事業の実施過程を事例として」。
(11) 畑富吉『50年前の思い出を語る』（ハタトヨ機料株式会社、一九六四年）など。
(12)『京都日出新聞』一九一二（明治四五）年六月一七日。
(13)『大正大礼京都府記事　庶務部　下巻』京都府、一九一七年。
(14)「風雪京都市」三六一号（『京都新聞』一九六九〈昭和四四〉年二月二〇日）。
(15) 公同組合については、前掲「明治期の都市改造事業における都市住民の反応とその動向に関する研究――京都市の三大事業の実施過程を事例として」で詳述した。
(16)『大礼奉祝会紀要』大礼奉祝会、一九一三年。
(17) 前掲『大正大礼京都府記事　庶務部　下巻』。
(18) 前掲『大正大礼京都府記事　庶務部　下巻』。
(19)『京都電灯株式会社五十年史』京都電灯株式会社、一九三九年。
(20)『御即位式大典録　後編』御即位大典記念会、一九一五年。
(21) 武田五一「御大典京都市装飾に就て」（『建築雑誌』三五〇号、一九一六年二月）。
(22)『大礼写真帖』大礼使、一九一七年、および前掲『御即位式大典録　後編』。
(23) 前掲「御大典京都市装飾に就て」。
(24) 武田は、前掲「御大典京都市装飾に就て」において、市街装飾の詳細を紹介している。
(25)『京都日出新聞』一九一五（大正四）年一一月一七日。
(26)『京都日出新聞』一九一五（大正四）年一一月二五日。
(27) 前掲「明治期の都市改造事業における都市住民の反応とその動向に関する研究――京都市の三大事業の実施過程を事例として」、『京都日出新聞』一九一一（明治四四）年一月一五日。

（28）『大礼奉祝会紀要』一九三一（昭和六）年などで確認できる。

上野伊三郎・リチの活動に見る「東西文化の磁場」

山野英嗣

はじめに

二〇〇六（平成一八）年度京都国立近代美術館に、旧京都インターアクト美術学校[1]から、同校が長年保管してきた創立者の上野伊三郎（一八九二―一九七二）とその妻・上野リチ（Felice "Lizzi" Ueno-Rix, 一八九三―一九六七）の全作品並びに資料が寄贈された。この貴重な篤志にこたえるため、二〇〇九（平成二一）年一月六日から二月八日の会期で、〈上野伊三郎＋リチコレクション展　ウィーンから京都へ、建築から工芸へ〉と題して、コレクション披露の展覧会が開催され[2]、上野伊三郎とリチ夫妻ふたりの活動をはじめて紹介する機会が生まれた。

上野伊三郎は、一九二七（昭和二）年七月に関西の地（京都において）ではじめて立ち上げられた建築運動「日本インターナショナル建築会」の代表者として、さらにはブルーノ・タウト（Bruno Tuto, 一八八〇―一九三八）をわが国に招聘した中心人物として知られている。その妻・上野リチはウィーン工房に在籍し、スイスのグレンツァハ・ザルブラ社の「フェリース・リックス・コレクション」（Salubra-Werke A. G., Grenzach, before 1928）と呼ばれ評価の高い壁紙制作や、上野伊三郎とウィーンで結婚後来日してからも、京都の《スターバー》内装（一九三〇年）をはじめ、日生劇場《アクトレス》の壁面装飾（一九六三年）ほか、テキスタイル、装身具、七宝など数多くの個性的な工芸作品を残した。

周知のように、上野伊三郎は一九三三（昭和八）年五月三日、ブルーノ・タウトを敦賀港に出迎え、翌日のタウトの誕生日に桂離宮に案内する。このタウト来日とともに「タウトの世話に忙しくなった[3]」ことも、有力な理由のひとつであったと思われるが、上野伊三郎はベルリン、ウィーンでの滞在（一九二二年から一九二六年まで）からリチをともなって帰国後、一九五〇（昭和二五）年に京都市立美術大学教授に就任するまでの間、京都での活動を一時中断していた時期がある。上野リチも、来日後ウィーンと京都の間を行き来しながら、一九三〇（昭和五）年五月に、それまで籍のあったウィーン工房を辞職し、伊三郎とともに上野建築事務所で美術工芸部主任として数々の仕事を手がけていた。ところが、一九三六（昭和一一）年以降は、伊三郎と群馬県工芸所での活動などに比重をおくようになり、同じく京都での制作も、一九五〇（昭和二五）年あたりまで影をひそめてしまう。

これまで、上野リチの旧京都インターアクト美術学校に所蔵されていた作品群については、一九八七（昭和六二）年に同校の前身・インターナショナル美術専門学校の編集・発行で『リチ・上野＝リックス作品集』が世に出され、この出版に合わせるように、京都・東山区の京都女子大学に隣接した旧「中林邸・比燕荘」を会場に開かれた〈リチ・上野＝リックス展〉（同年一〇月一八日—一一月三日）で披露されたことがある。また、《壁紙》や《ドローイング》、《飾箱》や《マッチ箱カバー》など五〇点が、セゾン美術館に当時在職され、本書にも論考を寄せられている新見隆氏の企画による〈日本の眼と空間　もうひとつのモダン・デザイン〉展（一九九〇年九月八日―九月二四日）に出品されていた。

こうした展覧会の機会がありながら、上野伊三郎に関しては、ブルーノ・タウトの招聘者、そしてタウトが群馬県工芸所の所長に推薦し、リチとともに高崎に移り住んだこと、リチもこの「工芸所」で、竹製の生活用品を制作し、高崎の実業家・井上房一郎が経営する商店・ミラテスでも販売され好評を得て、それらが群馬県立群馬産業技術センターなどに所蔵されていることから、これまで上野夫妻のこの高崎時代（一九三六―一九三九）の活動が、主たる評価の対象となってきた。

だが、先のふたつの展覧会でも出品紹介され、現在京都国立近代美術館に収蔵されている七〇〇件におよぶ「上野伊三郎＋リチ　コレクション」は、一部に上野リチの《日生劇場地下レストラン〈アクトレス〉天井・壁画》八点、あるいは《群馬県工芸所関連スケッチ》一一点ほどが確認されるにしても、その他すべての作品・資料は、「ウィーンと京都」で制作されたものである。これは本コレクションの顕著な特色といって過言ではない。

そこで拙稿では、本コレクションに含まれた作例を手がかりに、「ウィーン＝京都」という視点を「東西の磁場」のひとつの事例としてクローズアップし、上野伊三郎並びに上野リチの活動について若干の考察を試みたいと思う。これまでささやかながらも考察を加えてきた小論をふまえながら、(4) 上野伊三郎・リチ夫妻によって残された活動が、建築、工芸さらにはデザインの領域で、本書の主題となる「東西文化の磁場」を鮮やかに映し出す実践例であることを、あらためて示してみたい。

一・上野伊三郎・リチのウィーン　一九二三―一九二五

それではまず、上野伊三郎とリチが結ばれたウィーンでの活動に触れる前に、上野はなぜウィーンの地を目指したのか。そのあたりの経緯からたどっておこう。

上野は一八九二（明治二五）年一二月、上野工務店を経営する父・上野伊助の長男として京都に生まれた。祖父の代までは、京都御所に出入りの宮大工であったが、伊助の代になって、主に住宅の施工を手がける工務店を開業したという。上野は、京都府立第二中学校（現京都府立鳥羽高等学校）に進学するも、家業を継ぐべく大工修行に励むようになり、中途退学を余儀なくされる。しかし上野は、型にはまった大工の技能習得には飽き足らず、大学進学を志し、親の許しを得て上京。正則中学校（現正則高等学校）に編入して中学校卒業検定試験に合格し、一九一七（大正六）年、早稲田大学高等予科理工科に入学したのだった。予科入学の時点で、上野はすでに二五歳を迎えていたことになる。

予科時代の同窓でもあり、後に上野が中心になって立ち上げた「日本インターナショナル建築会」の会員となる建築家・竹内芳太郎は、著書『年輪の記　ある建築家の自画像』（相模書房、一九七八年）に収められた「学友たち」という一文のなかで、上野の思い出を詳述している。竹内は上野について、「大学へ進学した時に、私より五、六歳も年上の学生が、建築科にいることに気付いた。（中略）彼はクラスの最年長者であるばかりでなく、背も高く、身体もがっちりしていた。しかし前にも述べたとおり京都産であるだけに、言葉が柔らかく、いつも微笑みをたたえて、人なつこかった」[5]と書いている。

また当時、大学令が布かれ、「それによると新制の大学に三カ年以上在籍することが義務づけられた。ところがわれわれは旧制で今日まで来ているので、卒業後更に一カ年、新制による大学にとどまらなければならないことになった。（中略）そのために残留組と旧制による終了組との級を二分せざるを得なかった。その時上野は後者を選び、私は前者を選ぶことにした[6]」という。そして上野は、「この上一カ年を大学で足踏みしていることは、とても気持の上でやりきれないものがあったからである。一カ年延期して、どれだけの学力がつくかという疑問があった。その一カ年を、かねて彼が憧れていたドイツで学ぼうと決心したのである[7]」と、留学を志す。さらに「そこには彼の詳細な計算が基礎になっている。当時ドイツは、第一次欧州戦争の傷がまだいえていないので、マルクの価値は極端に下落していた。（中略）彼の計算はそこに成り立っていて、東京で暮らすだけの生活費があれば、十分とはいえないにしても、ベルリンで下宿して大学生活ができる[8]」と目論んで、上野は、「大正十一年の七月に、神戸から乗船してドイツに渡り、翌年の新学期にベルリン（工科）大学の建築学科に聴講生として入学し、構造学を専攻することにした[9]」と、竹内は書いている。

それではなぜ、上野は「かねて彼が憧れていたドイツで学ぼうと決心した」のであろうか。竹内芳太郎は上野のドイツでの動向について、同書で続けて次のような興味深い記述を残している。すなわち「若い学生たちを仲介として、雑誌で日本にも多くの憧憬者をもっていた建築家とも親しくなり、バウハウスの人達とも交流できるようになった。タウトやグロピウス、メンデルゾーン、ペッへなどという新進気鋭の建築家たちの消息も知らせてよこしたりした。そういう間に彼の勉学の方針が、構造学からデザインの方向に指向したことは、特筆しなければならない。彼はそれを転向とはいっていない。彼自身の進歩だといっていた。建築家は、構造学なり、材料、施行の知識から設備の学問、庭園や都市の構築、それらすべてを学んだ上で、それを手中におさめ、建築物を設計し、築造する技術者であるという当時の教育方針からすれば、上野の言は理解できると思う[10]」と。

上野伊三郎は、最初ベルリンを目指したが、旧京都インターアクト美術学校が保管していた履歴書では、「大正一二(一九二三)年七月ベルリン工科大学建築科にて構造学修了、大正一三(一九二四)年七月ウィーン大学物理学科にて振動学修了」となっており、当時の渡航状況を考慮すれば、ベルリンでは一年も満たない滞在である。その後、ベルリンでの留学を終えてすぐ、上野はウィーンで新たな勉学を開始することになる。同履歴書では、ウィーン大学を修了した翌月の八月から同年一一月まで、ウィーンのヨーゼフ・ホフマンの建築事務所に勤務していたことが記されている。そして上野は、ウィーンで約一年と数か月を過ごし、ホフマンの事務所に在籍していた一〇月二一日にリチと結婚したのだった。このことから、ウィーン工芸学校に学び、卒業の翌月の一九一七(大正六)年七月にウィーン工房に参加していたキャリアをもつリチとの結婚が、彼の「構造学からデザインの方向に指向したこと」の要因のひとつであったのは、充分理解されるところだろう。リチは工芸学校で、ウィーン工房を主宰し、同校の教授職も務めていたヨーゼフ・ホフマンに師事していた。そうした繋がりから、ホフマンを介して、上野はリチと結ばれたと思われる。リチはまた、上野と結婚する以前に、〈クンストシャウ展〉に出品し(一九二〇年)、オーストリア美術産業博物館で開かれた〈ウィーン工芸協会設立四〇周年記念展〉(一九二四年)、さらにはパリ万博での〈装飾芸術・近代産業国際展(通称アール・デコ博)〉(一九二五年)への出品・受賞を重ねていた。こうした経歴を経て、すでに拙稿「はじめに」でも紹介したように、リチは後年、ザルブラ社の「フェリース・リックス・コレクション」として、その評価を確かなものにしていった。

一方、ベルリンで構造学を修め、ウィーンで振動学を学んだにしても、上野伊三郎の滞欧時代の資料もきわめて乏しく、その動向はまだまだ謎につつまれている。だが、〈上野伊三郎＋リチコレクション展　ウィーンから京都へ、建築から工芸へ〉展の開催を機に、上野伊三郎・リチ夫妻が教鞭をとった（一九五〇―一九六三）京都市立芸術大学デザイン研究室（旧京都市立美術大学工芸科）に、上野がウィーン時代に模したと思われる建築図面が残されていることが明らかになった。そのなかには、「Wien 10. Feb. 1924. UENO KOPIE」と書き込まれた郊外住宅《ヴィラ・スキア》のトレーシング・ペーパーにインクによる図面や、カール・シャルテルミュラーの設計になる「Januar 1924」の年記をもつ《列状集合住宅平面図》、ヨーゼフ・フランク設計の《ジードルング住宅設計図》（一九二四年頃）ほか四面の図面が含まれ、これらの図面は展覧会にも出品された[11]。

ところで、上野伊三郎のベルリン滞在について若干付けくわえておくと、上野がベルリンに渡った一九二二（大正一一）年の秋には、たとえば一足先にベルリンに滞在していたわが国前衛運動の旗手・村山知義（一九〇一―一九七七）が、トワルディー画廊で〈永野芳光・村山知義連続個展〉を開くなど、当時ベルリンで渦巻いていたいわゆる「前衛」運動の影響下に、その活動もひと際活発になっていた。しかしながら上野は、そうした「前衛」動向にまったく関心を示したふしはない。むしろ上野は、後には村山が設計した吉行あぐりの〈山の手美容院〉の建築外観を「汽船の窓に使用されている円窓を無暗《むやみ》につけた家」と、批判さえしていた[12]。上野にとってベルリンは、「かねて彼が憧れていたドイツで学ぼうと決心した」最初の滞在地であり、「バウハウスの人達とも交流できるようにな」り、「タウトやグロピウス、メンデルゾーン、ペッへなどという新進気鋭の建築家たちの消息も知らせてよこしたり」して、後年の「日本インターナショナル建築会」立ち上げに際しては重要な意味をもっていたと思われる。しかしその最初期の活動にあっては、むしろウィーン滞在を選んだことが、彼の「東西文化の磁場」形成の一翼を担っていたのは間違いない(13)。

上野リチは、富裕の事業家であり、ウィーン工房にも関与していたユリウス・リックスを父に、三人姉妹の長女としてウィーンに生まれた。これまでリチについては、直接京都市立美術大学時代に師事された鈴木佳子氏や奥佳弥氏などが論考を発表されている(14)。幼い頃から動物や植物を愛したリチは、やがて遠い存在であった憧れのウィーン工芸学校に入学。そして、幼児や児童の美術教育にも深い関心を寄せていたという。このリチの美術教育に対する実践は、フランツ・チゼックからの影響も指摘される。

後年リチが、京都市立美術大学で指導しその授業の中心をしめていた「色彩構成」は、鈴木佳子氏によれば、「色彩と構成（Farbe und Kompojition）でウィーンのフランツ・チゼックの幼児教育から、発展させたものである。この『色彩構成』はそれが、そのまま作品ではない。デザイン全般に関わる色調と形態との構想を表現する一手段である。言い換えれば、自由に創造を展開させ、具現化させるもので、基礎教育の柱である。他方、チゼックの教授法はヨハネス・イッテンにより、ヴァイマールのバウハウスにも伝えられ、予備過程において、幾何学的・線と面と色塊だけで構成される、構成的方法として纏められ、いわゆるモダンデザインの基礎として日本に伝えられた(15)」という。

リチは一九一七（大正六）年に二四歳で工芸学校卒業の後、ウィーン工房に入る。ここで、ダゴベルト・ペッヒェをはじめ、マティルデ・フレーグルらホフマン門下の有能なデザイナーたちに感化されるようにオ能を開花させ、テキスタイル、陶器、ガラス、七宝など幅広いジャンルに新作を発表していった。とりわけプリント図案は高い評価を得て、「ウィーン工房最高の売れ行きを示し、製品化されたものだけで一一三点に及ぶという。それらは『リックス模様』として知られ、パリやニューヨークに輸出された[16]」といわれる。さらに「第一次大戦下、ほとんどの男性デザイナーが兵役にとられ、工芸学校出身の女性デザイナーたちが支えた中後期ウィーン工房の作風は、ホフマンら設立期の直線的で幾何学的なものから、ペッヒェ主導の下、繊細優美かつ自由奔放なものが主流となり、『新ウィーン様式』を公認させていた[17]」ことは、リチの志向する造形感覚とも共鳴しあう結果をもたらした。事実、京都国立近代美術館収蔵になる「上野伊三郎＋リチ　コレクション」に含まれた一九二〇年代の《プリント服地のデザイン[18]》などには、明らかにペッヒェの作例を想起させる細かな有機的形態による構成が認められる。

またアンゲラ・フェルカーは、「ウィーン工房の装飾文様」について、「リックス（リチ）とフレーゲルの壁紙コレクションを、バウハウスが一九二九年にドイツで最初に発表した壁紙シリーズと比べるのは、啓発されるところ多く、かつ興味深いことであろう。バウハウスのデザイナーたちが、できるだけニュートラルで簡素で、しかも市民の住宅事情に合わせた（つまり未来志向的であった）のに対して、ウィーン工房の人々はあくまでも表現力豊かな、人目につくような文様を固持し、同時代の装飾美術や絵画の要素を壁紙の中に取り入れようとしていた。そこには明らかに（否定的な意味においても）『工芸的なもの』や、様式的で時代様式に適応した形態をデザインすることの喜び、それに装飾性などがあふれていた。その反面とりわけ抽象的な文様や複雑な色彩構成などは応用的な分野に上手に移し変えられており、ファンタジーや非実用的なユートピアへの関心を裏付けている[19]」と、指摘する。こうした背景には、ウィーンへのユーゲントシュティールの流入とともに、ウィーン分離派（ゼツェッション）に象徴されるような、新しい芸術表現を開拓し、「総合芸術」を目指す動きが潜んでいた。「人間によって作り出され、使用されてきたものはすべて芸術的観点に立って新しくされねばならない、人間生活の全領域に芸術が浸透せねばならない。目ざすところは一種の総合芸術作品だった[20]」のである。

「上野伊三郎＋リチ　コレクション」にも含まれた《壁紙[21]「そらまめ」》（図1）は、リチのウィーン時代における代表作と呼べるものだが、これら《壁紙》シリーズの作品には、まさにリチが生涯にわたって造形の基調句としていた「ファンタジー」の感覚が溢れている。そして上野伊三郎が主宰する「日本インターナショナル建築会」の機関誌『インターナショナル建築』の創刊号（一九二九年八月）、並びに同誌第二号（同年九月）のそれぞれの巻頭ページには、建築誌という性格から見ても、まるで意表をつくように上野リチの「壁紙図案」と題した作例が掲載されている。創刊号には《壁紙「花園」》が、第二号には《壁紙「夏の平原」》のカラー図版が紹介されていた。こうした作例が、バウハウスなども紹介した『インターナショナル建築』誌の冒頭に掲げられていることには、まったく意外な感想をもたざるを得ない。

だが、上野伊三郎とリチがウィーンで巡り合い、上野がそのリチから強い影響を受けていたのに異論はないだろう。その根底には、ここではまださ さやかな事例にとどまるにしても、ジャンルを超えた上野伊三郎の「総合芸術」への思いが潜んでいる。そして何より、ウィーンの地こそが、ふたりの創造の出発点になったことを、あらためて強調しておきたい。

リチは、色彩感覚も豊かに、「イースター」で用いられる容器のデザインを残し、あるいはまた、ウィーンのクリスマスの情景を偲ばせる作品などを、画巻としても制作していた。このような「上野伊三郎＋リチ

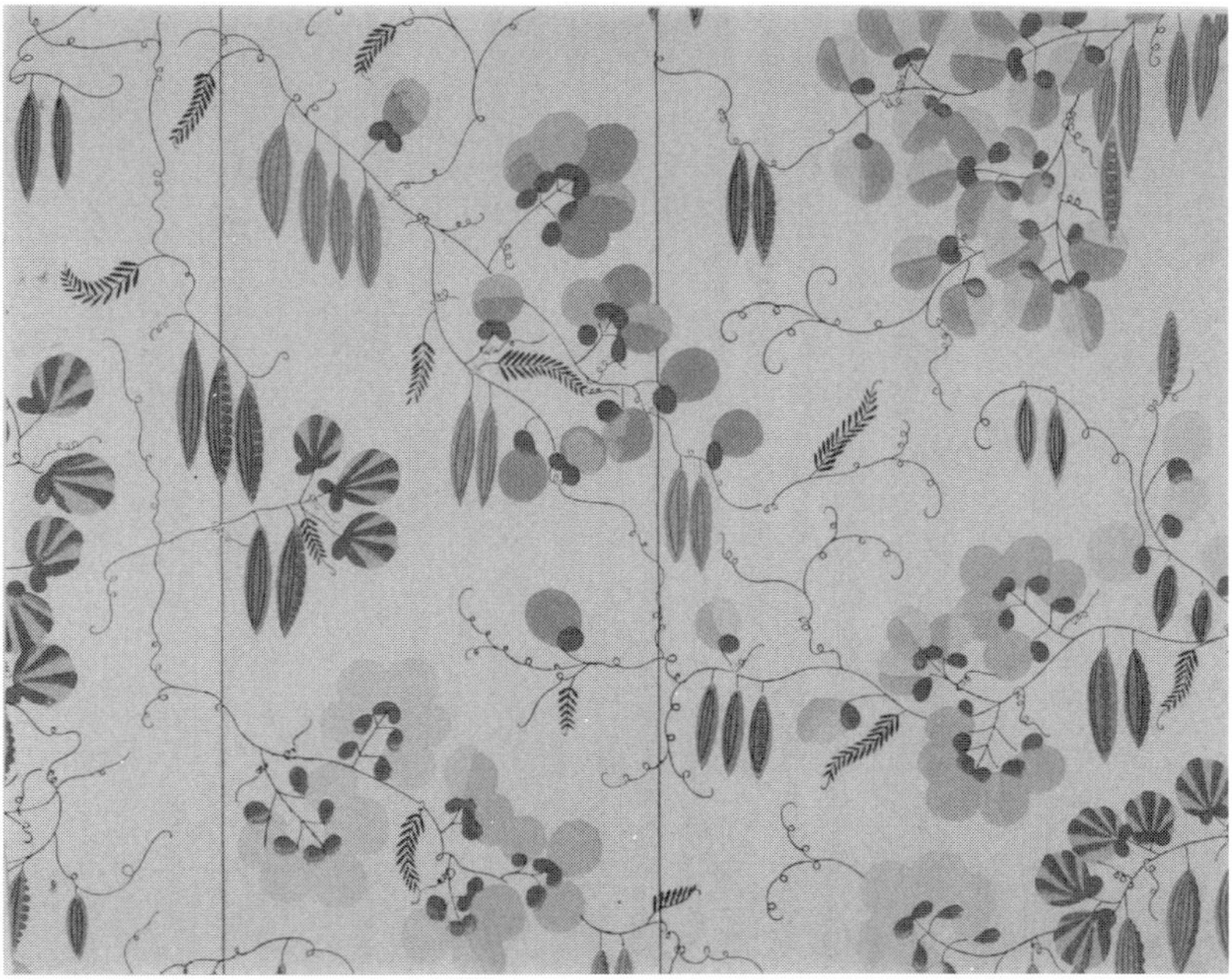

図１—上野リチ《壁紙「そらまめ」》1928 年以前　京都国立近代美術館蔵

コレクション」にも含まれた数々のウィーンでの制作品、そして思い出を携えて、上野伊三郎・リチ夫妻は、一九二六（大正一五）年に帰国し、伊三郎の郷里・京都で、ふたりそろって活動を開始するのであった。

二．上野伊三郎・リチの京都　一九二六―一九三三

「建築と造形美術の雑誌」と銘打たれ、一九二七（昭和二）年九月に発行された『デザイン』誌には、上野伊三郎が帰国して、京都市上京区竹屋町通河原町東入の自宅に開業した上野建築事務所の一面広告が掲載されている。建築部主任として上野伊三郎が、美術工芸部主任には上野リチの名が掲げられ、「最新の学理と洗練する意匠」のフレーズも誇らしげに加えられていた。そしてこの事務所で、『デザイン』誌創刊二か月前の七月二日、「日本インターナショナル建築会」が、関西初の建築運動推進の団体として立ち上げられたのだった。雑誌名にもなった「デザイン」という言葉は、図案や意匠、さらには商業美術といった呼称が流布していた時代にあって、実に先駆的で斬新な命名であったろう。同誌は、大阪市東淀川区にあった創生社から発行されていた。

上野伊三郎とリチは、京都で数々の建築を手がけていたが、残念ながら、上野伊三郎とリチが手がけた建築はほとんど現存していない。代表作のひとつが、現在は京都・北白川に日本バプテスト病院として使用されている旧《島津邸》（一九二九年）（図2）であるが、邸宅から病院へという機能の移行に対応せざるを得なかったため、竣工当時の原型をほとんどとどめないほど、増改築が繰り返されている。この《島津邸》は、モダニズム建築の代表作として記憶にとどめられているが、ここでも内装には、リチの壁紙が採用されてい

たといわれる。そして京都市内の烏丸今出川近くに、旧《柳本邸》が現存し、その二階洋室壁面には、「上野伊三郎+リチ　コレクション」にも見られる、リチの《壁紙「花園」》(図3)が貼られ、華やかな雰囲気を醸し出していた。外観はいくつかのブロック上のマッスとして構成され、思い切っていうなら、テオ・ファン・ドースブルフとコルネリス・ファン・エーステンの良く知られた《メゾン・パルティキュリエール》(一九二三年)さえ彷彿とする野心作といった印象を与える。現在洋室に残る照明も、実にモダンなデザインが施されている。また、《玉の湯(芝野邸湯屋)》(一九二八年)も、《柳本邸》と呼応するような外観で、当時の京都市内でも斬新な銭湯だったろう。

そして一九三〇(昭和五)年に、上野伊三郎の代表作《スターバー》が竣工する。この年から上野は、京

図2—旧《島津邸》1929年

図3—上野リチ《壁紙「花園」》1928年　京都市立芸術大学芸術資料館蔵

都市内での洋食店の老舗「スター食堂」（現スター株式会社）が展開する店舗の設計に携わっている。本店をはじめ、出町分店、《祇園ソーダファウンテン》など、内装をリチが手がけ、モダンな外観とともに独特の雰囲気をもつ店舗群であった。こうした一連の「スター食堂」系列のなかで、その代表作が《スターバー》である。

《スターバー》が、一九三二（昭和七）年にニューヨーク近代美術館ではじめて開かれた建築展〈近代建築：国際展覧会〉（Modern Architecture: International Exhibition）で、分離派建築会の設立会員のひとりであった山田守とともに、日本で「もっとも有名な若い建築家[22]」の作品として選ばれたことが、これまでにも上野の初期の業績を物語る一例として取り上げられてきたのは、周知のとおりである。だが、この展覧会に関連して出版されたH・R・ヒッチコックとP・ジョンソン著『インターナショナル・スタイル[23]』には、山田の《電気試験所》だけが掲載され、上野の《スターバー》の図版はなぜか除かれている。

あたかもデッサウのバウハウス校舎を連想させるガラス窓による構成、水平・垂直線が強調されたシャープな外観の造形（図4）は、旧《島津邸》と並んで、わが国のモダニズム建築の典型と呼んで過言ではない。だが、その内装（図5）は、「上野が自慢するジュラルミンのカウンター[24]」の採用によるメタリックな感覚に支配された「装飾性」が満ちている。リチが担当した「華やかな装飾的造形」は、ウィーン工房で「リックス模様」と称されて高い評価を得た、花や果実など植物のモチーフをあしらったプリント図案に、その創作の源泉があることは疑いない。

ただこの作例も、残念ながら現存しておらず、その外観と内装、写真、及び初期構想段階での《壁面装飾下絵》や《内装デザイン案[25]》が残るのみである。先述した京都市立芸術大学デザイン研究室には、同店舗の一九五五（昭和三〇）年の《大修繕設計図》や《改造設計図》[26]が残されている。だが、拙稿で図示した竣工当初の外観や内装写真からだけしか《スターバー》の面影は採れないにしても、その斬新なデザイン感覚には驚かざるを得ない。

この《スターバー》については、「立面が細かい格子で区切られたガラス面で覆われ、店舗名の大きな文字が建物に取り付けられている。内部では金属やガラスの素材感が目立つ一方、銀地の天井にはリチ夫人によるカラフルな草花の装飾が描かれていた。それは艶めかしささえ漂う雰囲気で、いわゆるモダニズムからはほど遠く感じられる。外観も、ウィーン工房やロシア構成主義、あるいはアール・デコのデザインにも通じる表現性が感じられる。「後年、建築家の渡辺豊和によって、この建築はポストモダン建築を先取りした

図4―《スターバー》外観　1930年
図5―《スターバー》内装　1930年

ものであるとさえ評されたが、モダニズムと商業建築に特有の表現性が混ざり合った興味深いものだと言える[27]」と評されてもいる。

しかし、《スターバー》がこのような興味深い作例でありながら、しかもニューヨーク近代美術館の最初の建築展で紹介されながら、「採用された山田守と上野伊三郎の作品に対して、十分な検討がなされたかどうかはわからない。他の国々の作品の多くは、当時から評判の高かったものであり、また半世紀を過ぎた今日においてもその歴史的意義は注目されている。それに比較すると、山田と上野の作品は、日本の近代建築史において、ほとんど言及されることがないものである。外国の建築展で採り上げられ、しかも『カタログ』の中で記録されているという事実すら、今日では忘れられている[28]」といった手厳しい指摘が、一方には存在する。こうした見解が生まれる背景には、《スターバー》をはじめ上野伊三郎が手がけた建築のほとんどが現存していないという状況があるからだ。しかも、ブルーノ・タウトを招聘して以降、上野伊三郎はリチとともに、「建築から工芸へ[29]」と転身をはかったことも起因しているだろう。だが、たとえそうであったとしても、上野伊三郎・リチの京都にあって、共同制作という意味からも《スターバー》の位置はきわめて重要であると思われる。

三. 上野伊三郎・リチにおける「東西文化の磁場」

これまで上野伊三郎・リチ夫妻の「ウィーン＝京都」での活動の一端について記してきた。それでは、本書のテーマでもある「東西文化の磁場」という視点からふたりの活動はどのように捉えられるだろうか。ただ、ウィーンと京都でそれぞれ制作を行ったといった事実だけではなく、建築を鍵に、壁紙、壁面装飾、テキスタイルなど工芸・デザインなどの諸領域との融合が積極的に、意識的に実践された事例として再考してみたい。しかもリチは、すでに触れたようにウィーンの地で、工芸作家の地位を確立し高い評価を得ていた。だが、上野伊三郎はリチと巡り合った時点では、短期間にせよ、ヨーゼフ・ホフマンの事務所に在籍したとはいえ、まだ自立して仕事ができるまでにいたっていなかったというべきだろう。

だが、リチをともなって京都に戻るとすぐに、生家が工務店であったとはいえ、上野は単独の建築事務所を立ち上げるまでになっていた。こうした事情を可能にした要因が那辺にあるのか。それを探ることは、上野伊三郎のウィーン滞在の意義を再考することでもあるだろう。さらに驚くべきは、帰国の翌一九二七（昭

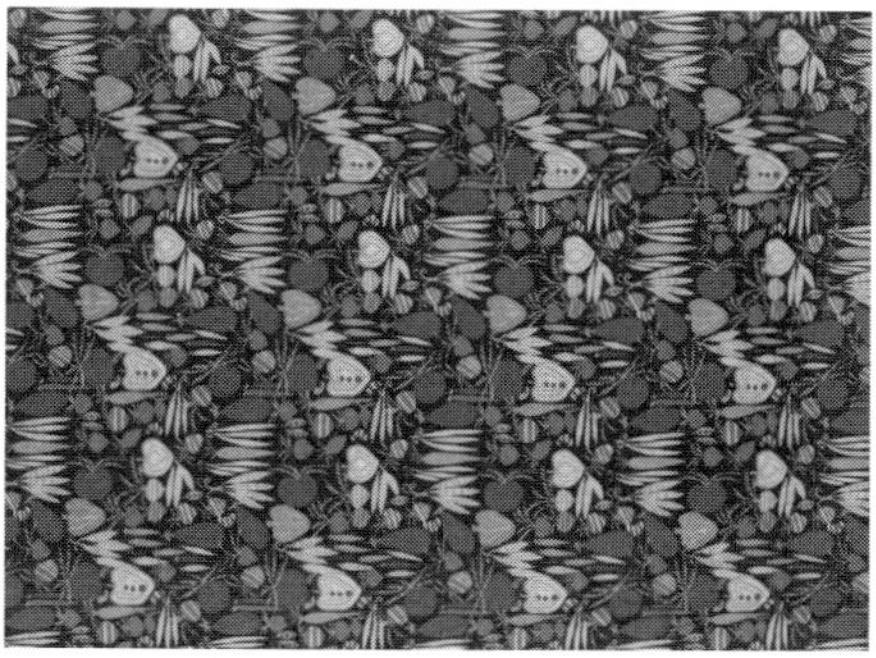

図6—上野リチ《飾箱「草叢の虫」》
1987年再制作　京都国立近代美術館蔵
図7—上野リチ《プリント服地「野菜」》
1987年再制作　京都国立近代美術館蔵

1955年 京都国立近代美術館蔵

和二)年には、関西初となる建築運動「日本インターナショナル建築会」の結成を実現し、W・グロピウス、P・ベーレンス、B・タウト、B・Th・リートフェルトら著名な海外の建築家までも会員に含めようとする、上野のその構想力である。

このことは、上野伊三郎らが標榜する「インターナショナル」の文言の真の意味を把握することともつながる。「日本インターナショナル建築会」の機関誌『インターナショナル建築』創刊号(一九二九年)に収録された「日本インターナショナル建築会の宣言及綱領の解説」で、「宣言」の三番目には、「日本に於ける問題の解決に基本を置いて世界各国の同志と提携して共同の目的に向かつて進む」と記されている。ここで「インターナショナル」の文言は、たんなる「国際」という謂いではなく、「日々に各民族の間が接近しつ丶ある事は争ふ余地もなき事實である。世界を流れる人類の共通性は次第に濃厚の度を増して行くと見る事は正しいと思はれる。吾等は此の流れに乗り、此の源を尋ね、此の行先を求めて進まうとする。吾等の用ゆるインターナショナルと云ふ言葉は此の意味に於てのみ成り立つ」と表明されている。それに続く「綱領」には、「1. 様式の建設には、傳統的形式に據る事を排し狭義の國民性に固執せず眞正なる『ローカリテイ』に根底を置く」とある。この

図8―上野リチ《ウィーンのクリスマス市》

「インターナショナル」と「ローカリティ」の対概念こそ、「日本インターナショナル建築会」の理念の中心を形成する。「上野らが見た『世界的』という意味での『インターナショナル』な建築の広まりと、それに対する『ローカリティ』、この二つの関係を具体的に考えることは、まさに今私たちの抱えている、文化の『グローバル』化とその『ローカリティ』との関係を考えるためのヒントにもなるはずである」[30]ともいわれる。

　こうした関係を示す一つの事例として、たとえば旧《島津邸》は「鉄筋コンクリート造のいわゆるモダニズム建築で、複数のヴォリューム感を組み合わせ、屋上には『ローカリティ』を考慮したであろう軒の出が目立つ」[31]こともあげられよう。「モダニズム」という「インターナショナル」な建築を実践しながらも、わが国の「『気候風土的』な個別性」[32]に適した「ローカリティ」によって、建築デザインを支配する「軒の出」なども、日本家屋には欠かせない要素となる。旧《柳本邸》や現存しない《岡野邸》（一九三二年）にもこの手法は生かされていた。

　また、上野リチも戦後一九五〇（昭和二五）年頃、京都の稲葉七宝で、飾箱などに七宝作品（図6）を制作し、同じく京都の吉忠株式会社でプリント服地のデザイン（図7）も手がけた。この時の制作品も「上野伊三郎＋リチ　コレクション」に含まれている。[33]リチはウィーン時代にも七宝の制作を行っていたといわれるが、それは正確には七宝の「下絵デザイン」だったのだろう。京都でリチは稲葉七宝を訪れたが、当初は七宝の制作法さえ知らず見学の域を出なかったようだ。しかし、上野伊三郎とも面識を得ていた二代稲葉七穂をはじめ工房の職人たちから一年間指導を受け、作品制作を行うまでになったという。[34]そしてリチは、日本の伝統的な七宝の技に、ウィーンの感性を偲ばせた愛らしい飾箱を生みだしてゆく。加えて、リチが一九五五（昭和三〇）年に、ウィーンの思い出を描きとどめた華やかな《ウィーンのクリスマス市》[35]（図８）にも、水彩や色鉛筆を用いながら東洋的な画巻の形状にして、形式と内容における「東西文化の融合」の試みも認められるだろう。「はじめに」でも述べたように、これらの作例には、「ウィーンと京都」を「磁場」にして響きあう上野リチ独自の表現が醸し出されている。

おわりに

上野伊三郎は一九三九（昭和一四）年、自らの願によって群馬県工芸所での職が解かれ、リチもまた歩調を合わせるように退職し、一時満州にも滞在する。その後、一九四六（昭和二一）年の三月には、ふたりで経営してきた上野建築事務所を閉じている。さらに一九四九（昭和二四）年、上野は五六歳にして、京都市立美術専門学校の教授に就任。リチは、大阪市立女子専門学校（現大阪市立大学生活科学部）講師を務める傍ら、オーストリア工芸家連盟、ウィーン女性芸術家連盟などにも所属する（一九六三年まで）。

そして一九五〇（昭和二五）年四月に、上野伊三郎は京都市立美術大学（現京都市立芸術大学）美術学部工芸科教授に就任し、翌年リチも、同校図案科講師となった。一九六〇（昭和三五）年には教授に昇任し、一九六三（昭和三八）年三月に夫婦そろって退職するまで、「建築」から「工芸」へと活動の場は推移してゆく。[36] リチが七宝制作に着手し、京都・吉忠株式会社でプリント地のデザインを手がけ、画巻《ウィーンのクリスマス市》などを制作したのは、すべてこの一九五〇年代のことであった。一九五四（昭和二九）年の五月には、リチはウィーンでヨーゼフ・ホフマンと再会を果たす。翌年に伊三郎は、『ヨゼフ・ホフマン』の著書を彰国社から刊行している。

上野伊三郎の京都市立美術大学での授業内容、そしてリチの制作活動は、ともに晩年完全に「建築から工芸へ」と移行する。そして、美術大学を退職した年（一九六三年）の五月、ふたりが中心となって「インターナショナルデザイン研究所」（後の京都インターアクト美術学校）を、京都市左京区下鴨北園町に設立した。上野は「近代建築工芸史」や「工芸意匠学」などの授業を担当し、リチも「七宝」の授業を受け持ちながら、「色彩構成」がもっとも特色ある授業内容であったようだ。[37]

しかし、「移行」という言葉を用いるよりも、本書を貫く柱、すなわち「ジャンルを超えて作用し合う」感覚が、上野伊三郎・リチ夫妻の共同活動の支えとして芽生えていたというほうが適切だろう。それはいうまでもなく、「ウィーン＝京都」というふたつの「磁場」がなければ、決して生まれることもなかったはずだ。

上野伊三郎については、現存する実践例がほとんどないため、その評価は難しいといわなければならないのが実情だろう。しかしながら、リチとともに「ウィーンから京都」へ、そして「建築から工芸へ」と歩む道程は、他に例が見出しがたいほど、鮮明にその個性を表している。何よりも京都国立近代美術館に収蔵された「上野伊三郎＋リチ　コレクション」がそのことを雄弁に物語る。

リチがウィーン工房に在籍していたことから、あるいは上野伊三郎・リチ夫妻がヨーゼフ・ホフマンともかかわりをもっていたことから、「アール・デコ」との関連を重視して、上野夫妻の活動は語られてしまいがちだ。しかしながら、私はここで、「東西文化」あるいは「ジャンルを超えた総合的表現の試み」として、上野夫妻の活動について、あらためて評価したいと思う。

註

(1) 京都インターアクト美術学校は、専門学校として一九六三(昭和三八)年の開校から、四〇年を超える歴史を刻んできたが、京都国立近代美術館に「上野伊三郎とリチ」の作品・資料を寄贈して、残念ながらその長きにわたる歴史に終止符を打った。同校は上野伊三郎・リチ夫妻がともに京都市立美術大学(現京都市立芸術大学)を定年退官した一九六三年の五月に、上野夫妻を中心に創設された。

(2) 本展覧会は、京都での開催の後、目黒区美術館でも、四月一一日から五月三一日の会期で開催された。

(3) 笠原一人「日本インターナショナル建築会――その理念と活動」、京都国立近代美術館監修『復刻版 インターナショナル建築 別冊』、国書刊行会、二〇〇八年、一四一頁。

(4) これまで筆者は上野伊三郎並びに上野リチについて、次のような論考を発表し、拙稿でもこれらの内容と一部重なるものもある。「上野伊三郎の視点」、京都国立近代美術館監修『復刻版 インターナショナル建築 別冊』、国書刊行会、二〇〇八年。「上野伊三郎+リチコレクション ウィーンから京都へ、建築から工芸へ」『京都国立近代美術館・所蔵作品目録Ⅷ 上野伊三郎+リチ コレクション』、京都国立近代美術館、二〇〇九年。「上野伊三郎・リチの『造形意志』」、京都国立近代美術館研究論集『CROSS SECTIONS』第二号、二〇〇九年。「上野伊三郎、日本インターナショナル建築会とバウハウス」、京都国立近代美術館研究論集『CROSS SECTIONS』第三号、二〇一〇年。

(5) 竹内芳太郎『年輪の記 ある建築家の自画像』、相模書房、一九七八年、一〇六頁。

(6)(7)(8) 同書、一一三頁。

(9) 同書、一一三頁。( )内筆者。

(10) 同書、一一四頁。

(11)『京都国立近代美術館・所蔵作品目録Ⅶ　上野伊三郎＋リチ　コレクション』、京都国立近代美術館、二〇〇九年、九〇―九一頁。

(12) 上野伊三郎と村山知義のベルリンでの活動については、筆者もすでに触れたことがある。「上野伊三郎＋リチコレクション　ウィーンから京都へ、建築から工芸へ」『京都国立近代美術館・所蔵作品目録Ⅶ　上野伊三郎＋リチ　コレクション』、京都国立近代美術館、二〇〇九年、一二頁。並びに「村山知義と建築、バウハウスについての一断片」〈すべての僕が沸騰する　村山知義の宇宙〉展図録、神奈川県立近代美術館他、二〇一二年、二四二―二四三頁。

(13) 拙稿「上野伊三郎、日本インターナショナル建築会とバウハウス」、京都国立近代美術館研究論集『CROSS SECTIONS』第三号、二〇一〇年。

(14) 鈴木佳子「上野伊三郎とリッチ・リックス・上野」、デザイン史フォーラム編『国際デザイン史　日本の意匠と東西交流』、思文閣出版所収、二〇〇一年。「京都市立美術大学における上野伊三郎先生、リチ先生の指導について」、『京都国立近代美術館・所蔵作品目録Ⅶ　上野伊三郎＋リチ　コレクション』、京都国立近代美術館、二〇〇九年所収。奥佳弥「リチ・上野＝リックス　装飾とモダニズム」、黒田智子編『近代日本の作家たち　建築をめぐる空間表現』、学芸出版社、二〇〇六年所収。

(15) 鈴木佳子、前掲『国際デザイン史　日本の意匠と東西交流』、一三一―一三二頁。

(16) 奥佳弥、前掲『近代日本の作家たち　建築をめぐる空間表現』、一三三頁。

(17) 同書、一二七頁。

(18) 京都国立近代美術館所蔵「上野伊三郎＋リチ　コレクション」における［LT（テキスタイル）］のNo. 1, 2, 3などの作例を参照。

(19) アンゲラ・フェルカー「ウィーン工房の装飾文様　概説」、『ウィーンのアール・ヌーヴォー／アール・デコ［2］ウィーン工房の装飾文様Ⅰ』、学習研究社、一九八九年、一〇五頁。

(20) エリザベト・シュムッターマイヤー「ウィーン工房」、〈ウィーン世紀末展〉図録、セゾン美術館、一九八九年、二四六頁。

(21) 京都国立近代美術館所蔵「上野伊三郎＋リチ　コレクション」における［LW（壁紙）］のNo. 1, 2, 3, 4などの作例を参照。

(22) 佐々木宏『インターナショナル・スタイルの研究』、相模書房、一九九五年、一二八頁。

(23) H・R・ヒッチコックとP・ジョンソン著、武澤秀一訳『インターナショナル・スタイル』SD選書139、一九七八年。ただ、ここで図版も紹介されている山田守の《電気試験所》について「あまり洗練されていない、正直な建物。アールをとった端部がヴォリュームの効果を曖昧にしている」との評が記されている（同書、一八六頁）。

(24) 渡辺豊重「上野伊三郎――その転身と収奪――」、『建築評論』一九七二年三月号、七四頁。

(25) いずれも京都国立近代美術館所蔵「上野伊三郎＋リチ　コレクション」における［LDH（内装関連図案）］のNo. 2に分類された六点の作例を参照。

(26) 前掲『京都国立近代美術館・所蔵作品目録Ⅶ　上野伊三郎＋リチ　コレクション』、京都国立近代美術館、二〇〇九年所収。一六三頁を参照。

(27) 笠原一人「建築家上野伊三郎――その活動の足跡――」、『京都国立近代美術館・所蔵作品目録Ⅶ　上野伊三郎＋リチ　コレクション』、京都国立近代美術館、二〇〇九年、三四頁。

(28) 佐々木宏、前掲書、一二八頁。

(29) 「上野伊三郎＋リチコレクション　ウィーンから京都へ、建築から工芸へ」展でも、最終章を「建築から工芸へ」と位置づけた。

(30) 岩城見一「『インターナショナル建築』復刻版によせて」、京都国立近代美術館監修『復刻版　インターナショナル建築別冊』、国書刊行会、二〇〇八年、一一四頁。

(31) 笠原一人、前掲「建築家上野伊三郎――その活動の足跡――」、三四頁。

(32) 奥佳弥、笠原一人「『日本インターナショナル建築会』における上野伊三郎の言説について」、日本建築学会大会学術講演梗概集、二〇〇〇年九月、三四頁。

(33) いずれも京都国立近代美術館所蔵「上野伊三郎＋リチ　コレクション」における［LE（七宝）］のNo. 2から7及び8, 9, ［LT（テキスタイル）］のNo. 2に分類された計一四点の作例を参照。

(34) リチの稲葉七宝で制作を行うまでの経緯については、松原龍一「上野リチと稲葉七宝」、『京都国立近代美術館・所蔵作品目録Ⅶ　上野伊三郎＋リチ　コレクション』、京都国立近代美術館、二〇〇九年所収。

(35) 京都国立近代美術館所蔵「上野伊三郎+リチ　コレクション」における［LZ（水彩画）］のNo. 8.

(36) 拙稿「上野伊三郎+リチコレクション　ウィーンから京都へ、建築から工芸へ」、『京都国立近代美術館・所蔵作品目録Ⅶ　上野伊三郎+リチ　コレクション』、京都国立近代美術館、二〇〇九年。「上野伊三郎・リチの『造形意志』」、京都国立近代美術館研究論集『CROSS SECTIONS』第二号などで、筆者は上野夫妻の「建築から工芸への転身」について触れたことがある。

(37) 鈴木佳子、前掲「京都市立美術大学における上野伊三郎先生、リチ先生の指導について」及び、「上野伊三郎とリッチ・リックス・上野」などを参照。

*拙稿は、平成二一年度科学研究費補助金（基盤研究（A））「東西文化の磁場——日本近代建築・デザイン・工芸の脱-、超-境界的作用史の基盤研究」における研究として、平成二四年度までの四年間に一貫して行ってきたテーマ「『建築から工芸へ』の一視点——上野伊三郎・リチ夫妻の活動を中心に」の最終報告である。

二〇世紀的彫刻から二一世紀的庭へ
――イサム・ノグチの反モダニズム的転向――

新見　隆

一・デュラス－レネによる、「ヒロシマ」

異端の女性小説家、マルグリット・デュラスによる戯曲、『ヒロシマ、わが愛』を、ヌーヴェル・ヴァーグの巨匠、アラン・レネが映画化した作品は、一九六〇年代の初頭当時、「二十四時間の情事」という、一風変わった邦題によって封切られた。

戦後すぐの、被爆地、広島。そこで出会った、日本人学者と、広島をロケ地に映画を撮影中であったフランス人女優の、偶然の出会いから始まった、一晩の情事を描いたものだ。

筋書きはたしかにそうなのだが、この映画からは、単なる個人の記憶や体験を超えた、ある種の大きな叫びが聞こえてきた。そう感じた日本人は、多かったはずである。

一言でいって、それは、広島という一個の生き物、人類史上初めて、原子爆弾による凄惨な被爆体験をへたこの悲しみの町が、生命として発する、呻きと叫びだった。

むろん、それを正確にすくいあげ、冷酷にか冷静にか、的確に表現しえたのは、映像芸術である映画のもつ、特権的、限定的な記録性であったことはまた、言うまでもない。

シーンには、被爆直後の広島の壮絶な悲惨を撮った、記録フィルムと思われる映像がフラッシュ・バックで織り込まれ、また復興途上であった一九五八年当時の広島の町並みが、夜の川のよどみと流れにからみ合いながら映しだされる、忘れがたい映像群だった。

フランスの片田舎に生まれ育った女優という設定の、エマニュエル・リヴァが、ナチス占領下でドイツ兵と恋に陥ったことで、戦後迫害されて町をでる回想シーンや、西棟部分だけ完成していた、丹下健三設計の、原爆記念資料館が、宿舎ホテルとして映されるなど、歴史的にも、たいへんに興味深い内容だ(1)。

まだ正確な情報の少なかった、戦後のこの時代に、単なる興味本位ではなく、広島のこうむった悲惨の本質に迫ろうとする、果敢な挑戦に、感動もした。

エマニュエル・リヴァの、端正で鋭い、理知的な表情に浮かぶ、陰りや涙。岡田英次の、派手ではないが、一種独特な、陰影にとんだ表情も、印象的で忘れがたい。

けれど何よりもこの映画が、終始一貫して追い求めていたのは、広島という原体験そのもの、あまりに凄惨で悲惨なゆえに、すでにして一人一人の人間の体験ではなくなったかのような、巨きな、夢のようにふくらむ、広島という怪物である。

それは、「広島、広島は何処に行ったの?」という、リヴァの夢うつつの台詞にも現れていた。

悲惨の事実は、厳正な意味で、人間一人一人が耐え難い個人的な苦しみとして与えられたものとしか、いっぽうで言いようのない、あらゆる慰めが通用しないものだ。だが、だからこそ、それを体験していない他者にとっては、その近寄りがたい体験に共感する、如何なる手立てがあるのだろうか。いったい、あり得るのだろうか。

　この、悲惨な体験への共感の絶望こそが、この映画を、秀逸で透明なものにしている、唯一の根拠であるといっていい。

　ヌーヴェル・ヴァーグのお家芸である、モノクロームに浮きたつ、人とも巨像とも、判別しがたい、無機的に、巨大な闇の彫刻のように絡み合う男女の裸体、その部分部分が、広島という町そのものの、悲しい肉体の吐息だった。

　映画のテーマは、広島、という、まさにこの悲しみにうごめく、苦痛にゆがむ、またそれでもなお、生命として生きようとする、街そのものであったのではないか。

　だから「広島、わが愛」（イオシマ、モナムール、というフランス語の発音になるが）、という原題の意味は、私にはまさに悲しみの街に対する、絶望的な慰藉を求める声として響き聞こえてくるのである。

　流れる黒い水、光る、うねるような裸体、乾いた町の表情と、湿った水と皮膚の表面とのコントラスト。幾度も見た映画ぜんたいを通じて、私は、広島という悲しみの街を、ひとつの生き物として撮った、名匠レネの卓見に驚かされた。

　広島は、悲しみの町だ。

　私には、時に、町じゅうが泣いているように感じることさえある。

　県の東部、小さな、歴史の古い港町である尾道に生まれ育った私は、中学校から高校卒業までの六年間を、町を眺める高台の丘の寄宿舎にすごした。

夕陽のなかに、海のほうに飛び立つ、飛行場のプロペラ機を毎日見ていた。寮の屋上から、また図書館の窓から眺める広島の町、その川の流れの輝きもまた、無上の風景だった。休みの日に散策した平和公園をはさんで、そこにはふたつの川の流れがあった。バスに揺られて流れにそって宇品の港へ行って、海を眺めたりもした。広島の町には、いつも、水の風景があった。

こう言うのが、被爆されて亡くなった多くの人人、そして筆舌に尽くしがたい苦しみに沈んだ人人に対してもし不遜でなければ、私の身体には、ヒロシマの肉体、その叫びや悲しみが、血肉化しているといってもいい。私の血縁者のなかにも、被爆して亡くなった人がいるが、またそれと、私の内的な実感とは別のものである。

特別に訪れる機会がある年もあるが、東京で暮らしているいじょう、いままでは、夏の広島を訪れるのが常だった。

ノグチは、いったい、いつ、広島を訪れたのだろう。

それは、一九五二年、昭和二七年、五月一二日のことであった。

だから、ノグチは、広島のあの夏を、知らないのだろうか。

あの夏の、猛り立つような、炎に焼き尽くされた広島を。

二・二つの欄干——ノグチの広島

そのときのノグチ、おそらくは、初めて広島に降りたったノグチの写っている写真が、ニューヨークのノグチ財団のアーカイヴにある。

他のどんな写真にもないような、怯えたような、心細い表情で、そう言えば穿ちすぎになるだろうが、それはあたかも犯罪者のように、ノグチは、原爆ドームのレンガの瓦礫のなかにたたずんで、こちらを向いている。そのすぐ横の、コンクリートの壁には、旅行者だろうか、あるいは進駐軍にちがいない、アメリカ人による、無数の落書きが彫りこまれている。

あたかも、誰かが意図的にさまざま、意味をふくみ込ませて仕組んだと思わせるほど、出来すぎている、不思議なもの悲しい写真である。

ノグチの広島は、ここから始まって、あの、二本の橋の欄干に終わる。

その二つのもののあいだに、ノグチの広島の、すべてがある。

広島駅から、平和大通りを西に行くと、やがて、元安川の中洲の茂みが見えてくる。水量はいつもやや少ないが、川底が見えるほどではないし、緑の藻がかかっているような水面はまた、けっして汚れて澱んでいるわけでもない。

夏ならば、あの夾竹桃の毒毒しいピンク色や、白い花花のむこうに、すでにして、千羽鶴が折り重なるように幾重にも垂れた、平和公園の一角が見える。

小さな、ふだんなら、見過ごしてしまうような橋である。

どこの橋でも、橋はその土地の起伏にそうて、自然に私たちの視線を誘うものである。橋によって、何かがつなげられ、あるいは、それが無いことによって、何かが断絶する。そこを行き来してきた人人、また現にそこを行き来している自分たちの、目線というか、身体の方向が、記憶としてすでにその土地が本来もっている何ものかと交わる。

地霊との交感。

橋とはつねに、そういうものだ。人間のつくりだしたもののなかで、また独特に、私たちの肉体を取り巻く、自然をも環境をも感じさせ、無限の感興を誘うもの。そういう時、私はいつも、かつて若い頃意味もわからずに読んだ、保田与重郎の『日本の橋』を思い出す。

それは、日本の文化なのだ、という叫び声が、遠くから木霊のように聞こえてくる気すらする。

ほんの三〇メートルあまりの、小さなコンクリートの橋であって、平和大通りという、復興広島を象徴する、この一〇〇メートルの東西目抜き通りのせいで、よけいに橋は小さく見える。

ここを通る人のいかほどかが、この橋のデザインの造形のユニークなことに気づくだろうか。

けれどそれは別にして、近寄って見ると、そしてそこだけを注目してみると、欄干の上部手すりを形づくる巨きな、宙に浮いた、横にすうーっとダイナミックに伸びるコンクリートの、黒い厚みのある部分の迫力は、無類である。

剣に刺し貫かれた宇宙の勾玉、天の蒼穹へと放たれた、力強い塊だ。

欄干の左右の端は、その厚さのまま天へと反って、伸びあがり、これまた大きな、半球の手を開いて、宙に投げだされている。むろん、視覚的に目立つのは、この欄干両端の半球部分だが、考えようによっては、もっともドラマティックな運動の源は、この横に伸びる、巨大な剣を倒したような欄干そのものから、生まれてきているのがわかる。

図1―イサム・ノグチ「生きる」、1951－52年

というより、私がいつもそこに感じるのは、新しい生命がいまにも生まれようとする瞬間の、未生のうごめきである。

呑みこまれてしまいそうな、宇宙のエネルギーの源を感じさせる、それは何かなのだ。

周知のように、ノグチは、この橋を「生きる」と名づけた（図１）。

平和公園の全体計画を、いわば広島という町そのものの復興の軸にしようとした建築家、丹下健三の意図は、南北を流れる七つの川の中洲の都市である広島に、古典的でシャープな軸線を通すことであった(2)。川に垂直に交わる橋は、またぴったりと東西方向、太陽の通り道そのものでもあった。

天体の運行を思わせる雄大さと、どことなし、仏教寺院の伽藍を支える大屋根の反りのようなもの、古代人が掌にのせた勾玉の尾の反りのようなもの、あるいは、古い大刀の反りのようなもの、そういう私たちのなかに息づく、共同体的な、無意識な記憶を喚起するものだ。

丹下事務所で、この欄干の設計施工をノグチと担当した建築家、大谷幸夫さんは、その造形に、民族的フォルム、民族的曲線美が潜むことを指摘している。

そして、平和公園の正面にたどりつく。

そこからは、右手に原爆資料館、そしてその向こう、左右を芝生に囲まれた石畳の参道の通った広場があり、やがて、あの慰霊碑に行き着く。

埴輪の馬の鞍のような、ここにも独特の、柔らかい、曲線というか、曲面がある。

それはノグチの曲線よりももっと柔らかい、女性的で、いかにも弥生的なフォルムの慰霊碑だ。公園の正面から、土地はほんの少しずつすり鉢状に低くなって、視線や身体ぜんたいを慰霊碑に向かって吸い込むように迎える。なだらかにくぼんだ空間が広がり、その向こうに、ぽつんと、慰霊碑は、ある意味、びょうびょうとした野の果てにたたずむ茅屋のように、見えなくもない。

それはまさしく、慰藉の空間を感じさせる、独特の、丹念に意図された構成を持っている。昨年秋、再度ここを訪れた私は、東からゆっくりと歩いて公園に近づき、身体に感じられる導線や、遠くに現れる慰霊碑と原爆ドームの見え方の角度、その計画された空間構成の緊密に、改めて舌を巻いた。そしてむろん、慰霊碑に向かう、導線の中心軸線の先には、公園の全体計画のシンボルとしての、原爆ドームがある。

慰霊碑そのものは、平和の願いを込めたものであって、悲惨で凄惨な被爆爆心地に建つものとして、このうえもない、悔悟と祈りの造形にじつに相応しい、傑作といって過言ではないだろう。そして、またあの有名な碑銘をここでまた、繰り返す必要はもう無いだろうが、その精神に相応しい、冥府の慰安すら感じさせる、優しさに満ちている。

いまとなっては、私にとっても、そして何より広島の人人にとっても、この慰霊碑は、永遠の魂のための、鎮魂と慰藉の、シンボルとなったのである。

これもまた、よく知られていることだが、丹下に誘われて参加したノグチにも、実現しなかった、写真でしか現存しない慰霊碑案がある。もともと、丹下は、この計画の中心である慰霊碑をまず、ノグチにデザインさせる心積もりだった。結果は、ノグチはデザインを実現できずに終わり、丹下が最終的に、計画の核心である、慰霊碑を急遽設計することになった。

ここでは、そう簡単に性急には言えないが、丹下のデザインは、弥生的、そして女性的であって、慰藉に満ちている。(3)

ノグチのものは、じつは、そうした、慰藉、慰め、安堵の感情を喚起させるものでなく、もっとより直截に、人間の古代的、原始的な身体の感覚に直接、訴えかけてくるものである、というのが私の印象である。そこには、慰藉とはまたちがったものがある。もっと人間の原体験の、言葉では言いあらわせない、原形質的なものに迫ろうとする、凄みというか、恐ろしささえ感じられるものだ。

ふつう私は、まっすぐ参道を歩み、慰霊碑にお参りをして、その背後に広がる灯火のプールまわりを巡り、ヒマラヤ杉の植え込みに囲まれた石畳をまわって、川の向こうに原爆ドームを眺めながら、西に迂回して反対の川べりにそって歩く。いくつか散在する、小さな慰霊碑のあいだを抜けながら、再び資料館西館の方から、公園正面に出る。

そしてその西の端からは、もうすぐそこに、もう一本の、川にかかったノグチの橋が見えるというか、ちょうどその前に歩み出るかたちだ。

三．円環するもの

このもういっぽうの欄干もまた、無類である。

私には、竜骨は橋の中心部で見えないが、古い木造船の舳先が、ずらりと並んで、その舳先部分を、これもまた丸いコンクリートのうねる横柱でつないだ、船団のかたちに見える。

諸説あって、ノグチも生前、古代エジプト遺跡に彫られてあった、「葬送の船」をモチーフとして使った

図2―イサム・ノグチ「往く」、1951－52年

と言っていたようだが、日本に来る前に、ノグチはボーリンゲン財団の基金によって、ユーラシアの遺跡調査を行っていて、彼が残した膨大な写真群のなかにまた、船が連ねられている、ジャワかどこかの、遺跡装飾があって、こちらの方が、モチーフとしては近い気がする。

いずれにしても、「往く」と名づけられた、陽の落ちる西に向かうこの橋が、死者たちの葬送をシンボライズしていることは、間違いはなさそうである（図2）。

また、ここには、どうやら、ふたつの運動が、見受けられる。

ひとつは、橋のまんなか部分に遮られて見えないが、船体そのものを下側から両方に迫りあげている運動だが、これは舳先と見れば問題はないのだが、その上部で閉じようとする円環の運動は、その先端で、断ち切られていることになる。

またもうひとつは、飽くまで、ばらばらで並んだ船をひとつに繋げようとする、丸いコンクリートの横柱である。

ただ、その横柱の先端も橋そのものの東西の端によって、地中に埋まり、果たしてその円環が閉じられたかどうかは、判じがたい。

それにしても、私には、この「断絶」、あるべきものが「断ち切られて」いる状態が、ノグチの慟哭を思わせて仕方がない。

あの黒い慰霊碑もまた、地から這いあがり、迫りあがる太い柱が半分の円弧を描いてはいるが、結果、その見えない円環の全体は、地平面で断ち切られているからだ。

ノグチが終生好んで用いたモチーフに、円環構造、円環運動がある。

宇宙や生命の造形、運動としては、もっとも原理的なものである。

ただ、彼がこれに開眼というか、生命原理、宇宙原理の根幹としての円環構造に気づくのは、戦後大規模に行った、ユーラシア遺跡の調査旅行の成果であったと、私には思われる。

じつは、ノグチのこの旅に焦点があたったのは、ついごく最近のことで、展覧会として、優れた研究発表がなされたことによる。一見しては、写真ばかりの、小展覧会であった。しかもオリジナル・プリントは出品されず、ほとんどネガとしてしか実在しないので、パネルに焼きつけただけの、膨大な、ノグチの撮った写真による、旅の展覧会だが、いままで幾十も開催されたノグチに関する展観のなかでも、出色といってよく、そればかりか、今日の観点では、もっとも重要なもののひとつとなった(4)。

なぜなら、この旅に後のノグチの仕事のすべてがあり、隠されて、内包されていると、現在は誰もが信じて疑わないからである。

二〇〇三年に、ニューヨークのノグチ庭園美術館で、畏友であるボニー・リチラックが企画した、「イサム・ノグチ、ランドスケープへの旅――ボーリンゲン基金によるユーラシア遺跡探訪」がそれである。

ニューヨークで見た私は、それまで重要だと言われていて、皆が気づいてはいたが、実態がよくわからなかったこの旅を、アーカイヴの膨大な写真資料を彼女と、優れたアーキヴィストのエミー・ハウが一枚、一枚整理して掘りおこした、その成果に感動した。結果、日本にも四か所、しかも、広島市現代美術館をふくめて、巡回することになるのだが、そう感じたのは、この展覧会によって、ノグチのこの世界遺産への旅が、ノグチの後半生の全仕事の礎となったばかりでなく、彼が「庭」への出発を決意する、もっとも深い要因であったことが、明らかになったからである。

ひとつには、ノグチは、ストーン・ヘンジから、エジプト、インド、アンコール・ワットまでの、ユーラシアの壮大な、世界遺産群を歩きながら、着実に、自らの造形言語の基礎をかたちづくっていった。それは、模倣とか、デザイン的な示唆とかいうようなレヴェルのことでなく、人類の造形遺産を血肉化し、自らの肉体に染みこませていった偉大なプロセスのことである。

私たちが、後の目で感じるのは、ひとつには、ノグチの造形ヴォキャブラリーのなかに頻出する、円環構造、円環運動のイメージが、インド、とくに一六世紀の天文施設の遺跡群である、ジャイプールのそれから、おそらくは採られていることだろう。

後年の傑作のひとつに数えられる、彫刻「真夜中の太陽」も、また大きな意味では、香川県牟礼のアトリエにある、ノグチ最大の作品「エナジー・ヴォイド」も、そういう円環構造をもつのだが、じつは、直截に、私が感覚的にインドの空間をもっとも感じたのは、最高裁判所中庭に設置された、四つの泉だった。

空間ぜんたいが、乾いて何もない、光に満ちたインドの風土を感じさせて、苛烈だということもあるが、泉の造形じたい、巨大で黒い大理石をつかった銃眼のようで、円弧とその内側のエッジの鋭い、八角の切っ先が、何か苛烈で、人を拒絶する雰囲気を漂わせていた。

しかも、見る人、そこに近づく人は誰でも、その無の深淵に吸い込まれていくのである。

そのとき私は、ああ、ここにも、慰藉の空間ではない、ノグチ特有のもの、ノグチが体質的にもっている、苛烈な空間がある、と嘆息したものだった。

ネルーの姪だった女性と恋に落ちたこともあり、また、風土も人間にも愛着を持ったノグチにとって、インドが特別なものであったことは、想像に難くないが、この苛烈さは、私のなかに、長く不思議なしこりとして残った。

四．慰藉と慟哭

ジャイプールの天文台に、そのもっとも大きなインスピレーション源を見いだせる「地中に埋もれた円環構造」、「あるいは半円のドーム構造」は、同じ時期、ノグチが設計していた、ニューヨークの国連本部の庭のデザインにも見られるし、また、後の、大阪万博のプロジェクトにも見られるものだ。

それでもなお、ノグチがもっともその構造を、強く前面に打ちだしたものは、後にも先にも、平和記念公園計画における、慰霊碑プランだった、と言わざるをえないだろう。

必ずしもいつもではないが、私は訪れるたびに、現在の丹下デザインでなく、ノグチ・デザインのものが、もしもここに慰霊碑としてあったら、と想像してみる。

ノグチ本人には、たいへん申し訳ないが、その答えは、否、である。

それは、ノグチが日米の混血、アメリカ国籍の芸術家であった、という理由ではむろんない。当時の状況や心情として、広島市か設計諮問委員会かがノグチが慰霊碑を設計することに同意しなかったということは、容易に想像できるし、それを責める気もまたない。

理由はそうした政治的なものではむろんないし、ノグチにとって悲願でもあった広島の仕事が実現しなかった時の、彼の絶望と落胆もまた、想像に難くない。

それでなく、以下まず、二〇〇四年に広島市現代美術館に巡回した、「ボーリンゲン展」の記念シンポジウムに同じパネラーとして同席した者として、建築家大谷幸夫さんの回顧談を紹介しよう。

設計担当スタッフとして、慰霊碑のプランを待っていたスタッフ一同の前に、ノグチが模型を持って現れた日のことである。

丹下健三以下、固唾を呑んで見守るなか、模型をテーブルにのせたノグチは、これでどうだ、という一種鬼気迫る勢いだったという。

だが、それを見た一同皆は、ひとしく、あまりの驚きに声が出なかったという。

「これは、慰霊の碑ではない。死者たちの慟哭、怒り、怨念が地から湧き出るように感じた。そうした、強烈で、鬼気迫る、まさにそういう、見るものを圧倒する造形だった」と（図3）。

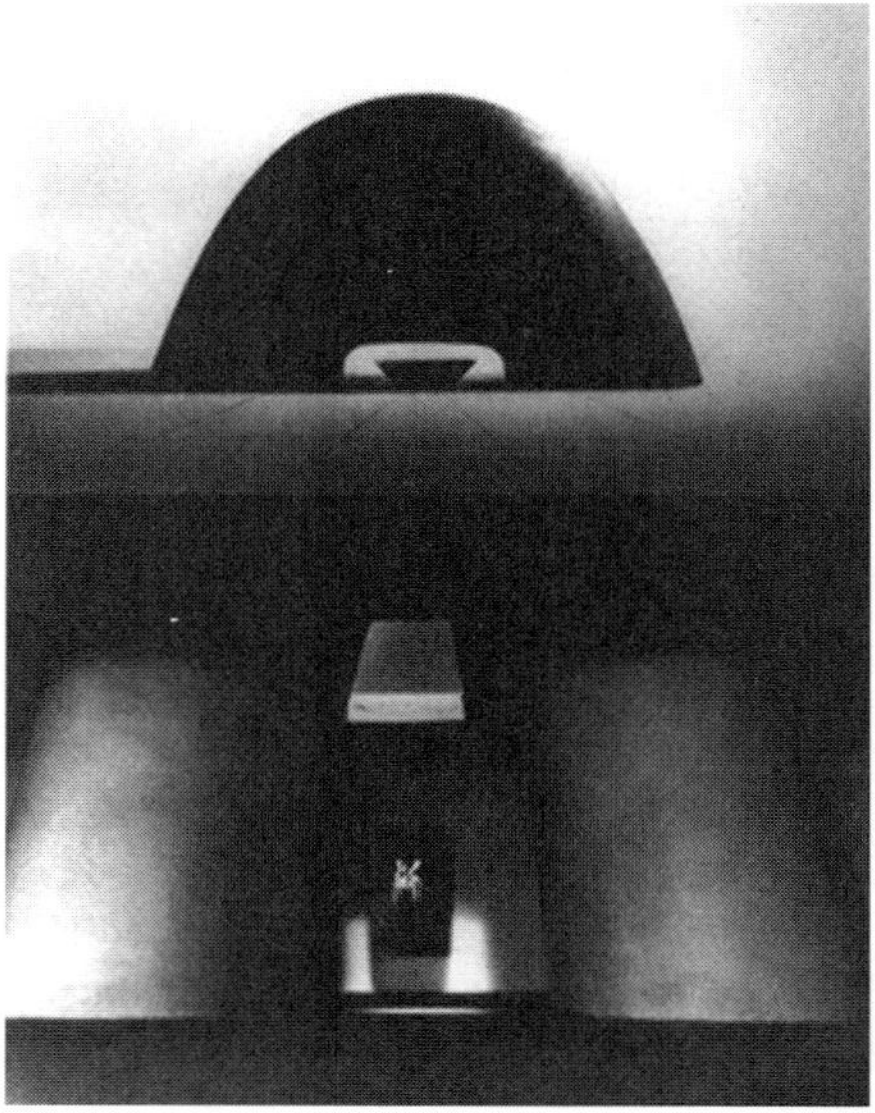

図３―イサム・ノグチ
「原爆死没者慰霊碑の模型」、1952 年
©The Isamu Noguchi Foundation and Museum, New York

以下は、想像でしかない。

死後の世界をどう考えるか、それは人さまざまである。しかしながら、慰霊碑は死者のためとはいえ、畢竟、生き残った生者のためでもある。原爆で身内を亡くし、自らも傷つき、生き地獄を味わった広島の人人のための、それは慰霊碑なのである。

ノグチには、生者に怨念を叩きつけるようなもの、死んでいくものの慟哭を造形化する意図も、また無かったと私には思える。それは、彼が本来もっていた、芸術家としての、未生の生命の躍動への共感が無意識に現れたものであったのだ。

すべては、謎として残る。また、それで良いのだ、と私には思える。

ただ、丹下健三が、もしも、これではまずい、慰霊碑とは慰藉の造形でなくてはならない、と考えて、急遽自らデザインに着手したことはまた、想像に余りある。そうして、今日私たち誰もが知る、世界じゅうが平和のシンボルとして祈りを捧げる、あの慰霊碑が建った。

大谷先生のお姉さまも、被爆しておられ、先生はいつもその時の体験を聞かされて育ったという。

「赤いマントを着た人人がたくさん、うめきながら道を歩いていました。みな皮膚が焼けて皮が剝げて、真っ赤な肉が出ていたのです。小さかった自分は、何とか助けようとするのですが、恐くて助けられなかったのです。それが、夢にいつも出てきます」。

平和公園のあと、私は必ずこれも、あの頃から通った、小さいが、すばらしい教会を訪れる。

世界平和記念聖堂、通称、カトリック幟町教会である。村野藤吾が設計競技委員長をつとめたが、該当する優秀プランがなく、無償を条件に設計を引きうけた、戦後建築の傑作のひとつである。

あの白い壁のひんやりした床に、ステンド・グラスの彩りが落ち、庭の蟬の鳴く広島の夏を、私もまた、けっして忘れることはないだろう。

五 MoMAのゴーキー

ニューヨーク近代美術館、通称MoMAの、戦後美術の一室に、奇妙な黒い絵がある。人間の身長よりはるかに大きな、四角の画面、その薄茶色のくすんだ紙に、鉛筆と木炭だけで描かれたモノクローム画であって、画面いっぱいに、未生の生物とも、動物や植物の、生命器官の部分とも言える不思議な形象が、絡み合い、もつれ合って、薄ぼんやりと浮かんでは消える。

さまざまなかたちが跳梁跋扈するさまは、夢のひとこまのようでもある。

いっぽう、まわりには、戦後のアメリカ美術を世界の檜舞台に押し上げていった、二〇世紀モダン・アートの大立者作家たち、その誇らしい大作作品群がひしめき合っていて、そこは、何とも壮観な部屋でもある。

多くは、ドラマティックな大画面の構成、シャープでミニマルな、ぎりぎりまで要素を切り詰めた、緊張感たっぷりの、抽象表現主義の作家たちの名作であって、吸い込まれるほど大きな、真っ赤な画面が深い精神的な空間を醸しだしているもの、さまざまな絵の具をバケツからじかにキャンバスにぶちまけたような、踊るような、無辺の生の空間が目の前に広がるもの。それらはいずれも、ダイナミックでもあり、また同時に静謐で孤独でもあるような、不思議な大画面だ。

あるいは途方もなくどでかい、しかも奔放な、東洋の書のユニークな翻案を思わせる、自在な作品もあって、多彩な壮観は、そのまま、アメリカの大自然と、それを人間がねじ伏せて行った特殊な文明のあり方そのものをも思わせる。

そんななかで、アーシル・ゴーキーが最晩年に描いた、というより、自殺する直前に描いたこのモノクロームの絵は、ひっそりというよりむしろ、そうした、文明の勝利に迎合する、強烈な文化のあり方に、密やかに背を向けているようにみえる。

これを、絶望の絵画と言っていいのかどうか、果たして私にはよくわからないが、この絵が、ひとつには、未生の生命のうごめきやささやきに耳傾けながらも、いっぽうそれを摑み取ろうとしてとれない、挫折とか敗残、苦悶の悲しい表情をたたえていることは、やはり感じられるのである。

初めてこの絵を見たときに、私ははっとして、しばし吸いつけられて動けなかったのを、いまもはっきりと覚えている。

昔読んだ、リースマンの『孤独な群衆』にちなんで、「都市のなかの孤独」といえば、それは簡単なことになるだろう。だが、まったく互いに本当は無関心でありながら、資本主義的な成功や名声に飢えて、憧れて、ここに集い、這いつくばりながら苦悶し、ぼろぼろになって消えていく、そうした無数の民衆をかかえた、この世界で唯一の大都市ニューヨークの孤独は、そこに棲んだ人間でないと、想像できないものだろう。

ゴーキーは、アルメニアから入植したロシア移民で、生涯、その故郷ソチの、夢のように花咲く、暖かな陽を受けた庭を描き続けたことで知られる。しかも、そのスタイルは、最晩年のこのモノクローム画と同様の、何とも不思議な、類例のない、生命有機的とも言える、具象のような抽象のような、ユニークなスタイルによってである。美術史的には、抽象表現主義の初期を代表する作家として記憶されるが、その夢の風景のような、生命器官の部分の絡み合いのような形象は、むろん、彼が三〇年代に世界中の美術を席巻した、シュルレアリズムの影響下から出発したことをしめしている。(5)

そして、ゴーキーは、ノグチが頭角を現していった四〇年代、ニューヨーク派にあって、刎頸の友であったと伝えられる、同世代芸術家だった。(6)

ゴーキーばかりでなく、ロスコ、ニューマンなど、美術史上、初めて、アメリカ美術が生粋の、「アメリカ的」なるものを確立した一派として名高い、抽象表現主義は、その実、多くの作家が移民第一世代であって、むろんしかも、ユダヤ系だった。

そしてアルコール中毒だった、ジャクソン・ポロックの、ほとんど自死といっていいような自動車事故を思い出せばわかるように、多くの作家が、幸せな、世間的な生をまっとうできてはいない。(7)

乱暴には言えないが、彼らが、グランド・キャニオンに代表される、広大なアメリカの自然を文明によって屈服させていったアメリカ主義、そのたぶんに、アングロ・プロテスタント的な、禁欲的な苦行の美術版として活動しながらも、その「アメリカ主義」に簡単には迎合できなかったことは、想像に難くない。

けれど、それでも、ゴーキーの遺作ともいえるこの、黒い作品は、文化におけるアメリカ的なるものの権化のような、美の神殿、MoMA の中心に展示されている。

私には、それは、ノグチの悲劇にも、闇にも、重なって見えたのである。

六．MoMA の専横

ノグチはこの美の神殿、MoMA をいったいどう見ていたのだろうか。

ニューヨーク近代美術館は、その名前のとおり、世界で初めて、「近代美術館」、つまり、モダン・アートのためのミュージアムを、自ら名乗った、私設美術館として記憶される。

一九世紀末から二〇世紀前半にかけて、工業化、都市化によって未曾有の大繁栄をとげるアメリカを支えたのは、鉄鋼のカーネギーや、自動車のフォードなどの、産業ブルジョワジーだったわけだが、中でも名だたるロックフェラー財閥の夫人が、発起人、創設者であったことはよく知られている。

今日ではアメリカを代表する美術館、観光都市ニューヨークの一大名所として君臨しているが、創設された一九二八年当時から、その意気込み、実質的な活動ともに、世界の美術界の雄として、モダン・アートをリードして来た観がある。

アメリカの美術は、過去も、今日もなお、こうした、財閥や資産家が支えていること、ヨーロッパの起源である、パトロンに多くを負うていることに、まちがいはない。それは、今日の状況から言えば、ヨーロッパとも、またむろん、日本のそれともまったく異なる、文化と社会の相互依存というか、商業主義的ともいえる互助システムである。

金持ちは必ず、自分の名誉を残すために、あるいは社会的なステータスのために、あるいは、社会的責務のために、文化的活動に資金的援助を惜しまない。これはある意味、ルネッサンス以前やそれ以降からあった、ヨーロッパにおける、封建的カトリック的な、宗教に密着した権力による芸術擁護を、ある種、資本主義的プロテスタントがニュートラルなかたちで継承した、アメリカに固有のあり方である。市民革命以降、ヨーロッパは広い意味で、社会主義的になったわけで、文化は国家というか社会全体が支援するかたちに変貌して行ったのに対して、かえって新興の、複合多民族国家として出発したアメリカが、その自由主義的資本主義の形態のなかで、その精神的支柱として文化を呼び出したかたちと、読み取れなくもない。

ずいぶん以前から、日本でも、大企業が、文化支援というメセナを、はじめは、利潤追求優先によってさまざまに自らが巻き起こした弊害の、贖罪として解釈しながらも、やがて社会活動を行う企業には当然の、社会貢献の責務と受け入れるようになったのも、多くはアメリカの影響だった。

だがそれは、それでもなお、「隠れ蓑」の覆いがつきまとっているのである。

アメリカでは、ほとんどの美術館の名前や、その展示ギャラリーの名前は、寄付を出した人物、実質的パトロンのものが付されている。

ゴーキーの部屋は、MoMAでも数少ない例外であるところの、初代館長で、その蒐集方針によって、「モダン・アート」という概念を定立した立役者、アルフレッド・バー・ジュニアの名が冠されている。

七．MoMAの専横に、対決する

戦後、ノグチは、ボーリンゲン財団の奨学金を得て、ユーラシア全体の古代遺跡を、すみずみまで踏査する。その申請書に、彼がマニフェストしたのが、後に、ノグチを庭に導くことになっていく、「近代彫刻批判」、

「近代美術館批判」である。
その奨学金申請書のマニフェストに、ノグチはこう書いた。

レジャー環境の研究についての申請
ボーリンゲン基金御中、一九四九
　イサム・ノグチ
一．私の考えかた
私は長く、彫刻と社会とのあいだに、新しい関係がつくりだされなければならないと考えてきた。たがいが、もっと創造的に高めあわなければならない、ということだ。
彫刻の創造力とその存在感にとっては、より多くの人のための、公共的な楽しみこそが、個人の所有より、はるかに重要だ。この認識なしに、彫刻の真の意味は生まれない。
個人の人間存在の瞬間を意味づけ、望むべき環境を照射する、そんな空間的、造形的な関係を、彫刻によって産みだすこと。この作用と似たものが、過去の寺院の彫刻に見られる。そこでは、形態的なもの、共同体的なもの、感情的なもの、そして神秘的なものなど、すべての要素がそれぞれの役割をまっとうしている。
あきらかに彫刻の機能とは、単なる建築の装飾とか、美術館での財宝であることを超えるものだ。それらもまた価値あるだろうが、個人の所有を広げたものの域を出ない。独創的で、もっとも優れた第三の機能だった、宗教が凋落したからといって、それらにとどまる必要はない。

テクノロジーによる秩序が、今日の生命線であるようだが、もし芸術がより大きな目的を達成しようとすれば、彫刻はもっと別の機能へと開かれるべきだ。

二 状況について

二度の世界大戦の悲劇は、精神の救済の不可能と、それからくる道徳の危機をもたらした。かつて人は、手仕事、宗教、そして寺院などとして表現されたものに価値を見いだしたのに、今日ではただ機械化と、権力の論理しか見ない。工業化の光は、芸術家を、社会のなかのごく専門化された一画に押しやり、多くの人はただの観客と化している。個人の、そして時代や民族のエトス、批評的な創造力はかくも否定され、風前の灯である。

こうした欲求がつのって、人間存在の新しい探求と、再創造を求める動きが生まれた。それはあらゆる種類の芸術家たちの最大限の力を引きだして、私たちの必要とする環境をつくりだすための、新しい探求である。さまざまな芸術ジャンルを、来るべき社会的な目的のために再統合するのが肝要で、そうすれば、「建築家」、「画家」、「彫刻家」、「環境設計家」、といった限定的なカテゴリー分けのせいで、無味乾燥になっている現状を変えられるのだ。

こうした考えは過去にも多くあったが、再統合のために、どういったステップが必要かなどとか、はっきりした青図が書かれたことはない。じっさい、芸術家同士のあいだの人間関係や、芸術ジャンルと社会との関係に理解がなければ、統合の議論は、形式論となって混乱するかもしれない。また、経済的、社会的な問題が解決されないあいだは、精神的な問題になど、解決などもたらされるわけがない、と反論もあろう。何ら建設的な解決策が出てきていないというのは、問題が大きすぎて、ひとつの技術や、現場での策では歯がたたないからだ。協力と共同というのは、いまだに、人間的に、社会的に、芸術的に、そして国際的になされなければならない、課題なのだ。

じっさいの物質的な環境に対する私たちの反応は、ゆるやかな、しかし持続的な、一連の美的判断として現れる。その判断は、私たちの感情に強く影響するだけでなく、それを支配もするし、混沌から秩序を、空虚から神話を、そして孤独から帰属を導きだすもとにもなる。同じように、私たちはその形態的、触覚的な関係をよく知っているので、自然と人間の、そのふたつによる発明をともども、喜んで享受できるのだ。これからは、環境から受けとる感情的なものは、芸術的な判断によって、変化することになるだろう。

こうした状況認識にもとづいて、一冊の本の出版を提案する。本のテーマは、レジャー環境の研究である。

三　提案

コミュニティー社会の感情的な安定感と、その物質的な外観との関係は、かくのように、まったくもって、何ら明らかにされていない。人間個人とコミュニティー社会のもっている想像力は、過去何がなされたかを示し、新しい達成を示唆することで、その隠された可能性が呼びおこされなければならない。レジャー、つまり余暇の全分野を一冊で取りあげるのは無理だが、レジャーの環境、その現実の、物質的な環境の研究に限定することで、生活を新しく活性化させる重要なポイントを提供してくれるはずだ。そして、このレジャー環境そのものの質を変えていくのは、美に関する課題なのだ。

私はここに、レジャー、余暇に関する現実の環境の、物質的な側面、その意味、用途、社会との関係の研究をおこなうことを、提案する。それは、社会共同体がともに楽しんだ、レジャーの施設や、場の研究となる。また特別に、今日的なレジャーの用途（精神の再創造、リフレッシュ、リクリエーションとしての）と、子供時代の遊びの世界とに、興味がある。教育、宗教、心理学、建築、さまざまな芸術ジャンルからの、専門家による援助や協力も、もらえることになっている。そして研究結果が出版された暁には、それが、より美しい、精神的な社会が計画される一助となることを、願っている。(8)

八．「モダン＝近代」への決別

ここには明らかに、戦後にあたっての、そして五〇代以降、壮年期のノグチの、二つの決意が語られているのに、私たちは注目する。

ひとつは、美術の鑑賞の場、その擁護の文化施設としての、「近代美術館」への根本的な疑義であり、産業ブルジョワによって再興された、モダン・アートのエリート的特権主義に対する、反発である。ノグチの理想は、むしろ、中世的な、キリスト教的神の絶対性やそれを世俗的に支えるところの、教会権力に支配されてはいるが、そしてその道具ではあったが、それでもなお、あらゆる人間が平等に、自由に、触れることの出来た、「社会的」で、「公共的」な彫刻を、真に民衆のものとして再興する夢に、以降、向けられて行くのである。

それが、ノグチにとっての、「庭」の出発であることは、言うまでもないだろう。

近代的美術館というのは、緊張感ぎりぎりいっぱいの、限定され、切り詰められた、ほとんどが「眼」に集約された、特権的な、美的体験の場である。

今日では、「ホワイト・キューヴ」＝白い、四角な箱、と称される、ドラマティックな劇場舞台で、つまり近代美術館の展示室内で、色と形による、純粋な視覚的要素として投げ出された、他の何の意味にも転化も還元もできない、抽象作品が、鎮座しながら、観客との、知的で精神的な対決を待ち構えるのである。(9)

特権的、エリート的と言ったのはそういう意味であって、そこでは、一対一の、精神的対決に似た体験が優先されるために、靴音ひとつでも集中を妨げる雑音になるわけであって、堅苦しく、息詰まるのは、致し方ない。

多くの一般大衆の、モダン・アート嫌い、近代美術館嫌い、抽象絵画嫌いは、じつにこうした状況から起因している。

そこにはとうぜん、観客同志の、感覚的な共感や共鳴もないし、また、彫刻に触りふれて、身体で感じる肉体性などもない。自分の家に作品を買って帰って、居間の壁にかけて、のんびりゆっくり座って、夜、酒でも飲みながら対話する、という感じともちがう。そうした、いわば美術につきあう、心の対話を持つ、究極のあり方とは、まったく正反対の、擬似体験かも知れないのである。

そこではまた、飽くまで、芸術体験にも、「近代＝アングロ・サクソン、プロテスタント」的な、律儀な生産性が求められる。

戦前の一九三〇年代に、二〇世紀きっての文化史家であった、ユダヤ人思想家、ヴァルター・ベンヤミンが、映画芸術の伝播によって、それまでの芸術的体験が変貌して、モダニズム的芸術観がより開かれたものに変わり、よりゆるやかに、まわりの環境や人間どうし、あるいは個人的な記憶をめぐっての、複合的で時間的にもゆったりしたそれを志向するという予言をしたのだが、如何せん、文化的成熟はそう簡単にはやって来なかった。

この、「触覚的体験」がようよう、芸術体験の現場の問題や、感覚になったのは、じつにその予言の七〇年後の今日ただいま、二一世紀になってからのことである。

ベンヤミンの「触覚的体験」とは、けっしてじっさいに、触ったり、直接身体的な触れ合いを行うことを意味しないが、むしろ比喩的に、建築空間のなかにつつまれて、人は動いたり座ったりしながら、時間をかけて身体ごとそれを体験することから始まって、もっと過去の記憶や、他人の体験との比較や重なりの膨みもさらに加わって、優れて複合的な、ダイナミックな磁場がかたちづくられていくということの暗喩だ。

ノグチは、じつは彫刻家の本質として、こういう、未来における芸術体験の変貌を触知していたわけである。

そして、二つ目は、近代彫刻そのものへの疑義、あるいは、極端に言えば、決別とも受取ることの出来る、新しい道筋への期待の表明である。

ノグチのパリ時代の師、ブランクーシは、モダン・アートの持っていた特性、その自己求心性、還元性を求道家のように追い求めた、典型的なチャンピオンと言えるだろう。

そこにはもう、鳥の姿はなく、空気の流れそのものが純粋に造形されているような、「空間のなかの鳥」や、黄金の卵が転がっているような、「レダ」や「ポンギー」の頭部などの作品群は、造形における二〇世紀の極北の姿を示すだろうが、それはノグチにはまた、偏狭で矮小な、モダン・アートのやせ細った姿に映ったと言っても、あながち外れてはいないだろう。

限りなく開かれた彫刻であって、彫刻ではもはやないもの。その時、ノグチの眼は、もう、「庭」にしか向いていないのである。

九．孤独な、おおらかさ

ニューヨーク、マンハッタン島は、おもちゃ箱をひっくり返したような街だ。あの喧騒とスピード感、地下から湧いてくるボイラーの煙と湯気、そして燻したような冬のかち栗がいっしょくたになった匂いほど、無類なものはない。

摩天楼の高層ビルに、すっぱり切りとられた空を見あげると、うきうきしてきて、思わず笑いだしたくなるのはなぜだろう。

周知のように、南というか今のウォール街からしだいに半島の北に向かって開発されたマンハッタン島は、その真ん中に、公園というにはあまりに奇観な、巨岩や、元の岩盤が剝きだしになった、セントラル・パークを抱える。

マンハッタンはコントラストの町であって、狭い半島に摩天楼をぎゅうぎゅう詰めにしたその人工性と、古代的、原始的なセントラル・パークの、荒涼とした景色もまた、苛烈なマンハッタンを象徴するものだろう。

この公園に、マンハッタン島が古生代にあった地形をそのまま残してある、あるいは偶然ここにだけそうやって残った、という地層学の研究報告が、最近あったという。[10]

潮来一枚下は地獄、じゃないが、金さえあればどんな贅沢も享受できる、摩天楼の人工性に守られた試験管のなかの純粋な消費生活、その一枚下は、荒れ狂うグランドキャニオンか、はたまた大西部か、そういった古生代の大自然の奇観を見せつけるのが、セントラル・パークという、ニューヨークの庭だ。

都市の骨格である摩天楼とともに、工業都市であるマンハッタンの巨大さ、途方もなさを象徴するのは、例えば、クインズボロー橋のような、大産業構築物だろうが、よくもまあ、人間がこんなどでかいモノをつくりあげたものだ、という単純で直截な感想をもつ人は、とくに日本人なら多いだろう。

それを過ぎて、電車でハドソン川を少しくさかのぼると、川の向こうには、岩盤がむき出しになった切り立った大地、その広大な崖が延延と続き、木木の姿もまばらな荒野の姿、里山も森の茂みもない苛烈な自然に、またまた日本人なら、嘆息する。

そして、理解するのである。

これが、アメリカの自然と、そして文明の闘いなのだ、と。

公園を背にした世界的な美術館、メトロポリタン、その公園側、西のガラス張りの展示室の一角には、戦後のアメリカ美術のチャンピオン、抽象表現派の名作群が居並ぶ。

ロシア人移民、マーク・ロスコの部屋のとなりには、クリフォード・スティルの傑作群が、一〇点ばかり、勢ぞろいしている。ここに来るたび、スティルの切りたった巨大な画面を見あげるのだが、黒い闇の谷間が天からなだれ落ちてくるような二〇世紀の崇高さには、いつもぞくぞくして戦慄させられるのが常である。

それまで、ヨーロッパから流れてきたシュルレアリズムやダダの影響下にあったアメリカ美術が、戦後はじめて自国のアイデンティティーを獲得したのが、この一派の業績だが、シュールやダダが持ち込んだ、ちまちました「オブジェ」の影響からやっと脱して、彼らが真に立ち向かったのは、アメリカの苛烈な大自然だった。

それに対峙させた、大画面に展開するその虚無的で、宇宙的な無辺の空間こそは、大自然に初めて対したときの、アメリカ人の畏怖を表現したものだ。だからメトロポリタンのスティルの崇高絵画の前で、その空間は、すぐむこうの、セントラル・パークの古生代の地形にも、はるか彼方の、中部の大平原やグランドキャニオンにもつながっている、と感じられる。

そこにはまた、四〇年代以降、アメリカの美術が自分じしんに向きあったときに到達した、ニヒリズムの暗い深淵がぽっかり穴をあけている。それは文明や消費化、産業化が行き着いた、袋小路的な、人間の心の闇でもある。

ニューヨークにおける、ノグチ作品は、そうしたものとは、まったく対極にある、開かれたおおらかさを、もっている。

ただそれは、都市という、そしてニューヨークという、この途方もない、ジャンクで豪奢な場と人人に、あっけらかんと投げ出されている。

チェース・マンハッタン広場は、マンハッタン島の南、その歴史の古いウォール街の中心にあって、9・11事件のあった世界貿易センターとは、目と鼻の先だ。チェース・マンハッタン銀行前のほんの小さな広場、摩天楼が切り立つ他のマンハッタンのどの地域に比べてもさらに、狭くて深い崖の谷間の感じが強い、息苦しい、奈落の只中のような場所に、地下の枯山水の噴水庭園を覗き込むようにして、ノグチの庭、SANKUN GARDENはある（図5）。そして、その絶壁のようなビルの裏側、もう向こうにはハドソン川が

図４―イサム・ノグチ「私のつくったのではない、世界」、1952 年（財団法人草月会）
図５―イサム・ノグチ「チェース・マンハッタン銀行プラザの流水の庭」、1961－64 年
図６―北鎌倉の北大路魯山人のアトリエ、窯場の一角にあった、ノグチ宅、1952－53 年

望める一角に、もうひとつの作品、大きな赤いサイコロを地面に独楽のように立てた、彫刻「レッド・キューヴ」がある。

二つながら、都市のなかのパブリック・アートとしては、その規模とダイナミックなインパクトで、世界中でも群を抜くほどの派手な目立ち方だが、マンハッタンという都市そのものが持っている、猥雑で喧騒なスピードとパワーのなかでは、また一見落ちついた異形の置物のようにも見える。

ノグチの二つのアプローチは、屋内のモダン・アートと屋外のパブリック・アートという物理的な峻別を超えて、明らかに、抽象表現主義の、吸い込まれる闇のような虚無感とは、異質な風合いを持っているものだ。これを、短絡的に、ポストモダン的と言って良いのかどうか迷うところだが、場の持っている特性と時間に自らを委ねているという点で、そう考えても良い作品だろう。

むしろ、ここではノグチは、「彫刻」をやってはいない。それは、「彫刻」の本来持っている、人間存在に問いかけるような重重しさはなくて、むしろ軽やかで時間や光のなかでゆるやかに表情を変える、敢えていえば、時空を超えた、「異次元のデザイン」のようにも感じられるのである。

「レッド・キューヴ」は、川と街路の方から見ると、絶壁のように切り立つビルを屛風仕立てにした、じつに精緻に計算しつくされた、赤い「モダン都市」の人工の飾り花、のように、見えなくもないし、そのデザインは、ノグチでしか絶対に出来ない、場を巡って動き回る、人間の身体時間や空気感覚まで上手く取り込んだ手法でもって成された、一枚の、刻刻変化して、無限の諸相をみせる、生きている切り紙細工のようだ。

ノグチの、庭のデザインにおける真骨頂は、この、人間の身体の動きを取り込んだ、無類の「ランドスケープ感覚」だが、ここでもそれは遺憾なく発揮されている。

彫刻は、いわばそのまわりの空間の、目に見えないが動いている（というか、見る人間がそのまわりを巡る、動きの空間の）中心のピヴォット＝転回点を示唆するにすぎず、遠くにある彫刻そのものの、見え方の面白さ、ユーモア、奇妙な表情が、見る人間の動きを逆に促すように、計算されている。

今の流行言葉でいえば、「アフォーダンス」だろうが、庭の体験は、もともとそういう、主体と客体が同一レヴェルで交差しながら動く、相互観照のシステムである。

本来、だから彫刻は、否応なく、一見、それそのもので独立したものであっても、まわりの景観や起伏、あるいはたまた時間的な日照や気候の変化とつねに関連づけられて理解し、感知される。これは、室内における、近代美術館的ホワイト・キューヴに恒常的に置かれ、見られることを前提にした、モダン・アートの概念とは、根本的に異なるものであるのだ。

変化するもの、一定でないもの、移りゆくもの。

人間の美的体験は、その、宇宙的な変化の諸相の、ほんのひとコマに過ぎない。

もうお分かりかも知れないが、これが、ノグチが、日本の中世庭園、枯山水から学んだ、「異次元のデザイン」の手法である。マッスではなく、彫刻は変化し変幻する視覚を受ける「面」＝シークエンスの核、となっているのだ[11]。

ひとつ、驚くことがあった。

レッド・キューヴ自体は、六面体のキュービックを円筒形にそっくり刳り抜いた、巨大な三次元の物体であるのに、遠くを巡っている人間の目からは、いつも、一枚の絵のように見える。つまり、巨大な広告バナー、一枚の、平面的なグラフィック・ポスターとか、サインに見えるのである。

これは、一種、ショッキングな体験だった。

手法は、日本の枯山水だが、その意味するところは、まったくちがう。

しかも、極めて辛口かつ、むしろ辛辣な、毒に満ちた作品である。

これは、現代人の、ひとりひとり、都市の表層を闊歩して自らも消費される個人個人のその内面に、突きつけられた、鏡のような庭だ。

あたかも、マンハッタンに跳梁跋扈するアメリカ的な商業広告主義を、この巨大な、人工的生き物が、楽しみ、嘲笑っているようなひとつの毒の庭、マンハッタンの皮肉な庭園化のように、私には感じられたからである。

いっぽうの、SANKUN GARDENは、地面である地上階から見下ろせば、これはまったくの、モダン化された、東洋の禅の庭である。

通常のアメリカ人には、その意味や背景はもちろんわかるはずもなく、一見したその見え方でさえ、何だか東洋的だな、とは思えるだろうが、彼らの側に立てば、一種取り付くしまのない、異物に見えるだろう。それでも人人は、ことに広場の伝統を持ったヨーロッパ起源のこのアメリカでは、夏ともなれば、この東洋の枯山水をふんだんに被うごとき、水の流れる憩いの風景を見に、昼休みに集ってくる。

そうして見れば、広大無辺な荒地に突如出現した、この人工島マンハッタンに、彼らの見慣れたセントラル・パークのような、古生代的、原始的風景を持って来るのでなく、噴水はあっても、むしろ、どうして日本の禅寺のような、枯山水を持って来たのだろう。

庭は、むろん、自然そのものではない。それはむしろ、人間による自然の解釈であって、その意味では、あらゆる庭は、世界模型である。

私には、彫刻であって彫刻でないものを志向したノグチが、この第二の故郷マンハッタンでまた、庭であって庭ではないもの、マンハッタンが良くも悪くも十全に持っている、「アメリカ的」性質のものに対して、飽くまで異質なものを、移植しようと苦悶しているのが、この庭をめぐるときに分かってきた。

直線とグリッドで仕切られたマンハッタンには、こういう円形や円筒形、そして生命有機的な形はむしろ珍しいのだが、そのコントラストはまた、上手くデザインすれば、無類のものになる。Ｆ・Ｌ・ライトの晩年の傑作、スパイラルの巻貝のような造形で有名なグッゲンハイム美術館が、ニューヨークきってのランドマークになっているのは、人の知るところでもある。

地下の銀行施設に降りれば、この庭は、私たちの視線の位置に、地面からはぐっと迫りあがって、ドラマティックな円形舞台の舞台装置のように、また、建物内部に埋め込まれた、恐竜が屈みこんだような、巨大な生きた彫刻にも見える。透明な、ガラスのカーテン・ウォールにぐるりを取り巻かれて、会計事務の窓口や、計算機や、カウンターやら、そこを行き交う人人やら、そうした、近代的な都市風景の、ちょうど真ん中に、突如として出現した、巨大な、古生代の生き物のような、劇場的な庭である。

京都の、禅の枯山水を見慣れた私たちの目には、庭は自然を小さく縮小したミニアチュールな世界模型であって、都市の風景に取り巻かれた、巨象の横たわるテーマパーク的模型のようなダイナミックな庭は、やはり、どうにもアメリカ的で、馴染めない。

それにしても、限りなく興味をそそられる庭ではある。

この未生の庭は、一見は禅の枯山水、その実はセントラル・パークの、古生代的原始岩盤、そのふたつの狭間を揺れ動きながら、ノグチの苦悶を、そのまま映しだしている。

苦悶というより、苦闘とも言って良いだろう。

ここもまた、開かれてはいるが、ひとつの、孤独の庭、ただただ、個人の内面の観照を誘う鏡のような空間を、喧騒のニューヨークの真ん中に、ノグチは突きつけたかったのではなかろうか。

この庭は開かれてはいるが、やはり、孤独だ、と私には感じられる。

9・11、その惨事をへた今日の私たちには、それは、亡き友、ゴーキーへの鎮魂であると同時に、マンハッタンという、不可思議で魅惑的な、「アメリカ的なるもの」、その怪物性への鎮魂であったとも、あるいはみえるのではなかろうか。

註

（1）現在は八〇歳を超えて健在な、忘れ難い女優、エマニュエル・リヴァが、撮影の合間に当時の広島を勢力的に撮った、奇跡的な写真群を公開した写真展「Hiroshima, 1958」が、広島と東京で開催された。

（2）広島市に残る計画図面に明らかだが、これも展覧会の記念シンポジウムの基調講演（「イサム・ノグチ、ランドスケープへの旅――ボーリンゲン基金によるユーラシア遺跡探訪」、二〇〇三年、広島市現代美術館）で、大谷幸夫さんも指摘しておられたこと。

（3）磯崎さんの考察によると、丹下健三も、しばしば好んで自らの建築について、縄文的、弥生的の議論をしたそうだが（磯崎新『建築における「日本的なもの」』、新潮社、二〇〇三年）、直感的にも、私もそう感じるぶぶんがある。

（4）NOGUCHI: THE BOLLINGEN JOURNEY　Photographs and Drawings 1949-1965　February 13, 2003 through October 13, 2003　Curated by Bonnie Rychlack　The Isamu Noguchi Garden Museum, New York

（5）かつて学生時代、ゴーキーの作品集をもっていた。たしか、後に自分もそこの学芸員として勤めることになる、旧西武美術館で開かれたゴーキー展に際して出版されたものか、その図録だろう。そこに、たしか、これも後に仏文の後輩というので親しくしてもらったが亡くなった、岡田隆彦さんによるゴーキー論があって、熱心に読んだ。そこからの、もう古い記憶である。

（6）この小論の伝記的部分や、史実は、さまざまな展覧会図録で、ニューヨークのノグチ財団のキュレーター、畏友ボニー・リチラックや、アーキヴィストのエミー・ハウが、編纂した年譜に負うてもいるが、そのほとんどすべて（といっていいが）は、ドウス昌代さんによる、傑出した評伝『イサム・ノグチ――宿命の越境者』（上・下、講談社、二〇〇三年）から学んで、借用したものである。

（7）高校時代から耽読した、畏敬する大久保喬樹さんの、「ジャクスン・ポロック――Mに」（『クリュニーの天使』、小沢書店）から借りた。

（8）リチラック氏の発見・調査した、ニューヨーク財団のアーカイヴにあった申請書類を、ボニー・リチラックのキュレーションした、「ランドスケープへの旅」展を日本に巡回した際に、展覧会の小パンフレット用に、訳した拙訳である。

（9）「ホワイト・キューヴ」を誰が言い出したかは、不勉強で知らないが、ちょうどMoMAの開館の時代は、「美術の価値が、礼拝的価値から展示的価値へ転じる」と言った、ヴァルター・ベンヤミンが、有名な『複製技術時代の芸術作品』（初めは、晶文社版の野村修訳で読んだが、後に岩波書店で、多木浩二さんの『ベンヤミン「複製技術時代の芸術作品」精読』が出たのでそれを熟読して、ベンヤミンの考えについてはその多木さんの論旨を借りた）を書いて、映画を念頭においた、新たな芸術体験「触覚的体験」を予言した時に重なる。

（10）鹿島出版のＳＤ誌「ニューヨークのアール・デコ特集」岡田隆彦による論考「ニューヨークのアール・デコ」より、借用した。

（11）ノグチの彫刻の本質を「生のゆらぎ」と指摘したのは、今は亡き彫刻家の飯田善国さんだが、優れた建築史家の藤森照信さんは、『特選美術館三昧』（ＴＯＴＯ出版）で、牟礼のイサム・ノグチ庭園美術館を訪れた印象のなかで、ノグチの仕事の本質的部分を「時間」であると鋭く喝破しているが、これらの指摘に大きな刺激を受け、学んで、私論に借用している。

本稿は、すべて書き下ろしだが、そのほんのある一部分が、かつて、武蔵野美術大学芸術文化学科の学生たちと共同プロジェクトで、青山のAKI-EX GALLERYで行った、「未来の娘たち――人形の庭」展の私家版パンフレット「庭の幻想――未来の娘たち」に書いた、「機械と肉体のはざまの庭――マルセル・デュシャンのマンハッタン」（かつての手書き原稿からの文字起こしを、当時の四期生がやってくれたので、ここでその当時の学生たちと、たいへんなご協力をくださった、秋薫里さんに、謝意を表したい）のごくある短いセンテンスと、内容的に重なるぶぶんがある。

第２章
「デザイン」から見た境界的作用史

京都高等工芸学校収蔵の日本美術資料
——漆芸品を中心に——

並木誠士

はじめに

京都工芸繊維大学美術工芸資料館の収蔵資料は、その多くが、一九四九年に新制大学として京都工芸繊維大学が出発する以前の京都高等工芸学校時代に購入したものであり、それは、いまや近代京都の伝統産業界を支えた教育機関の実態解明にとって重要な資料群である。これらの収蔵資料については一九八一年の美術工芸資料館開館時から調査・研究を進めており、現在、調査・研究と並行してデータベース構築を進めているところであるが、現状において収蔵資料全体を俯瞰的にみるような考察はおこなわれていない。

美術工芸資料館の収蔵資料としては、開学当初から積極的に収集を続けているポスター、特色ある繊維関係の研究教育機関でもあったという点で豊富な蓄積を誇る東西の染織関係資料、および、近年集中的に寄贈を受けて収蔵数が増えている建築関係資料が中心的な位置を占めている。それに対して、日本の美術品は、一部を除き、これまで展示されることも少なかった。

二〇〇二年には、京都高等工芸学校開学一〇〇周年を記念した展覧会を開催し、同時に『京都工芸繊維大学所蔵名品集　1902年の好奇心』（光村推古書院、二〇〇三年）を刊行したが、そこで対象としたのは、おもにヨーロッパから購入した品々であった。それらは、開学当時の関心がアール・ヌーヴォーに代表されるヨーロッパの美術・デザイン状況にあったことを如実に示している。しかし、収蔵資料における、日本で制作された美術品については、ほとんど考察されていないのが現状である。なお、本稿では、収蔵資料のうち、日本で制作されたものを日本美術資料と総称することとする。

本稿は、美術工芸資料館が収蔵するいわゆる日本美術資料が、どのような存在理由をもっていたのかを考えるための第一歩として、収蔵資料の使用法および購入の実態を考えてみたい。まず第一節で美術工芸資料館所蔵の日本美術資料を大枠で捉え、その後、第二節で美術工芸資料館に残された生徒作品を通して、日本美術資料の教育の場での使われ方をみる。そして、最後に第三節で、とくに漆芸品に焦点をあてて収蔵資料とその購入の特徴をまとめてみたい。なお、漆芸品に限定する理由については後述する。

一．京都高等工芸学校購入の日本美術資料

はじめに、京都高等工芸学校購入の日本美術資料について、その全体像を概観しておきたい。

収蔵資料に含まれる日本美術資料は、大きくわけると、明治三五年（一九〇二、以下の記述は西暦を用いる）の京都高等工芸学校開学以前に制作された、いわゆる古美術資料と、一九〇二年の開校以降に制作され

たものを同時代資料として購入したものになる。日本のポスターなどは言うまでもなく後者にはいり、数的には膨大になるが本稿では扱わない。

古美術品のなかには、絵画、彫刻はほとんどない[1]。中心となっているのは工芸品であり、工芸に関しては、材質で言えば染織、陶磁、漆芸など、用途で分類すれば武具、調度、楽器など種類は多種多様であるが、その多種多様さは、同時に、相互に脈絡がないことも意味している。本稿では、第三節で、収蔵日本美術資料のうち、とくに工芸における多様さが何に由来するのか、具体的には、「教材」として収集されたといわれるこれら日本の古美術がどのような使われ方をしたのかについて考えてみたい。

一九〇二年の開校時以来購入されてきた日本美術資料は、図書館をおもな保管場所としていたが、一九八一年の美術工芸資料館の開館にあたり美術工芸資料館に移管され、現在はその収蔵資料となっている。

多くの資料に関しては、購入時の台帳が現存しており、それによりほとんどの資料は、購入年月日、購入先、価格などの情報がわかる。これらの情報は近代京都の美術工芸教育を考えるうえで重要であり、適宜調査結果をまとめてゆきたい。

美術工芸資料館に資料を収めた段階で新たな台帳（フィッシュ）に登録され、所蔵品であることを示すAN番号が付された。同時に、染織、陶磁器、武具などのカテゴリーに分類して、そのカテゴリーごとの番号も付している。現在は、その台帳の情報をデータベースシステムに移行して、横断的な検索もできるようになっている。しかし、日本美術資料に関しては、制作年代などデータがない項目が多い。これは、これらの資料が、美術史的あるいは工芸史的見地から収蔵されたものではないという状況を反映している。そして、このことは、資料名称からも見て取ることができる。現在、美術工芸資料館では、登録時点での名称を保持しつつ、より適切な名称を付すようにしているが、いまだ十分ではない。なお、本稿は、日本美術資料の購入、使用の状況を考えるために、原則として台帳記載の呼称を用いることを断っておきたい。

これら収蔵資料の分類の方法であるが、これまでの京都高等工芸学校以来の分類においては、家具、楽器など機能・用途を主体にしたカテゴリーと、陶磁、漆工など材質・素材に焦点をあてたカテゴリーとが併存している。一般論としても、工芸に関しては、合理的で整合性のある分類体系の確立が急務であり、今後もそのための努力をすすめてゆく必要があるが、本稿は、材質・素材を軸にした分類で収蔵資料をとらえてゆく道筋をつくるための作業という意味合いももつ。その理由は、たとえば、旧大名家の道具類をコレクションとする場合のように、収蔵品が本来使用されていた状態のまま保管されている資料体では、機能・用途別に分類をすることに意味はあるが、美術工芸資料館収蔵品の場合はそうではなく、教材ないしは研究対象としての購入・収集であるため、購入にあたっての判断は、材質・素材さらには技法という点で選択されたはずであり、それが分類の基準となるべきだと考えるためである。

収蔵資料の点数に関しては、最新の年報記載情報では、総計四八一一件、四万一九八七点である。[2]また、二〇一二年一〇月時点でデータベースの全項目数は四万一七四九件である。データベースで検索可能な資料は、建築と美術工芸品に大別されており、内訳は、建築が二万七九七七件、美術工芸品が一万三七二二件である。そして、その美術工芸品のなかで、日本製として登録されているものは四四〇五件であるが、製作地が未登録のデータも若干あるため実数を反映しているとはいえない。さらに、そのなかで一九四九年の新制大学発足以前の購入資料は一六一七件である。

当面、この一六一七件を対象とすることになるが、これをさらに美術工芸資料館の分類にわけると、もっとも多いのが、「文献・資料」の五四一件、ついで「染織」三一七件、「陶磁器」二五五件、「風俗」一八二件、「漆工」六八件、「金工」六四件、「武具」五三件、「絵画」「彫刻」がそれぞれ二二件、「ポスター」が一二件などとなっている。突出して多い「文献・資料」に含まれるのは、『芥子園画伝』『十竹斎画譜』などの画手本類や『本草綱目』『江戸名所図会』などである。

ここでは、収蔵資料におけるこのような日本の古美術のあり方を検討してみたい。

二．カリキュラムからみた日本古美術——生徒作品を通して——

美術工芸資料館で収蔵する古美術品は、「教材として」収集されたといわれることが多いが、実際にどのように使用されたかという点になると、かならずしも明らかではない。本稿では、開校当初の状況に焦点をあてて、収蔵資料が実際に教育の場でどのように利用されていたのかを考える。その際に前提となるのは、初期の教育課程、いわゆるカリキュラムである。

京都高等工芸学校のカリキュラムを扱った先行研究には、緒方康二氏「明治とデザイン：京都高等工芸学校図案科の創立」[(3)]があり、また、京都高等工芸学校設立前夜から設立後までの動きを包括的にあつかった宮島久雄氏の『関西モダンデザイン前史』（中央公論美術出版、二〇〇三年）における一連の論考がある。[(4)]また、先述の『1902年の好奇心』に収録された一連の論考、なかでも、前川公秀氏の「高等工芸学校の浅井忠」では、具体的に実習の生徒作品と現存資料について言及をしている。また、前川氏の浅井忠研究の集大成ともいえる『浅井忠評伝　縁木求魚』（私家版、二〇一二年）においても、浅井と初期カリキュラムの関係は言及されている。さらに、デザイン史的立場からカリキュラムと生徒作品との関係について論じた最近の研究には岡達也氏「京都高等工芸学校生徒作品における西洋デザインの受容と伝統的デザインの変容」[5]がある。なお、初期のカリキュラムとその内容については、『京都高等工芸学校初十年成績報告』[6]がほとんど唯一の資料である。

すでに各論考でも指摘されているように、一九〇二年開校時の教授であった浅井忠(一八五六—一九〇七)は、初代の校長を務めた中澤岩太(一八五八—一九四三)から「自在画及水画の教員」として招かれたという経緯があり、開校時点では色染科の自工画と図案科の図画実習、図画法を教えている。しかし、図案科の開校準備委員としてヨーロッパ視察をおこなっていた武田五一(一八七二—一九三八)の帰国が一九〇三年七月であったため、開校時の図案科のカリキュラムは基本的に浅井が担当したとされている。武田は一九〇五年六月にカリキュラム改正をおこない、同年の秋学期(新学期)からは武田作成のカリキュラムで教育が進められた。

ここでは、前川氏ほかの先行研究を手がかりに、開校当時の図案科のカリキュラムを簡単に見ておこう。一九〇二年の開校時は、図画法、美術工芸史と実習科目の図画実習、装飾計画、粘土造形があり、それが、武田による一九〇五年の改訂で、図学及実習として図画と実習、美術工芸史、図案及実習として図案学、色彩学、建築装飾、画学及実習、日本画、装飾計画、粘土造形と変更された。建築装飾がカリキュラムに加わっている点に、建築家としての武田の目指した方向性を見ることができる[7]。

当初浅井が担当した図画実習については、前川氏が指摘するように、開学当初のカリキュラムによると、第二学級(学年)の秋学期(前期)には「水彩模写」があり、その内容は「水彩模写は図案材料に供す可き動植物若くは陶器、漆器、銅器の色彩を施したるものを模本とす」（武田が改訂したカリキュラムによる）というものであった。これにより、図案を考案するための基礎作業として、図案化すべき対象を水彩で模写する実習が設定されていたことがわかる。そして、興味深いのは、この段階では「動植物」と「陶器、漆器、銅器の色彩を施したるもの」が同列に扱われている点である。つまり、おそらくは日本美術資料を含む工芸品と動植物がともに図案化の練習のために用いられており、そこでは、その工芸品が「何で」あり、どのような「特徴」を有するのかという点に特段の関心が払われていないと考えられるのである。「水彩模写」は、後にもみるように、対象を水彩で忠実に写すことが基本であるため、ここでは「図案材料[8]」をよく見て、そのかたちを捉えることが課せられていたと考えてよいだろう。個々の「もの」が、形状や材質に即して図案化されたことは十分に想定されるが、それは課題のヴァリエーションのために必要な差異であったと思われる。

同じく武田設定のカリキュラムの第二学年春学期（後期）には、「染織物及器物写生」があり、「染織物及器物の写生は水彩画具を以て裂地の紋、単独若くは組立たる陶磁硝子器漆器武具等を写生す」とある。詳細は不明であるが、後期の課題が「単独若くは組立たる」とある点から、前期は対象を単独で模写する課題であり、後期には、それがより複雑なものになった可能性もある。

これらの記述において、「陶器、漆器、銅器」「染織物及器物」「陶磁硝子器漆器武具等」といった記述で示されるものには、当然、現在でも収蔵品として保管されている日本古美術が含まれていたと考えられる。

つぎに、この「水彩模写」の実態を、現存する作品を通して解明してみたい。

まず、一期生の霜鳥之彦（一八八四―一九八二）を例にあげる。

図1―「馬印と兜」
（霜鳥之彦、佐倉市立美術館蔵）

霜鳥之彦は、東京府立第一中学校在学中に浅井忠の『中学画手本』『彩画初歩』といった絵画入門書で絵画の勉強をしており、第一中学校を卒業した一九〇二年に新聞で京都高等工芸学校の設立と浅井忠の教授就任を知って、浅井を慕って京都高等工芸学校への入学を決意したというエピソードで知られている。早くから浅井を慕っていただけあり、浅井の影響を強く示す水彩画、油彩画を多く残している。京都高等工芸学校卒業後は、同校助教授であった牧野克次（一八六四―一九四二）とともにアメリカに渡り、ニューヨーク美術工芸学校で油彩と図案を研究し、自然史博物館に勤務して標本模型作成のための写生にも従事している。ここでも、浅井の教えがいかされていたのだろう。帰国後の一九二〇年には京都高等工芸学校の講師に招聘されている。

図２—「梅鉢紋馬印」（京都工芸繊維大学美術工芸資料館蔵、AN. 897）
図３—「小桜縅胴丸および兜」（京都工芸繊維大学美術工芸資料館蔵、AN. 834）

『丹青緑　霜鳥之彦画業』(9)に収録されている霜鳥自身が所持していた「静物写生」スケッチ三点(10)は、いずれも現存する収蔵品を対象としている。

「馬印と兜」と題されたスケッチ（図1）は、「梅鉢紋馬印」（AN．897、図2）、「小桜縅胴丸および兜」（AN．834、図3）の兜をスケッチしたものであり、「武具」と題されたスケッチは「有職弓・箙」（AN．895）、「檜扇」（AN．883）、「冠」（AN．894）を描いており、「能衣装と筥」と題されたスケッチ（図4）は、「古切れ（桜に籠目）」（AN．780）、「大鼓」（AN．813）、「青貝入銀砂子古代菓子器」（AN．776）を描いている。いずれも対象に忠実な描写で、霜鳥のスケッチの手腕をうかがうに十分な出来映えである。

図４―「能衣装と筥」
（霜鳥之彦、佐倉市立美術館蔵）

ここで描かれた工芸品の購入時期は、「梅鉢紋馬印」一九〇四年二月二三日、「小桜縅胴丸および兜」一九〇三年八月四日、「有職弓・箙」一九〇四年二月二三日、「檜扇」一九〇四年二月一五日、「冠」一九〇四年二月二三日、「古切れ（桜に籠目）」一九〇二年一〇月二九日、「大鼓」一九〇三年四月一四日、「青貝入銀砂子古代菓子器」一九〇二年一〇月一三日となっている。したがって、これらの「水彩模写」が同時期に描かれたとすれば、「冠」が購入された一九〇四年二月二三日以降の、つまり、霜鳥の第二学年後期以降の可能性が高い。後述するように、これらが「組立」の例だと考えれば、やはり、第二学年後期の課題と考えるべきであろう。開校間もない時期に購入された日本美術資料が早速実習で使用されたことがわかる。

霜鳥の場合、アメリカから帰国後、京都高等工芸学校の講師に迎えられるため、みずからが一期生として浅井忠に学んだ「水彩模写」の実習を後輩におなじように課した可能性はある。[11]なお、一九〇七年の浅井没後は、一九〇二年一〇月に講師に任ぜられた都鳥英喜（一八七三―一九四三）が図画実習を担当した可能性が高い。しかし、武田のカリキュラム改訂後、次第に図画の重要度が薄れていくなかでの担当であったことが前川氏により指摘されている。[12]

つぎに、美術工芸資料館に現存する生徒作品から実例をあげてみたい。

美術工芸資料館には、生徒が実習等で制作した作品が保存・登録されている。しかし、その数は卒業生徒数に比すればわずかであり、それをもって教育課程の全貌を知ることはもちろんできないが、「水彩模写」にあたると思われる作品が収蔵されているので、それをみてみたい。

ここで紹介するのは、図案科五期生である宮本英男のスケッチ（図5）である。この作品については、従来詳しく報告をされたことがないため、ここで紹介しておきたい。[13]

この作品は、袋状の裂のかかった鎧櫃の前に一対の鐙が置かれているさまを謹直な態度で再現した水彩画である。安定感のある構図と的確な対象描写が印象的である。これは、現在、

"WORKS OF STUDENTS
DIVISION OF DECORATIVE
DESIGN
FREE HAND
DRAWINGS
10 SHEETS

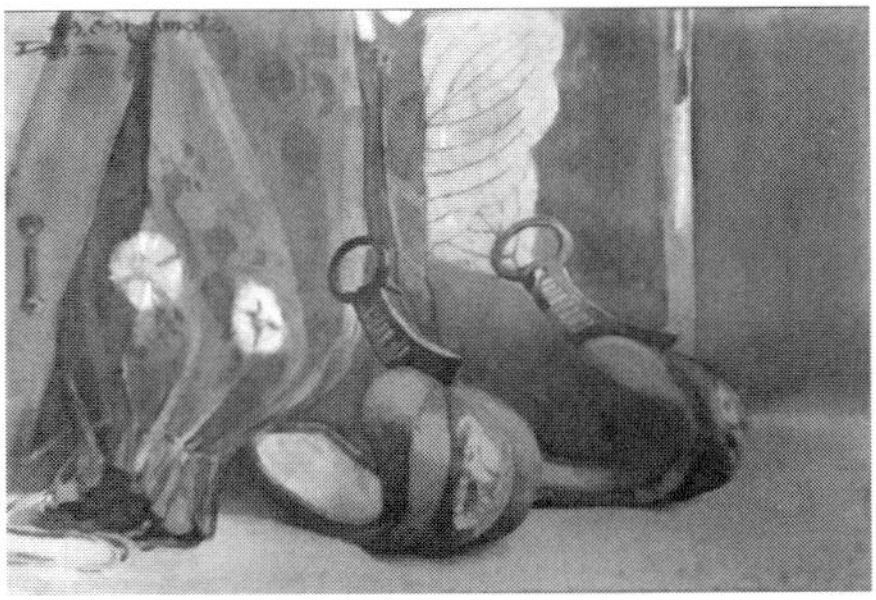

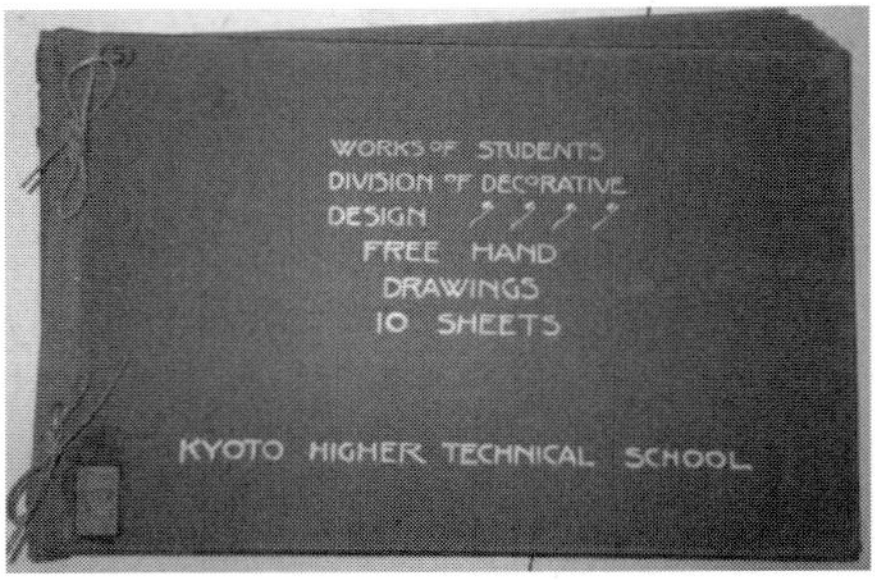

図5—宮本英男のスケッチ（AN. 3653）
図6—"WORKS OF STUDENTS" 表紙（AN. 3653）
図7—「銀鯉象嵌入鉄鐙」（AN. 809）
（いずれも京都工芸繊維大学美術工芸資料館蔵）

KYOTO HIGHER TECHNICAL SCHOOL”
と記された厚手の表紙の画帳（ＡＮ．３６５３、図６）に収められている。

同様に綴じられた生徒作品には、ほかにも「DIVISION OF DEORATIVE DESIGN」[14]の生徒作品として「GEOMETRICAL DRAWINGS」「JAPANESE PAINTINGS」「COLOUR CHARTS TAKEN FROM WINGS OF JAPANESE LEPIDOPTERA」がある。[15]

宮本は、一九〇六年に入学、一九〇九年七月に卒業をして、翌一九一〇年に大阪硝子合資会社に就職している。[16]この台帳が一九一一年受入になっていることから、宮本の卒業後まもなく、おそらくは同時期卒業の生徒作品とともに綴じられて学校に納めたものであろう。なお、台紙の表紙裏面には、図書館に収められた際のものと思われる登録ラベルが貼られているが、そこには「自在画」と記されている。

ここに描かれている鐙は資料館所蔵の「銀鯉象嵌入鉄鐙」（ＡＮ．８０９、図７）である。鉄製の鐙で内側には赤漆が塗られており、正面の部分には左右ともに上向きの鯉が銀の象眼であらわされている。これが鯉の滝登りのイメージを造形化したものであることは明らかである。そして、この鐙は、台帳から一九〇三年三月一三日に西村松二郎から購入したことが判明するものである。購入価格は五円であった。

画面左上には“H. MIYAMOTO”“DES II”と記されており、画面が貼られている台紙には“FREE HAND DRAWING”“WATER COLOUR SKETCH OF STILL-LIFE”と記されており、水彩による静物画であることがわかる。宮本英男が第二学年の時、おそらくは一九〇四年の秋あるいは翌〇五年の春に描いたものである。やはり、購入後間もない日本美術資料が模写の対象となっていることがわかる。また、鐙の背後には甲冑の一種である腹巻（ＡＮ．７９６）のための違い柏紋の鎧櫃を、左に蓋、右に本体と置いて描いている。

この腹巻は、一九〇三年一月二二日に購入された資料である。

霜鳥の残した三点と宮本の一点の「水彩模写」からわかることは、これがいずれも複数のものを組み合わせて、ある「情景」を設定していることである。これは、武田の課程説明に「組立たる陶磁硝子器漆器武具等」の「組立」にあたると考えてよい。この「情景」自体を生徒がみずから構成したのか、あるいは、たとえば浅井や武田が構成したのかはもとより不明であるが、ここで複数のものにより構成された情景を再現することは、個々のものの再現であると同時に、三次元的な空間表現にもつながる。この時期の水彩による生徒作品には、風景・家並みなどもみられるが、それらはいずれも「写生」として、対象の忠実な描写を目的としており、対象を単純な要素に置き換えて表現する「便化」と言われる図案化の教育の基礎にこのような忠実な写生がおこなわれていたことがわかる。そして、そこにこそ浅井の存在意義があったと考えられるが、その「水彩模写」の対象物として、日本美術資料が利用されていたと考えてよいだろう。

さらに、現存する生徒作品から見ると、いずれの「組立」にも、染織、漆芸、金工など、異なる素材により成る器物が配されている。このことからは、この「水彩模写」が、複数の素材の描き分け、具体的には、それぞれの質感の相違をも描き出すことが課せられていたと考えることができる。

以上みたように、「水彩模写」「器物写生」は、水彩で対象を捉える実習課題だが、対象を単体として描くというよりは、ものを組み合わせて、そこに生み出される空間を描き出し、同時に、多様な素材の質感の再現までが求められた課題になっていたと考えられる。しかも、生徒作品から判断する限り、個々の資料の制作年代や様式といった属性と直接にかかわるものではなく、あくまでも構成により場を形成するための道具としての位置づけであった。その限りにおいて、花卉園に植えられた植物と同じ扱いといってよいだろう。

つまり、現在、美術工芸資料館に収蔵されている日本美術資料のうち、古美術品といわれるものの使用方法が、「水彩模写」の対象としてのものであったことが明らかになったのである。

三．美術工芸資料館所蔵漆芸資料

つぎに、上記のように「教材」として使用された日本美術資料のうち、その収集の実態について、本稿ではとくに漆芸品に焦点をあてて紹介してみたい。

京都高等工芸学校以来の分類においては、前述のように家具、楽器など機能・用途を主体にしたカテゴリーと、陶磁、漆工など材質・素材に焦点をあてたカテゴリーとが併存している。

収蔵する日本美術資料に含まれる膨大な量の染織品については、美術工芸資料館内の染織研究会で独自に調査を進め、展覧会を開催して、その成果を発表しているため、そこに譲ることにする[17]。また、陶磁器については、明治期の京都における陶磁器研究の場であった、一八九六年設立の京都市陶磁器試験場が、京都高等工芸学校と同様に欧米の当時最先端の陶磁器をはじめ、東洋、日本の陶磁器を収集しており、それが現在は、産業技術総合研究所に保管されているため、そこでの収集品との比較検討を含めて、近代京都の陶芸界が必要とした陶磁器資料について考えてみたい[18]。その他のジャンルについては、数的に極端に少ないため、適宜参考にするにとどめる。このような観点から、本稿では漆芸品に焦点をあてるが、それ以上に重要な理由は、京都高等工芸学校開学当時の京都における漆芸品の特殊な位置と京都高等工芸学校の役割についてである。

漆芸品が、染織・陶芸とは異なる位置にある理由はいくつかあげられるが、その第一は、わが国の漆芸品の中心的な技法である蒔絵、螺鈿が世界的にみて独特な技法であり、それ自体は、たとえば陶芸のように欧米の事例を参考にする必要がなかったという点である。つまり、漆芸の技法自体の独自性ゆえに、この時期の他の伝統産業のように、海外の技術、製法を導入して、革新をはかるという必要がなかった。また、漆芸という性質上、機械化による大量生産という近代的な工芸品の枠組みにも対応する必要がなかったことも指摘できる。

たとえば、美術工芸資料館の代表的な収蔵作品として知られるロートレックのポスターなどは、海外の広告美術の傾向を教え、新制作の参考品とするために用いられたことは明らかである。また、同じく所蔵品のなかで重要な位置を占めるヨーロッパ陶磁器の、なかでもひろく知られている一九世紀末フランス、ポーランドなどの陶磁器類は、新しい陶磁器制作のための釉薬や文様の見本であった。つまり、それは、これからそれらの制作に従事する学生にとっても意味があるものである。しかし、漆芸品は、それらとは異なる位置にある。

さらに、国内的にみると、江戸時代まで京都が漆芸品の中心的な産地であったことは言うまでもないが、しかし、この明治という時期に京都が漆芸品の大産地であったかというと決してそうではない。一九〇一年に刊行された『京都府著名物産調』によると、一八九六年時点の京都の産業構成を生産高からみると、五三・五％が西陣織であり、それに続く丹後縮緬は一六・七％で、漆器は〇・八％にとどまっている。このように、当時の京都の基幹産業は、なんといっても染織であった。(19)

そして、漆芸がこの時期の京都高等工芸学校という場で中心的でなかったことは、その学科構成からも明らかである。

京都工芸繊維大学は、一八九九年に設立された京都蚕業講習所と一九〇二年に設立された京都高等工芸学校が前身であり、蚕業講習所は一九一四年に京都高等蚕業学校となる。京都高等工芸学校の開校当初の学科構成は、色染科、機織科、図案科である。その後、京都高等工芸学校には一九二九年に陶磁器科が増設される（一九三七年に窯業科と改称）。一九四四年に京都工業専門学校になったときの学科構成は、窯業科、化学工業科、建築科、紡織科、機械科であった。

そして、一九四九年に新制大学として京都工芸繊維大学が発足するが、その当時の学科構成は、機械工芸学科、色染工芸学科、窯業工芸学科、建築工芸学科、養蚕学科、製糸紡績学科、繊維化学科であった。この学科区分でわかるように、染織・陶芸に関する学科は多少名称をかえながら存続するが、漆芸に関する学科は設置されなかった。つまり、京都工芸繊維大学は一貫して漆芸をあつかってこなかったのである。したがって、美術工芸資料館が収蔵する漆芸品に関しては、その学科教育および研究に直接的にかかわるものではないという判断が可能になる。

現在、美術工芸資料館が収蔵する漆芸品は、総計一八二点である[20]。それらはすべて一九四九年の新制大学移行以前の購入品であり、ほぼ四分の三にあたる一三六点が一九一〇年代までに購入されている。

最初に購入された漆芸品は、一九〇二年九月一〇日の入学式後、一〇月一九日の授業開始式までの九月二二日に「蒔画扇函」（AN．739、図8）と「行器」（AN．738）の二点であり、続いて一〇月一三日に「青貝入銀砂子古代菓子器」（AN．776）、「赤塗古代角箱」（AN．777）、「琉球盆」（AN．778、図9）の三点を購入している。購入先は、「蒔画扇函」、「行器」、および「青貝入銀砂子古代菓子器」は中村彦七と記されており、角箱と盆には記載がないが、同時に購入されているため、おそらくは、これらも中村彦七であろう。ただし、彼については資料がない。これらもおそらくは、「水彩模写」の対象として、さまざまな組み合わせで描かれたと推測されるが、残念ながら、現在ではこれらを描いた生徒作品は確認できない。ここで見る購入品の多様さは、さきに生徒作品で見た内容に合致していることがわかるだろう。ここでは、この時点ではほとんど評価されなかった琉球漆器を収蔵している点が興味深い。独特の技法、意匠が注目された結果かもしれない。

以後、一九〇二年にはさらに二点、翌一九〇三年には一一点を購入している。一九〇三年の購入品のなかには、美術工芸資料館収蔵漆芸資料のなかでは制作年代がもっとも古いと考えられ、また、高台寺蒔絵様式

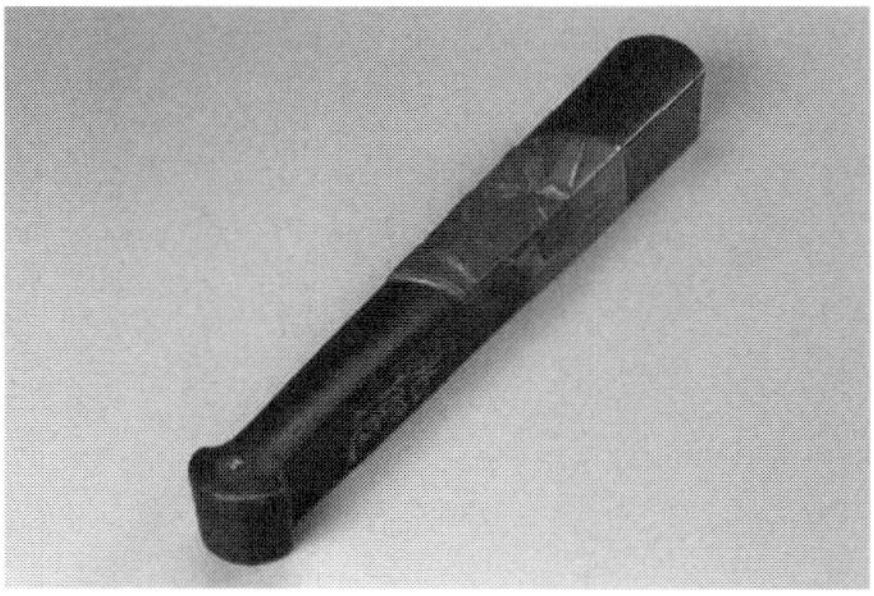

図8―「蒔画扇函」（AN. 739）
図9―「琉球盆」（AN. 778）
図10―「小鼓（薔薇に篠竹蒔絵鼓胴）」（AN. 799）
（いずれも京都工芸繊維大学美術工芸資料館蔵）

による装飾が美しい「小鼓（薔薇に篠竹蒔絵鼓胴）」（AN．799、図10）も含まれている。しかし、この鼓胴も含めて、資料購入時に資料の制作年代について言及した記録はみられない。歴史資料あるいは美術資料としての側面にはあまり着目していなかったと考えてよいだろう。また、鞍、太刀などの武具や陣笠、烏帽子などの装身具が多くみられるが、これらは、以降もコンスタントに購入されている点で、収蔵品のひとつの特徴となっている。いわゆる調度品は少なく、揃い物という意識も感じられない。広い意味での装身具が多く、風俗資料といえるものが多い。馬具一式なども これに含まれるだろう。

なお、武具については、浅井忠が一九〇五年頃から制作をはじめ、一九〇七年の第一回文部省美術展覧会に出品をした「武士山狩図」の制作との関連も考えられる。実際に、漆芸品ではないが、「直垂　萌葱地」（AN．857、一九〇三年一一月一一日購入）、「鹿毛皮行縢」（AN．980、一九〇四年一一月一日購入）、「綾藺笠」（AN．908、一九〇四年三月三〇日購入）など「武士山狩図」のなかの人物が着している衣装の現物にあたると思われる資料が収蔵されているため、浅井が「武士山狩図」制作を前提に購入したものがあったことは否定できない。しかし、武具の購入に関しては、浅井がまだ制作を依頼されていない一九〇二年からの傾向であること、さらに、絵が完成し、浅井が没した一九〇七年以降にも同じような傾向で購入が続いていることから考えて、「武士山狩図」制作のためだけでなかったことは確実である。

一九一〇年になると、「完全蠟色塗仕様順序板」（AN．1539）、「蒔絵製作順序板（九種）」、額縁（蒔絵工程、黒塗表面艶消塗）」（AN．1626）など蒔絵の技術・技法の見本をいくつか購入している。

一九一三年になると同時代製品を購入している点が指摘できる。

具体的には、杉林古香（一八八一―一九一三）の「牽牛花蒔絵手箱」（AN．1617）を一九一三年の三月三日に、迎田秋悦（一八八一―一九三三）の「槇蒔絵硯箱」（AN．1619）、三月七日に杉林の「禁裏蒔絵御手本板」（AN．1622、菊御紋御見本手板其他御見本蒔絵手板）、「草花蒔絵三ツ組盃」（AN．1623、綱の画盃台共）、迎田の「七福神蒔絵菓子器」（AN．1620）、三月二〇日には戸嶌光孚の「蒔絵文台・硯箱」（AN．1621）を購入している。

杉林、迎田、戸嶌は、いずれも一九〇六年に中澤岩太、浅井忠らが中心となって設立した漆芸研究団体京漆園に参加したメンバーであり、浅井から新しい図案の指導や提供を受けた作家たちであった。京漆園は、一九〇三年に設立した陶磁器作家との団体遊陶園についで設立されたもので、いずれも、中澤や浅井が学校教育とは別に現場の職人たちと共同作業をした団体である。中澤・浅井らが、工芸制作の、より実践的な場に身を置いて教育の範囲をひろげようとしたと考えられるが、これらの活動と京都高等工芸学校との関係は、残念ながら現時点では明確ではない。一九一二年には、遊陶園と京漆園が第一回目の合同展覧会をおこなっているため、翌一九一三年に一気に購入していることについては、この合同展覧会がひとつの契機になった可能性はあるが、詳細は不明である。

さらに、一九一四年には四月七日に、浅井の未亡人である浅井安から「食籠」（AN．1657）、「五重重箱」（AN．1658）、一二月一七日に同じく浅井安から「鞍（鐙付）」（AN．1655）と「陣笠」（AN．1660）を購入している[21]。これらは、おそらく浅井忠が生前に所持していたものであるため、その購入には浅井家に対する何らかの思いや配慮があったと考えることができる。

以上のように、美術工芸資料館が収蔵している漆芸資料に関して言えば、その購入は単発的であり、体系的・網羅的なコレクションとはほど遠い。繰り返しになるが、そこでは、美術史・工芸史といった歴史的文脈や技術・技法の体系、さらには意匠の変遷などに対する関心は見られない。むしろ、そこにこそ特徴があるというべきだろう。そして、その背景には、「水彩模写」のためのモティーフという性格があったと考えてよい。しかし、浅井・武田世代の薫陶を受けた霜鳥・都鳥などが教官を退くにつれて、水彩による対象の写生という実習の比重も減少し、資料の充実をはかるということもなくなったと思われる。

おわりに

以上みてきたように、美術工芸資料館に収蔵された日本美術資料は、それみずからが美術史や工芸史を体現化するような体系化されたものではもとよりなく、また、本稿で検討を加えた漆芸品に関していえば、新製品開発のための研究材料であったとも思えない。しかし、それらは、「水彩模写」の対象として重要な位置を占めていた。少なくとも、浅井、武田が指導した初期においてはそうであった。

趣味を前提として収集したコレクションとは異なる多様性こそが、教材として収集された資料群のあり方を端的に示しているともいえる。今後も収蔵資料とそれが教育プログラムのなかで有していた意味について考察してゆきたい。

註

（1）ただし、古絵巻の模本・複製は大量に収蔵している。これらは、肉筆による模写本とコロタイプ版による複製とに分けられる。模写のための教材として購入された可能性があるが、多くは色彩のないコロタイプ版である。

(2) 美術工芸資料館では毎年年報を発行しており、そこで当該年度の新収蔵資料を紹介しつつ、収蔵品の分類・内訳を示している。
(3)『夙川学院短期大学研究紀要』7、一九八二年。
(4) とくに本稿にかかわる部分は、同書「第二章　中澤構想と浅井忠の図案」、「第三章　武田五一の「図案学」」である。
(5)『デザイン理論』60、意匠学会、二〇一二年。
(6) 京都工芸繊維大学附属図書館蔵。
(7) 京都工芸繊維大学美術工芸資料館には、開校当初に購入されたガラス乾板が多く収蔵されている。そのなかには、武田五一がおそらくはドイツで購入したセットが含まれており、そこには、西洋建築における柱頭や破風などの細部写真が多く見られる。これらは、講義科目「建築装飾」で使用された可能性が高い。
(8) この表現は曖昧であり、詳細は不明であるが、ここでは図案のモティーフと図案を施す対象の両方を含むと考える。
(9) 霜鳥之彦画業刊行会編集、一九七七年。
(10) これらのスケッチは、現在、佐倉市立美術館の所蔵品となっている。
(11) なお、前掲前川論文によれば、二期生で、のちに洋画家になった長谷川良雄にも、京都高等工芸学校時代の「水彩模写」が残されているとされているが、筆者は未見なので、ここでは言及しない。
(12) 前川公秀『浅井忠評伝　縁木求魚』。
(13) 緒方前掲論文で言及されているものが、これにあたると思われる。ここには、左表の一〇枚が綴じられている。

1	作者不詳	鉛筆スケッチ	葉
2	宮本英男	鉛筆スケッチ	柱頭
3	作者不詳	木炭スケッチ	石膏像?
4	作者不詳	木炭スケッチ	石膏像?
5	宮本英男	水彩スケッチ	植物
6	作者不詳	鉛筆スケッチ	戸外風景
7	作者不詳	水彩スケッチ	戸外風景

8	宮本英男	水彩スケッチ	静物
9	宮本英男	木炭スケッチ	生き物（人物）
10	那須田重雄	スケッチの装飾化	生き物（人物）

＊那須田重雄は、宮本と同期で静岡県出身。卒業後、志願兵および自営を経て、一九一四年より東京丸見屋商店広告部勤務。（岡達也氏の調べによる）

(14) Division of Decorative Design が図案科の英訳であったと考えられる。

(15) これらは、一九一一年三月二三日に四点まとめて納められたもので、台帳には（文部省より寄贈）と記されている。ほかの生徒作品は一九一一年六月三〇日から一九一四年一二月二日までの時期に断続的に納められているが、いずれも台紙にも貼られず、バラで収納されているため、最初の四冊が特別に扱われている感がある。しかし、その理由は不明である。なお、ほかに、染織関係の図案などの生徒作品が、さらに大型の画帳として保存されている。

(16) 岡達也氏の調べによる。

(17) 染織関係の成果としては、展覧会図録『裂地を辿る――京都工芸繊維大学美術工芸資料館蔵染織資料の初公開――』（二〇〇八年）、展覧会図録『京都工芸繊維大学美術工芸資料館三十周年記念展2　染めを語る』（二〇一一年）がある。また、並木誠士・青木美保子・山田由希代「昭和初期京都における染色産業の一側面――寺田資料の紹介と位置づけ――」（『人文　京都工芸繊維大学工芸学部研究報告』57号、二〇〇五年）、展覧会図録『ここにもあった匠の技――機械捺染展――』（二〇一〇年）、並木誠士・青木美保子・清水愛子・山田由希代編『京都　伝統工芸の近代』（思文閣出版、二〇一二年）で関連資料について言及した。

(18) 並木誠士・青木美保子・清水愛子・山田由希代編『京都　伝統工芸の近代』（思文閣出版、二〇一二年）。また、愛知県陶磁資料館学芸課編『ジャパニーズ・デザインの挑戦――産総研に残る試作とコレクション――』（愛知県陶磁資料館、二〇〇九年）に、産業技術総合研究所所蔵の陶磁器資料についての言及がある。

(19) 並木誠士・青木美保子・清水愛子・山田由希代編『京都　伝統工芸の近代』（思文閣出版、二〇一二年）。

(20) 先述のデータベースシステムでは、「漆工」の項目に含まれていない漆芸品、たとえば、「楽器」のなかの鼓胴や「武具」のなかの陣笠などは拾えない。ここでは、「漆」「蒔絵」「螺鈿」などをキーワードに、横断的な検索をかけた。

（21）浅井安からの購入は、早くは浅井が没した翌年の一九〇八年三月一一日に「武士山狩図下絵（上・中・下）」（ＡＮ．２６５８～２６６０）、「山狩図下絵研究」（ＡＮ．３２８２）などを購入しており、一九一四年分と合わせて計一八点を購入している。これらは、浅井の制作過程を示すとともに、浅井の愛蔵品として資料的価値が高い。

明治初期における「美術工業運動」の受容

藪　亨

はじめに

明治維新の日本においては、西欧の先進資本主義国に対抗するため殖産興業政策を採っており、列国から先進技術を導入して近代的な産業の育成に努めている。この殖産興業政策に強い刺激を与えたのが、万国博覧会（以下、万博と記す）である。一九世紀の後半はまさに万博の時代であった。万博では、文明諸国が自慢の文物を競い合い、そこにはあらゆる種類の主要工業とその生産方式が含まれていた。したがって世界の諸国が、工業時代の最新情報を求めて万博に競って参加している。そもそも万博の先達は、一八五一年のロンドン万博であり、これに続いて一八五五年にパリで、一八六二年に再度ロンドンで、一八六七年に再度パリで、そして一八七三年にウィーンで万博が開催されている。日本からの万博への本格的な参加は一八七三（明治六）年のウィーン万博によって口火が切られており、美術工業（Kunstgewerbe）を介した日本と西欧との文化交流が本格化している。当時の西欧における美術工業への関心の興りについて、ドイツの美術工業運動の有力な指導者ユリウス・レッシング（Julius Lessing）は、一八九〇年代の初めに「ベルリン国民経済学協会」での講演で次のように振り返っている。「美術工業という言葉は、人間特有の職務の明確に限定できる一定の範囲を指しているのではない。この言葉がおよそ三〇年前に生み出された時には、問題の領域で喪失した重要なもの、取り戻すべき重要なもの、そうしたすべてのものを招集する一種の呼び掛けであった。人々が気づいたのは、近代的な機械操業の範囲において、最高に素晴らしい美的なものが産業に失なわれてきていることであった。これを取り戻すことが何よりも肝要であった。最初の熱狂の嵐においては、〈美術工業的（kunstgewerblich）、装飾的（dekorativ）、模様的（ornamental）〉といったキーワードに従属させることに関係するもの、そのすべてを保守的進歩的を問わず無理やりに取り込んだ[1]」と。そこで本論は、こうした「美術工業運動」の代表格であるサウスケンジントン博物館とオーストリア美術工業博物館の活動について概観するとともに、ウィーン万博への日本の参加を手掛かりにして、明治初期の日本における「美術工業運動」の受容について考察したい。

一．美術工業運動とサウスケンジントン博物館

一九世紀後半の西欧においては、既存の図案意匠や手本に頼った「デザインにおける歴史主義」が一世を風靡しており、先進諸国は競うようにして古今・東西のデザイン手本を収集・展示し、美術工業の振興に努めており、美術工業博物館を中心とする産業デザインの改革運動が起こっている。この当代における美術工業運動の卓越した手本と目されたのが、一九世紀の中頃に創設されたイギリスの「サウスケンジン

図1—サウスケンジントン博物館、1870年頃

トン博物館（South Kensington Museum）」（図1）である。この博物館創設の背景には、一九世紀前半の美術工業振興施策の行き詰まりがあった。英国では、その打開に向けて一八三七年にロンドンに国立デザイン学校（School of Design）の本校が創設され、一八四三年までには六つの都市にその分校が出現し、それらに教師を提供する師範学級が本校に設置され、装飾美術品の蒐集にも着手されている。しかし、デザイン学校の管理運営や教科課程をめぐって混乱が続き、美術工業の改善と美術工業博物館の組織化は遅々として進まなかった。ところが一八五一年の「第一回ロンドン万国博覧会」を契機にして、自国のデザインが他国ことにフランスに比べて見劣りしているとの審美眼上の反省を基に、美術工業振興施策の抜本的な改革が始まる。「デザイン学校」の組織と運営の大改革に向けて、一八五二年一月には商務省に「実用美術局（the Department of Practical Art）」が新設されており、当代切っての多才で敏腕な文官ヘンリー・コール（Henry Cole, 一八〇八—一八八二）がその総監督官に就任している。コールの指揮下に「実用美術局」は、三つの事業の組織化に乗り出しており、その第三の事業が「博物館の設立」と連動して「工業美術（Technical Art）の原理」の応用を助成することであり、ここでは古今の秀逸な作品に認められる「審美眼（taste）の一般原理」をあらゆる階層の人々に提示することが求められている。(2)

そもそも「デザイン学校」には当初から「手本収集所」が組み込まれ、「装飾美術品、書籍、版画、実物大下絵や絵画、石膏像、諸工芸見本品」が備えられており、しかも万国博覧会からの買い上げ品などが加わることでその量は膨らんでいた。そこで一八五二年にはマールバラ・ハウスの一部に装飾製品博物館（the Museum of Ornamental Manufactures）が開館されており、ほどなくこれは装飾美術博物館（the Museum of Ornamental Art）と改称されて、収集品の展示活動を続けている。そして翌年には本校も当所に移転し、

「中央美術訓練学校（the Central Art Training School）」と改称され、実践的なデザイン指導を行う「特別技術クラス」が新たに設置されている。このクラスでの「金属製品に適用される装飾芸術の原理と実践」担当の教員として一八五二年秋に採用されているのが、ドイツの建築家ゴットフリート・ゼンパー（Gottfried Semper, 一八〇三―一八七九）である。彼は、当時政治的亡命者としてロンドンに滞在しており、万博に向けて世界中から運び込まれる展示物をつぶさに観察する機会を得ていた。その体験をもとにゼンパーは、提言書『科学、工業、芸術（*Wissenschaft, Industrie und Kunst*）』を執筆し、「適切で可能な限り全般的な国民の審美眼教育」の必要を主張している。そこでは「手本と実践による指導が主となり、口頭による教育は従となる。したがって取り分け博物館と実習室が必要となり、おそらく暖炉あるいは中心点に集って、名工のもとで競争心が賞賛され、国民による芸術審判が下される」のである(3)。こうした主張がコールによって注目されるところとなり、ゼンパーは中央美術訓練学校の教員として一八五五年まで勤務しており、装飾美術博物館の組織化にも尽力している。

その間に「実用美術局」は、一八五三年一〇月に科学教育部門と合体し、科学教育をも課題として取り込む方向に再設定され、その名称が「科学・美術局（the Department of Science and Art）」へと変更されている。その一方では装飾美術博物館は、一八五七年六月に新しいサウスケンジントン博物館の一部として再開しており、この複合体的な施設は装飾美術博物館の他に、芸術図書館、英国の絵画・彫刻・版画、建築見本、写真や鋳造による複製品など多数のコレクションを擁していた。さらに一八五七年からこのサウスケンジントン博物館の永続的建物の建設がはじまり、やがてこれと並んで中央美術訓練学校の建物も建てられている。今や英国の美術工業の改革運動は、コールの主導下に、「科学・美術局」を頂点として、サウスケンジントン博物館を中心に、いわゆる「サウスケンジントン方式（The South Kensington System）」に則して進められて行くのであった。[4]

二．オーストリア美術工業博物館と日本

サウスケンジントン博物館を中心にした美術工業の「博物館学的な改革活動」の成果は、一八六二年のロンドン万博で世界の注目を集めており、ゼンパーが要請した「科学と工業と芸術の総合」の正当性が評価され、サウスケンジントン博物館という「科学的で博物学的な施設」の美術工業振興への有効性が国際的な評判を取っている。ドイツにおいてもこれについて論議が起こり、一八六二年のドイツ関税同盟の公報はイギリスの成果を考慮して次のように主張している。「われわれは有能で教育を受けた労働者を必要としており、特に次のことに努めるべきである。本物の啓発的なデザイン教育（Zeicheunterricht）をいたるところに導入し、自己創造と新しい美的形態の考案へのきっかけを与え、彼らの手を巧みにし、目を鋭敏にし、美しく真に芸術的な工業製品に関する考え方や教育に生気を与え、下品さと粗野を阻止することである。[5]」こうした認識に則して、サウスケンジントン博物館を手本に新しい美術工業教育機構の導入に逸早く取り組んだのはオーストリアであった。

一八六二年には元首ライナー大公の依頼で、ウィーン大学美術史教授ルドルフ・フォン・アイテルベルガー（Rudolf von Eitelberger）がその具体的な方策を練るためロンドンに出向いており、サウスケンジントン博物館の重要性を格別に強調する報告書を提出している。この報告書に感銘を受けた皇帝フランツ・ヨ

図２—オーストリア美術工業博物館、1871 年

ーゼフは、人民の審美眼を高めるためサウスケンジントン博物館に類似した美術工業博物館を設置するのに必要な物事やその活動範囲の概要を纏める任務をアイテルベルガーに与えている。その結果一八六三年三月七日にはオーストリア美術工業博物館（Österreichisches Museum für Kunst und Industrie）の創設準備が皇帝によって認められ、その翌年の三月三一日に開設されている。皇帝自身が先頭に立って皇室コレクションや宝物庫などの収蔵品を展示品として提供しており、さらにはウィーン王宮の舞踏会用建物を収集品収納のために使用することを認めている。収集品は、サウスケンジントン博物館と同じように、実作と、石膏鋳物や写真で補足された複製とし、図録や説明資料の発行、さらに地方へもその意図を広めるために講演や巡回展も組み込まれていた。そして、初代館長にはアイテルベルガーが、その副館長兼管理主任には美術工業史家のヤーコブ・フォン・ファルケ（Jakob von Falke）がそれぞれ指名されている。さらに一八六七年には専用の建築物が着工され、一八七一年にはサウスケンジントン博物館によく似た赤レンガ造りの専用館が出現している(6)（図２）。

オーストリア美術工業博物館は、当初は固有の所蔵品をもたず特別展示品を並べていた。しかし、やがて専用の建物が完成し、美術工業学校が併設されると、収集品を増やしていくことが必要となる。「手本」としての刺激を与えるために新たに進められたコレクションの課題は、美術工業活動の促進と審美眼の水準の向上にあった。その際、ヤーコプ・フォン・ファルケが作成した収集方式に従って、当初から東アジアの美術品の購入にも努めていた。その分類は、二四部類からなり、[7] サウスケンジントン博物館のそれにほぼ準じて素材と技法によって区分されており、そのほとんどの区分には中国と日本の美術工業品が含まれていた。

折しもオーストリア・ハンガリー帝国による東アジアへの貿易使節団派遣が計画されており、博物館幹部はこれを収集品領域拡大の稀有な機会として注目する。そして彼らは、東アジア製品は、「それらが保持している、まさにあの健全な色彩感と形態感で、あの正しい装飾原理で、高貴で優れた審美眼の言葉遣いで我が国の人びとの心を動かしているおり……今日の美術工業にこれを呼び起こし定着することを目指して今日の美術工業博物館は設立されたのである」と考え、これを論拠にして、博物館のために東アジア調査を代行する特派員を指名するよう、一八六八年に商務省に働きかけている。この任務を委託されたのが宮廷顧問官で探検旅行家のカール・フォン・シェルツァー（Karl von Scherzer）であり、彼は収集と購入の活動とともに博物館の特派員の選抜をも委ねられている。シェルツァーはその期待に十分応えており、一八六九年末には、陶器、琺瑯、青銅器などが、彼によって指名された特派員の報告書を伴って、広東、上海、北京、東京、大阪、兵庫、横浜からウィーンに到着している。[8] そればかりか、同行していた学術探検隊の写真家W・ブルガー（W. Burger）に指示して、東京と横浜で美術工業品の撮影を行わせ、日本の「審美眼」の多様な方向性を分かりやすく示すための資料を作成している。[9]

この時に東京での特派員になるようにとの指名通達を受諾しているのが、イギリス公使館事務次官のアレクサンダー・フォン・シーボルト（Alexander von Siebold, 一八四六―一九一一）である。彼は、著名なドイツの旅行家で学術調査員のフィリップ・フランツ・フォン・シーボルト（Philip Franz von Siebolld, 一七九六―一八六六）の長男であり、当時の任命公文書によると「九年前から日本に滞在しており、日本の高官と親しくしており……英国公使館の日本通詞であり……おそらく最も影響力があり原住民に好まれている外国人」であった。[10]彼は、一八六七年二月には日本の遣欧使節団に同行し通訳を務めており、さらに一八六九年秋にオーストリア・ハンガリー帝国の貿易使節団が日本を訪れた際には、この使節団にドイツ語と英語と日本語が話せる通史として配属され、大いに活躍している。[11]彼の弟ハインリッヒ・フォン・シーボルト（Heinrich von Siebold, 一八五三―一九〇八）も、そのころ兄の後を追うようにして来邦し、オーストリア・ハンガリー帝国通訳官として滞在しており、一八七三年にはオーストリア美術工業博物館の特派員にも任命されている。彼は、美術工業品の収集家でもあり、自らが収集した多数の日本の美術工業品をオーストリア美術工業博物館等に寄贈したり譲ったりしている。[12]このように、オーストリア側は、ウィーン万博の開催前からオーストリア美術工業博物館を通して日本の美術工業品の収集と情報の蓄積に取り組み、日本の美術工業品への思いを募らせている。

三．ウィーン万国博覧会への日本の参加

ウィーン万博は、オーストリア・ハンガリー帝国の主催によって、皇帝フランツ・ヨーゼフの治世二五周年を記念して開催され、近隣諸国と中東諸国と極東諸国が参加し、明治六（一八七三）年五月一日に始まり一〇月三一日まで開催されている。この万博の展示においては、主催国が、機械と美術と農業のホールと中

図３―ウィーン万国博覧会、1873 年

心となる工業の殿堂（図３）を建て、その周りを、参加国が建てた多数の小規模な建物や仮設物が取り巻いている。これらの付加的な呼び物の数と多彩さは成熟した森林地帯である展覧会敷地とウィーンの世界主義的な風情によって大いに高められている。[13] 当代の英国の公式報告書には、この万博は「実用的なものなのか、古風で絵のように美しいものなのか、中世風のものなのか、それは全く不確かであり、公園の建物群におけるように、美術と自然の対等な支援によって東洋と西洋がひとつの調和した全体に今再び混じりあっている[14]」と記述されている。そして訪問者は多数に及んだが、それにもかかわらずこの万博は外的な災難のため不首尾に終わっている。ウィーン株式市場で銀行破産が起こり、建物群を巻き添えにした悪天候が続き、国が補わねばならない多額の損失で終了している。[15]

ウィーン万博への日本の参加については、墺国博覧会事務局から種々の出版物が相次いで出されている。その先頭を切ってウィーン万博終了直後に刊行されたのが、『墺国博覧会筆記』であり、執筆編集者名は明記されてはいないが、同博覧会派遣団に随行し「出品目録諸著書編集」の職務を分担した近藤真琴であると推測されている。[16]そして「明治六年一二月　博覧会事務官」と記された当書の「序」には、まずその意図するところが次のように記されている。

「墺国の博覧会は、未曾有の大博覧会にて、万国より出てし諸物品の夥しきこと、其精妙なること実に千言万語に悉しかたく、殊に僅かに六箇月の期限なれは、斯く盛大なる会場内に、ありとあらゆる事件を詳細に筆記せんは、容易ならさる事業なり、此筆記は、彼国に、かかる盛挙ありしこと、万国より競ひて物産を出せしこと、我朝よりも、この会に列なりしことより、各国物品の精粗、工芸の進歩、新発明新工夫の物件褒賞を得し多寡等にいたるまで、其概略を記して、世人に知らしめんかためなり。[17]」

このように本序には、ウィーン万博の大盛況振りと本筆記の意図が述べられている。これに続けて本書では、まずオーストリアの歴史のあらましや首都ウィーンの現況報告がなされ、これに続けてウィーン万国博覧会について以下のように略述している。

「博覧会は、各国の人民、其国自然の産物をも、おのか工業にて作り出したる物をも、持ち寄り、おのれか物は、諸人にそのよきを知らせて、後々買ふもの多くなり、其業をいよいよ繁盛するためにもし、他より出たる物を見て、おのれか重宝なるものあらは、これを買ひ入れ、便利を増し、新発明のものあれは、其発明を見習ひて、おのれおのれの工業の助けとするためにもし、向来世界各国の人民の、開化を進むる第一なれは、文久二年一八六二年に、英国にて此会をなししに、来り観るもの六百十一万六千六百四十人に及ひし由、その後慶応三年一八六七年にいたりて、仏蘭西の都巴里にて、更に一際広大にして催したり、其比は、わか日本よりも出品ありて、公使学士工商もゆきて、その列に加はり、褒賞を得し事もありたり。[18]」

この略述は、簡にして要を得ており、工業と交易の見地から万博の意義と推移を的確に捉えている。その上で、「この度の催しは、右英仏の跡を継くものにて、墺地利帝大にこれを助け、其趣向を猶更広大にしたるものなり……さて、持寄る諸国の品は、左の如き二十六区に分かち、各その類を以て集めしむ」と述べ、これに続けて、「第一区、鉱山の業、また金属を製する術」から、「第八区、木にて作りし種々の要品、轆轤の細工、木象嵌」、「第九区、石細工の物、陶器の類、硝子、鏡の類」、「第十二区、木版、銅版、石版、写真」、「第二十二区、日用の工業の助となるへき油画、彫物などの類」等々を経て「第二十六区、少年教育の法、大人修学の手段」に至るまでの各区の内容が記されている。[19] この区分は、材料や技法によって分類するというオーストリア美術工業博物館のそれに概ね準じていたといえよう。

また『墺国博覧会筆記』には、ウィーン万博への日本参加の経緯が次のように略述されている。「吾国にて、此の催しあるを知るは、明治四年の二月の事にて、冬弥其会に加はる事と御決議になり、初めて御用掛りの人を命せられ、翌五年の正月十四日、国中一般に御布告あり、掛りの人も追々増され、会に列らなる手続をしらへ、あるひは諸県の出品を検するためにとて、官員用達等、手を分かちて国々に出張したり[20]」と。このようにウィーン万博への日本の賛同準備は、慌ただしく進められたことが記されている。こうした参加準備の最重要課題のひとつとなるのが、「出品の採集」であり、ウィーン万博参加に際して定められた五つの目的の筆頭には、「一、御国内、自然の産物と、人口になりたつものとを出して、国土のよろしきと、人の工なるとをもつて、誉れを海外にあらはし度事[21]」と記されている。この折に日本側に助言をしていたのが、先述したアレクサンダー・フォン・シーボルトやハインリッヒ・フォン・シーボルトなど幾人かの「お雇い外国人」である。当時の報告書には、「御雇独乙人〈バロンアレキサンドル、ホン、シーボルト〉氏の建言により欧州に於いては東洋風俗の奇観なるより我出品に注目するは必然なれば一二巨大の物を出品するは可ならんとの議を決し金鯱、鎌倉大仏紙の張抜、東京谷中天王寺五重塔の雛形、大太鼓、犬挑灯、囿園、神社の建築及売店を出品したり」（図4）と記されている。[22] また彼の弟のハインリッヒ・フォン・シーボルトは、研究者で収集家でもあったが、オーストリア・ハンガリー帝国通訳官として、日本のウィーン万博参加への準備に貢献している。ウィーン万博参加の準備事業に大いに参与するもうひとりのお雇い外国人ゴットフリート・ワグネル（Gottfried Wagner, 一八三一—一八九二）を推挙したのも彼であった。[23]

その当時「文部省御雇独逸人」であったワグネルは、ドイツのハノーファの出身で、一八五二年にゲッチ

図4—ウィーン万国博覧会「日本列品所」、1873年
図5—ウィーン万国博覧会「日本派遣団」、1874年1月

ンゲン大学で数学・物理学博士の学位を受けており、その後パリで八年間研鑽し、さらにスイスで教職に就いた後、やがて一八六八（明治元）年には石鹸製造所設立に協力するために長崎に来ている。しかしこの長崎での起業活動が頓挫したので、佐賀藩の委嘱で肥前有田の窯業を指導している。さらに一八七一年には東京の大学南校（東京帝国大学前身）御雇教師となり、数学、自然科学、ドイツ語を教え、その翌年の一八七二年大学東校（東京医科大学前身）に移っている。その間に彼は、余暇を活用して日本文化史特に日本工芸史を熱心に研究しており、それが認められて日本のウィーン万博参加への一切の指導を委ねられており、「墺国博覧会掛」として「西京大阪及其近傍諸県下物産閲歴」のために赴き指導に当たっている。[24]そして、ウィーン万国博覧会随行御雇外国人としてウィーンに出向き、「列品並物品出所取調技術誘導」の職務を分担している。またこの折には、ハインリッヒ・フォン・シーボルトとアレクサンダー・フォン・シーボルトも随行し、「通弁及編集」と「外人応接」との職務をそれぞれ分担している。

こうした国を挙げての参加準備が整い派遣団は出品物とともにウィーン万博に向かっている。この派遣団（図５）に「仏語通弁及翻訳兼書記」として随行していた平山成信は、後に当時を次のように回顧している。「墺国博覧会は帝国政府が奮つて参同せられたもので大隈重信侯を総裁とし佐野常民伯を副総裁とし田中芳男、山高信離、塩田真等十数名の事務官を派遣し又専門の技術者、商工業者、職工等に随行を命じドクトル・ワグネル以下数名の外国人をも雇ひ規模頗る広大で常時は民間に於て博覧会の何物たるかを知る人さへなく固より自費出品人があるべき筈なく出品は全部官費を以て買入れた故に本邦物産一切の標本を揃へ得たるのみならず参考として若干の古物品をも出陳したから日本の美術、技芸、産業の状況を遺憾なく展開し外国人を驚歎せしめたのは当然のことである[25]」と。ここに平山が伝えるように、ウィーン万国博覧会への本格的な参加を契機にして、西洋の近代文化を導入する端緒が開かれ、明治の維新文化の基盤のひとつが形成されて行くのであった。

四．明治初期の日本における「美術工業運動」の受容

当代西欧における「美術工業運動」への日本側の早い反応は、ウィーン万国博覧会への賛同に向けての主意を決定する動きの中にまず生じている。万博参加の五つの目的の第三番目には、「三、此会によりて、御国内にも、博物館を建て、国内の博覧会を催し、人の見聞を広くし、知識を増すやう、なし度事[26]」と定められていた。したがってウィーン万博終了後に「弁理公使元兼墺国博覧会事務副総裁」佐野常民が提出した『墺国博覧会報告書』には「博覧会部」が収められている。この「博覧会部」の主部を形成していたのが、またワグネルが在欧中に各地の博物館を視察して作成した報告「藝術及百工上芸術博物館に付ての報告」である。ワグネルは、ウィーン万国博覧会終了後に日本に帰来しており、各地で理化学や化学工芸を熱心に授けるとともに、龍池会に会員として参加し日本の美術工業の啓発に理論と実践の双方から大いに貢献している。この龍池会とは、明治一二（一八七九）年に結成され、ウィーン万博派遣団副総裁の佐野常民を会頭として日本美術の保護と振興を目的に活動しており、明治二〇年には日本美術協会と改名されている。その間に、会務報告的な『龍池会報告』（第一号、明治一八年六月三日〜第三十一号、明治二〇年一二月二〇日）や、「我国固有の美術に属する工芸の勧奨」を目的とする『大日本美術新報』（明治一六年一一月〜明治二〇年一二月）が刊行されている。

そこでわれわれは、こうしたウィーン万国博覧会報告書やウィーン万博派遣団関係者が関わった雑誌類を手掛かりにして、明治期初期における「美術工業運動」の受容について考察したい。なおその際、当時のドイツとオーストリアにおける美術工業運動が抱えていた問題と照らしあわせながら考察を進めたい。

ウィーン万国博覧会の終了直後に『一八七三年ウィーン万国博覧会での芸術と美術工業（*Kunst und Kunstgewerbe auf der Wiener Weltausstellung 1873*）』と題する豪華な図版入り解説書が、一群の定評のある専門家たちの協同で執筆され、一八七五年に刊行されている。この解説書において、オーストリア美術工業博物館のファルケは「美術工業」と題する論考を寄稿している。その冒頭でファルケは、美術工業に関して彼の頭から離れない三つの問題として「国際的な問題」、「国内的な問題」、「東方の問題」を挙げている。そこでわれわれは、このファルケが挙げている三つの問題を補助線として、明治初期の日本における美術工業運動の受容について考察したい。

第一番目の「国際的な問題」について、ファルケは次のように述べている。「それは博物館や学校での授業や実習という手段を用いて現代の美術産業（Kunstindustrie）と世間一般の美に対する判断力（Geschmack）とを改善することである。これは、イギリスによって提起され、今やあらゆる文化国家で盛んになっており、従っておそらくそれは国際的であるといってよかろう。この問題は、我われの環境を美しく装い、我われの生活を美化するという点では、重大な社会問題でもある[27]」と。

したがってこの問題の中核は、美術工業教育の問題でもある。ウィーン万博では、「第二六区」に「少年教育の法、大人修学の手段」が設けられている。また先述の書物『一八七三年ウィーン万国博覧会での芸術と美術工業』には、「図画と美術の教育」と題する解説文が掲載されており、美術工業教育に関しておおよそ次のように報告されている。美術教育の統制された育成によって工業にどのような利点が生じたかは、最近二〇年間のイギリスが最も説得力をもって証明している。「科学美術局」の活動はすでに先の万博でこれに関して成果を見せている。イギリスが美術工業の育成のために用いたのは、次の三つの方法である。その一つは、当時ゴットフリート・ゼンパーが「提案書」で主張しているような、「自由な国民の真の教師」としての公共の美術工業博物館の設立である。その二つは、美術学校の有能な教師の育成とそこで彼らが仕事をすることができるような公共設備の設置である。その三つは、美術の基礎がそれによって国民教育の構成要素として組み込まれるような基礎的な図画学校の創設である。本部としてサウスケンジントンに国立美術学校が教師の育成のための養成機関を伴って設立され、同時に博物館と陳列室が設置され、これらを通して地方の学校すべてが指導されている。同じような原則で、一方では国民を芸術へと引き寄せ、他方では直接に美術工業活動に影響を及ぼすことに努めたのは、他国に先駆けてオーストリアである。今や「オーストリア美術工業博物館」が豊富な展示場と美術工業学校を結びつけており、広い範囲で美的趣味にその効力を発揮し、この度の万博におけるオーストリアの工業の卓越した地位に少なからず関与している。以上である。この解説からも伺い知ることができるように、オーストリア美術工業博物館は、ゼンパーの美術工業論の影響下に設立され運営されており、ウィーン万博でのオーストリア美術工業の高い評判に大きく貢献していたのである。

こうした博物館を中核とする美術工業振興の問題に関して、『墺国博覧会報告書』の「博覧会部」巻頭に添えられた意見書において佐野常民は、日本での博物館創立についておおよそ次のように具申している。すなわち、博物館の主旨は「眼目の教え」によって人びとの「智巧技芸」を開き進めることにある。この「眼目の教え」にこそ、人智を開き「工芸」を進歩させるための最善の方策が存在しており、欧州の各国は競って博物館を建設しているのもそのためである。その嚆矢としての「サウスケンジントン博物館」は注目すべき機関である。農工の術が古来相伝に頼るがあまりに遅れを取っているわが国の状況を考えると、この博物館の制度は最も我国の今日の形勢に合っており、日本でも大博物館を東京に創建し、これに属する「術業伝習場」を設け、将来は「支館支場」を各地に配置し、同時に「大博覧会」を開催するべきであると。(28)

また、ゼンパーの美術工業論に関しては、『龍池会報告』がその我国への紹介の役割を逸早く果たしている。龍池会の役員の一人であった平山英三は、ウィーン万国博覧会（一八七三年）の際に「英語通弁及翻訳」担当の随行員として渡欧し、万博終了後もウィーンに留まり、オーストリア美術工業博物館付属美術工業学校で「工作図学」を修得している。その経験と成果を活かして彼は、『龍池会報告』第二十八号（明治二〇年九月二〇日）、第三十号（明治二〇年一一月二〇日）、第三十一号（明治二〇年一二月二〇日）に、ゴットフリート・ゼンパーの美術工業論の一端を「器物ノ説」と題して紹介している。その種本となっていたのは、ゼンパーが第一回ロンドン万国博覧会での体験をもとに著した美術工業の理論書『技巧的芸術と構築的芸術における様式論あるいは実践美学——技巧家、芸術家そして芸術愛好家のための要覧（*Der Stil in den technischen und tektonischen Künsten oder praktische Ästetik—Ein Handbuch für Techniker, Künstler und Kunstfreunde*, 1860）』の第五部「製陶術（Keramik）」の抄訳である。そこでは、造形において目的や材料や技術が担う役割を何よりも重視するゼンパーの考えに則して、製陶術の感性的で形状的な諸問題が論じられている。

こうしたゼンパーの美術工業論の抄訳に先立って、『龍池会報告』第十六号（明治一九年九月二〇日）、第十七号（明治一九年一〇月二〇日）、第二十六号（明治二〇年七月二〇日）に掲載されていたのが平山英三翻訳による「ファルケ氏美術工業論抜粋」である。その種本となっているのは、一八八五年からオーストリア美術工業博物館長に就任していたヤーコプ・フォン・ファルケの著書『美術工業の審美眼——家庭、学校、工房のための手引書（*Aeshtetik des Kunstgewerbes: Ein Handbuch für Haus, Schule und Werkstätte,* 1883）』である。抄訳されていたのは、当書の第二章「美術工業の美的根本原理」第一節「形状は実用に原す」と第二節「流動体を容れるべき器物の形状」であり、先のゼンパーの抄訳と同様な考え方が示されている。

そもそもファルケの著作『美術工業の審美眼』は、ゼンパーの著作『技巧的芸術と構築的芸術における様式論あるいは実践美学』に指針を得ており、美術工業に関する歴史的・造形論的・ジャンル論的な知識が、百科全書的な広い視座から集大成されていた。その序文でファルケは本書の主題について、次のように述べている。「抑えられていた火の手が随所から同時に突然あがるように、この書物の根本理念が初めて現れてから、すでに二〇年が過ぎた。これらは調査し探しだしながら、ノアの鳥たちのように、大地を求めて、世界に送り出された。そして、大地を発見し、短い期間にもかかわらず、これらは全ての期待に応じたことがわかった。広い、いや最高に広大で民衆的な芸術の領分の展望を開き、審美眼を向上させ、工業に新しい火を吹き起こし、住まいを改良し、学校と博物館を設立し、長い間知られていなかった国々への関心を喚起し、新しいひとつの文化生活を生み出した[29]」と。このようにファルケは、八〇年代はじめの美術工業運動の最盛期にその成果を誇らしげに確認している。さらには美術工業品については、これは「美術工業的（kunstgewerbliche）あるいは美術産業的（kunstindustrielle）という同義語で今日一般に呼ばれているもの」であり、「これらは有用性に仕えると共に美への要請をも満たそうとするもの」で、「実用的な用途すなわち目的をもつにもかかわらず、装飾され、自らを改めて美しく装う事物である」と定義している[30]。

さて次に、美術工業の「国際問題」に続く第二の「国内的な問題」であるが、ファルケはおおよそ次のように述べている。この問題は、「古い美術の伝統を有する様々な国々において家事や産業活動に保持されていたもの」に関わっており、これらのものは「現今の急激な平均化の時代」によって脅威にさらされているので、「それそのものを守ることや現代の美術工業に役立てること」が肝要であると指摘している[31]。こうした問題についてもワグネルは、日本側に目線を置いて、「此の如き博物館を整頓料理するには先づ第一日本故代芸術の善なる諸伝業また今日美産の根拠とも称すべき一個の中心を建立する甚だ緊要なるを注意すべし而して今日の工匠はみな其根拠より適宜の模範を描写するを得又以て工匠発明の力を助け新規の工を起し易からしむることあるべし[32]」と、日本におけるその対処の必要を説いている。

そしてさらに第三の「東方の問題」については、ファルケは「東方の多色の装飾的な美術は万博以降その平穏から抜け出しており、西欧にとって重要になっており、精巧な工業に激しく侵入し、ある種の領域での審美眼を完全に変えようと脅かしている」とし、その成り行きを危惧している。この第三の問題の射程には、日本の美術と工業の領域が入っており、ウィーン万博によって日本は芸術の新天地としていよいよ注目されている。これに関連してファルケは、日本人は「今なお若々しく新鮮」であり、「疑いもなく日本の工業は中国のそれよりもよく維持されており、中国よりもよいサイドが割り当てられている」と見ており、さらには「東方の非対称の造形原理」に注目し、おそらくそれが突然に日本の流行を生み出しているとの見解をも残している[33]。

この第三の「東方の問題」は、日本の側からすると「西方の問題」であったと言えよう。ワグネルは、「藝術及百工上芸術博物館に付ての報告」で日本の現状を次のように嘆いている。「日本芸術者及び工匠は皆暗投冥行欧羅巴の模範或は形容を偽作し欧羅巴又日本に於いて人の曾て感賞せざる物品を製出せん事を務む抑本国百工の業或は芸術其固有の元材即ち根本と称するものを消亡するは甚だ不利ならずや夫日本芸術本分の品格を成す所の者は即ち元材なり」と。そして彼は、自国固有の伝統文化の保存と活用に向けて次のように進言している。「欧羅巴諸博物館には盛に日本及び支那芸術最勝の見本を有せり而して日本芸術者自国百工芸術の好式を得又之を学ばんと欲するも却つて欧州の徒より難かるべし是故に東京に於いて新たに設立すべき芸術の博物館は本国芸術の博物館なりと認むるは実に急務なるべし」と。そしてワグネルはさらにこれに続くべき要件について次のように述べている。「一旦此目的其域に達し稍満足するに至らば初めてまさに欧州芸術の格式を集むべし而して其れを集むるの初に於ては殊にその材料と其造法とに因つて日本百工芸術と相接続し新に物材或は装飾の配合品を製し得べき物品を求べし」と。[34] これに関連してワグネルは、明治一八年秋の龍池会での論説「美術の要用」において、「美術工業」と「美術」の関係を次のように指摘している。西欧では「理学」の著しい進歩のため当初は「美術工業」の奨励が等閑にされたが、やがて工業製品においては「安価」のみならず、「堅固なること」や「嗜好」が求められるようになり、これらは「勧業の源」となり「競争をなしとげる最も緊要なる方便」ともなる。ことにこの「嗜好」が問題であり、これは「美術工業」の当事者が「充分長く絶へず美術の教育」を受けて身に着くものであり、こうした教育は「絶妙美術と美術工業とが互いに兄弟の如く共に進む」時に成果が上がっている。[35] 翻って日本に目を向けると、日本では「絶妙美術と美術工業」との関係がずっと昔から極めて親密であり、「日本絵画の天性や之に用ふる具例は絵具や意匠の単一なる事や手術の軽きことが工業品の応用には欧州の画法に於けるよりは容易」である。以上である。[36] このようにワグネルは、尚古主義的な見地に立って日本古来の「絶妙美術」との関係を堅持しながら、当代における「美術工業」の振興に取り組むことが得策であると主張している。

かくして明治期初期には、美術寄りの「工芸」という術語とは別に、工業寄りの「美術工業」という術語が、明治維新政府による産業の保護奨励の文脈からウィーン万国博覧会関係者の言説に頻繁に現れ始めている。そしてこの「美術工業」という術語は、もともと当代西欧の美術工業博物館を中核とした美術工業運動の根本理念であり、ファルケの定義を参酌すると、大芸術や自由芸術とは異なる独自の美術領域を指しており、生活用品としての実用性と共に美的仕上げや装いとしての美術性をも合わせもつものを意味していた。この意味合いでの「美術工業」という術語の日本における受容は、サウスケンジントン博物館やオーストリア美術工業博物館をその代表格とする美術工業運動の磁場への接近であり、工業と美術との関係を改めて経済的で美的な見地から再評価しようとする産業デザイン論の萌芽をそこに見ることができよう。

註

(1) Julius Lessing, *Das Kunstgewerbe als Beruf*, 1891, S.6.

(2) *First Report of the Department of Practical Art*. in; Anonym, *The Department of Practical Art*, in; *The Art Journal*, 1853, p.156.

(3) Gottfried Semper, *Wissenschaft, Industrie und Kunst*, 1851, in; (Neue Bauhausbücher) Gottfried Semper, *Wissenschaft, Industrie und Kunst und Andere Schriften*, 1966, S.63.

(4) 拙稿「サウスケンジントン博物館と東京大博物館構想」(大阪芸術大学大学院『芸術文化研究』第一六号、二〇一二年、九二―九五頁、参照）。

（5）Zit. Heinrich Waentig, *Wirtscaft und Kunst*, 1909, S.255.

（6）Vgl. Barbara Morris, *Inspiration for Design—The Influence of the Victorian Albert Museum*, 1986, p.69-70.

（7）二四部類の内訳は、以下の通りである。「1、網細工　2、特殊な織物技術とその複製　3、漆細工　4、琺瑯　5、モザイク　6、ステンドグラス　7、絵画　8、書、印刷、グラフィック・アート　9、書物の装丁　10、皮細工　11、ガラス容器とガラス器具　12、陶器と装飾焼き物　13、木製品　14、角、骨、象牙、蜜蠟、などによる器具や小彫刻　15、大理石やその他の石による容器や器具や小彫刻　16、銅、黄銅、亜鉛、錫、による容器や器具　17、鉄細工　18、鐘と骨壺　19、青銅細工（容器、器具、浮彫）20、金細工（貴金属）21、宝石類　22、石、銅、ガラスなどの板の彫刻　23、浮彫仕様のための一般的な装飾模様　24、彫刻全般」（Vgl. Georg Lehnert, *Das Kunstgewerbe der Neuesten Zeit*, in: *Illustrierte Geschichte des Kunstgewerbes*, Zweiter Band, 1909, S.516.）

（8）Zit. Herbert Fux, *Ostasien und das Österreichischen Museum für angewandte Kunst. Eun Beitrag zur Dokumentation von 1864-1910*, in: *Welt Kulturen und moderne Kunst*, 1972, S.183.

（9）Vgl. Herbert Fux, *Das Österreichische Museum für angewandte Kunst und die Begegnung mit Japan—Österreichisch-ungarische Ostasienexpedition 1869 und Weltausstellung Wien 1873*. in: *Österreichisches Museum für Angewandte Kunst, Japan auf der Ausstellung in Wien 1873*, 1973, S.19.

（10）Zit. Herbert Fux, a. a. O.

（11）ハンス・ケルナー、竹内精一訳、『シーボルト父子伝』、創造社、昭和四九年、一八五頁、参照。

（12）Herbert Fux, a. a. O., p.49.

（13）Vgl. John Allwood, *The Great Exhibitions*, 1977, p.49.

（14）Zit. John Allwood, a. a. O., p.49.

（15）Vgl. Idee, Auswahl und Text: Christan Beutler, *Weltausstellungen im 19. Jahrhundert*, 1973, S.82.

（16）石井研堂『墺国博覧会筆記及見聞録解題』（編集担当代表者　吉野作造、『明治文化全集　第九巻　経済編』、昭和四年八月、日本評論社、一三頁、参照）。

(17)『墺国博覧会筆記』（編集担当代表者　吉野作造、『明治文化全集　第九巻　経済編』、昭和四年八月、日本評論社、一五一頁）。

(18) 前掲書、一五四頁。

(19) 前掲書、一五四―一五五頁。

(20) 前掲書、一五五頁。

(21) 石井研堂、前掲書、一五五頁。

(22) 田中芳男、平山成信編集『墺国博覧会参同記要』上篇、明治三〇年、一六頁（復刻本、平成一〇年、フジミ書房）。

(23) その経緯について中澤岩太は次のように述べている。「当時我邦の人士は海外の事物に付き夫の修養極めて幼稚なれば博覧会の何物たるを知らず（未だ内国にも開設することなし）嘗て墺国公使の奨めに由り之に参同すべく決定したけれどもさて其の準備は如何すべきもの乎大要の方針すらも制定するに困むと同時に墺国公使館に於ても常に照会を発する毎に巨細の説明を行はざれば事務の進行を見る能はず夫の渋滞は如何ともするに由なく之を見て此際有為の人物を選んで日本側に雇庸せしむる必要を感じ遂に同国公使館員たるシイーボルト氏の斡旋に由り同公使よりワグネル先生を推挙せられ副総裁佐野常民氏も之に同意し即ち先生を採用せられたるなり。」（中澤岩太「ワグネル先生来歴第一段」〈梅田音五郎『ワグネル先生追懐集』、昭和一三年、故ワグネル博士記念事業団、七七―七八頁〉）

(24) 独逸東亜細亜研究協会「ゴットフリート・ワグネル博士追悼録」（梅田音五郎、前掲書、一四八―一八五頁、参照）。

(25) 平山成信『昨夢録』、大正一四年、二頁。

(26) 石井研堂、前掲書、一五六頁。

(27) Jakob Falke, *Das Kunstgewerbe*, in: *Herausgegeben von Carl von Lützow, Kunst und Kunstgewerbe auf der Wiener Weltausstellung 1873*, Leipzig 1875, S.41.

(28) 東京国立博物館編集『東京国立博物館百年史　資料編』、昭和四八年、東京国立博物館、二八頁。

(29) Jakob von Falke, *Aeshtetik des Kunstgewerbes: Ein Handbuch für Haus, Schule und Werkstätte*, 1883, S.Ⅲ.

(30) Jakob von Falke, a. a. O., S.3.

(31) Jakob Falke, *Das Kunstgewerbe*, a. a. O., S.41.

(32) 東京国立博物館編集、前掲書、三二頁。

（33）Vgl. Herbert Fux, *Japans Kunsthandwerk auf der Wiener Weltausstellung 1873*, in: *Japan auf der Ausstellung in Wien 1873*, 1973, S.25.

（34）東京国立博物館編集、前掲書、三二頁。

（35）ドクトル、ワグネル演述「美術の要用⑴」（『龍池会報告』、第一九号、明治一九年一二月、龍池会、二一―二二頁〈近代美術雑誌叢書5『龍池会報告』第2巻、一九九一年、ゆまに書房〉）。

（36）ドクトル、ワグネル演述「美術の要用⑵」（『龍池会報告』、第二〇号、明治二〇年一月、龍池会、一二―一三頁〈近代美術雑誌叢書5、前掲書〉）。

ドイツ世紀転換期のデザインにおける日本と自然の言説をめぐる試論

池田祐子

はじめに

「人はいたるところで某か、日本の芸術の歴史や源泉について学ぶことができる。しかしそれらは全て、《要約（zusammenfassend）》されていたり《完結（abschliessend）》されていて、あたかもこの芸術がすでに納棺されているかのようだ。それゆえ、事実この芸術の運命は、私たちにとってほとんど決まったも同然となった。つまり、流行は終わったのだ。」これは、一九〇一年に雑誌『室内装飾（*Innen-Dekoration*）』の冒頭に掲載されたエッセイ「日本の芸術は我々にとってなおも何であり得るのか」の中で、詩人で芸術・文芸評論家のエルンスト・シューァ（Ernst Schur, 1876–1912）が述べた言葉である。(1) しかし彼は続けて、流行は終わったが、日本の芸術からまだ学ぶことはあり、芸術刷新の源となりうるという点に注意を向けさせることが、この論考の目的だとした。一八九九年のウィーン分離派の機関誌『ヴェル・サクルム（*Ver Sacrum*）』に「日本の芸術の精神」というエッセイを発表したシューァは、ここでも、「ジャポニスムと称されるものは単なる流行だった」と冒頭で述べている。[2] これらは学術的論考というよりは、詩人シューァが日本の芸術から得たインスピレーションを列挙した断簡集のようなものであるが、これらの言葉は、一八九九年から一九〇一年というまさに世紀転換期に、ヨーロッパの、とりわけドイツ語圏の人々の、日本の芸術に対する考え方や感じ方が変化したことを暗示していると言えよう。

二〇一二年の春から秋にかけて、東京・京都・三重で開催された「KATAGAMI Style」展のコミッショナーのひとりとして、筆者は展覧会準備のために現在ドイツで所蔵されている日本の染型紙を調査した。[3] そしてその過程で、型紙が一八八〇年代終わりから熱狂的に収集され、関連書籍も数多く出版されたにもかかわらず、二〇世紀にはいるやいなや芸術の現場からその姿を消してしまう事実に気づいた。それは、二〇世紀に入ってからも、とりわけ個人蒐集家によって活発に収集され、各地で展覧会が開催された「浮世絵」とは大きく異なる受容のあり方である。そしてこの型紙の受容の変化は、先に指摘した人々の日本の芸術に対する考え方の変化と時期を同じくしている。

本稿では、この受容そして考え方の変化を、当時のドイツの芸術、ここでは特に応用芸術つまりデザインの分野における「自然」との関わりから眺めることを試みる。「日本の製品は、識者が選んだ古いものであっても、世界市場のための工場生産品であっても、自然のモティーフに満ちている。」さらに、「自然をどのように観察し、いかにその形をそのままに表現するかについて日本人を教師とするなら、（中略）彼らから動植物はどのように自然のままに表現されうるかを学ぶことができるだろう[4]」、というハンブルク工芸博物館初代館長ユストゥス・ブリンクマン（Justus Brinckmann, 1843-1915）の言葉にもあるように、一九世紀半ば以降活発化する日本の芸術の受容の局面において、常に「自然」との関わりが重視され、それこそがヨーロッパが日本の芸術から最も学ぶべき点であるとされてきた。そして「自然」は、一九世紀前半の建築や工芸に広く認められた疲弊した歴史主義から脱却するために、「歴史様式」に代わって芸術刷新の起爆剤として要請されたものでもあった。

そこで本稿では、まず歴史主義から世紀転換期いわばユーゲントシュティールの時代にいたる時代背景を簡単に概観した後、芸術刷新の起爆剤とされた「自然」の研究のために積極的に参照されたふたつの手本を提示し、次に当時新しい応用芸術の歴史におけるパイオニアのひとりと称されたオットー・エックマンの作品に向けられた評価を検討する。そして最後に、二〇世紀初頭に表された「自然」と「日本」にまつわる二つの論考における言説を確認することで、日本の芸術の受容の変化の内実とその背景について、何らかの示唆が得られることと期待する。

一．歴史主義からユーゲントシュティールへ——世紀転換期ドイツの時代背景

「フォルムの錯乱状態、フォルムの萎縮、破壊と混乱、それらが一八三〇年代から一八九〇年代に蔓延していた。そしてそのことが、帝国成立の一八七一年に始まる泡沫会社設立時代（Gründerzeit）の主な特徴だった。この時代に真の手工芸を見つけることは難しい。[5]」一八五一年にロンドンで初めて開催された万国博覧会を契機に認識された、産業・技術革新が進んでいるはずのヨーロッパにおける工芸製品の品質低下は、この言葉にもあるように帝国成立直後のドイツにおいて極めて深刻であり、一八七六年のフィラデルフィア万博のさいには、「ドイツ工業の基本原理は、安価で粗悪な（schlecht und billig）ことである」とま

図1―フェルディナント・フォン・ミラー／
フランツ・ザイツ／
アダム・ハウズィンガー
《カスパー・フォン・シュタインドルフ市長のための卓上飾り》
1862年、ブロンズ・金箔・七宝、
バイエルン州立博物館蔵

で評された。(6) 新古典主義でもって時代のデザインを総括した建築家カール・フリードリヒ・シンケル（Karl Friedrich Schinkel, 1781-1841）の死とツンフト（Zunft）などの伝統的な職能集団の解体を機に始まったドイツの建築・工芸デザインにおける混乱は、一八六〇年代には政府も認める社会問題となっており、その打開作として、サウス・ケンジントン博物館（現ヴィクトリア&アルバート博物館）を建てたイギリスにならい、一八六七年のベルリンを皮切りにドイツ全土に工芸博物館が設立された。(7) それら工芸博物館の活動の目的は、建築・工芸に従事する人々の能力を高め、同時に製品を受容する消費者の趣味を向上させることであり、博物館には展示施設のほか、学校や図書室といった附属の教育施設が設置された。

中世からバロック時代にかけて、工芸に従事するひとびとは「Vorlage（見本）」を傍らに製作を行っていたが、通常それらは同時代に流行していた製品のサンプルやデザイン画であった。しかし一九世紀の歴史主義の時代に入ると、過去に製作された芸術的価値の高い作品をもとにした模倣品や雛形本が「Vorbilder（手本）」として工芸従事者（Kunstgewerbetreibende）の間に流布し、それらをニーズに合わせて組み合わせることで新たな製品が作られていった（図1）。工芸博物館は、このような歴史折衷主義に対抗し、新たなデザインを創造するために、歴史様式さらには同時代の優れた製品に関する精確な知識を学ぶ場として設置されたが、その所蔵品は「Vorbildersammlung（手本コレクション）」や「Mustersammlung（雛形コレクション）」と呼ばれ、そこには歴史的優品のオリジナルだけではなく、もしオリジナルが手に入らない場合はそのコピーやスケッチないし写真が収められた。それらは博物館の展示に供されるだけではなく、附属の教育施設とりわけ学校で教材として使用されたが、「過去の工芸作品で私たちにとって直接役に立つものはない」[8]という、ベルリン工芸博物館初代館長ユリウス・レッシング（Julius Lessing, 1843–1908）の言葉の通り、その役割はあくまでも工芸従事者や消費者に趣味を教授し、彼らの創造力を高めるための教材であって、その模倣は厳に戒められていた。とはいえ、手本を使用する教育方法は、それらを範とする装飾が生み出され、その恣意的流用と折衷化が進む危険性を常に孕む。そしてその問題は、後に、ユーゲントシュティールの大衆化、端的には模倣されたデザインによる粗悪品の流布という形で現前することになる。

ゴットフリート・ゼンパー（Gottfried Semper, 1803–1879）に代表される一九世紀の歴史主義の芸術理論家にとって、フォルムは常に単なる機能の骨格であって、芸術性を保つためにその外観は適切な飾りでもって覆われていなければならなかった。それゆえ歴史折衷主義が批判され、新たな装飾の創造が喫緊の課題となったとき、創造の源として歴史様式に代わり大きな関心を集めたのが「自然」である。そしてそ

図 2―「第 1 回ドイツ産業博覧会、ガラス宮会場風景、ミュンヘン」1854 年

れに伴い、デザインにおける「自然主義（Naturalismus）」が鼓舞され、それを実現するための「自然研究（Naturstudie）」が奨励された。一八六〇年代から八〇年代にかけての自然主義への傾倒ぶりは、当時の様々な博覧会に出品された大仰な作品だけではなく、その会場装飾にも見て取れるが、過去の歴史様式を加工しただけのこのような自然主義的装飾は、歴史様式を重んじる人々だけではなく、デザインの改革を求める人々から厳しい非難を浴びることになった（図2）。そのような状況下で要請された「新たな〈自然主義〉」を背景として生まれたのが、しばしば「floral（植物の）」という形容詞を冠して言及されるユーゲントシュティールの作品群であり、それらが生まれるための指針、つまり「自然研究」のための指針として活用されたのが、工芸博物館の手本（Vorbilder）ないし見本（Vorlage）として収集された中近東や東アジアといった非ヨーロッパ圏の製品や雛形本と、主に図書室や学校で収集された見本（Vorlage）としての動植物や風景といった自然の写真そして図版本であった。

二．自然研究のふたつの手本／見本――「日本」と「自然科学」

万国博覧会を中心に欧米各地の博覧会などで紹介された日本の美術・工芸品は、多くの人々に驚きをもって迎えられ、一九世紀半ばから活発化する新たな芸術の展開に大きな影響を与えた。デザインの分野においては、製品の精巧な製造技術とならんで、様々なかたちで日本の製品に展開する多彩な自然モティーフが、装飾における新たな「自然主義」、そしてそれを実現する「自然研究」の指針として注目された。ブリンクマンは次のように述べている。「（日本の芸術家は）個々の事物を何度も観察することで、そのもの

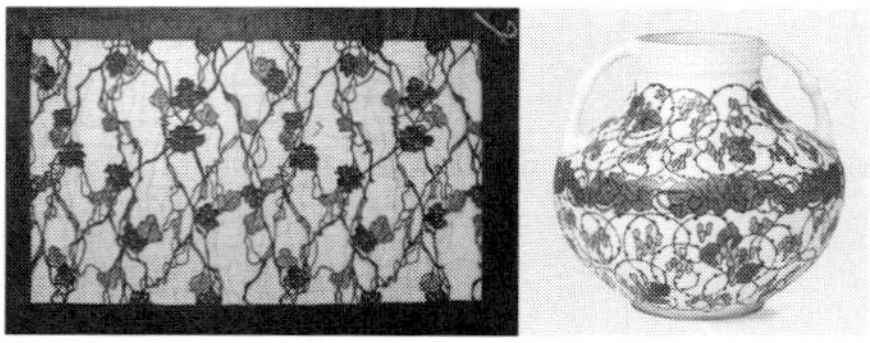

図3―「型紙〈乱菊〉」リンデン博物館蔵
図4―「型紙〈瓢箪〉」
ヴュルテンベルク州立博物館蔵／
アーデルベルト・ニーマイヤー《花器》
1907–08年、磁器・釉薬、
ニンフェンブルク磁器製作所蔵

の本質（Inbegriff）に至り、それを表象する。また、自然についての進歩的な研究もおろそかにしない。そうすることで、ヨーロッパの様式の展開において長年、（自然が）死せるものとして示されてきた因習としての誤りを免れている。(9)」このように彼は、日本の美術・工芸品における自然の描写が、生き生きとした「自然観察（Naturanschauung）」を基礎にしており、それによって対象の本質やそのフォルムそして動きの特性が簡潔に表現されると主張した。またその精確な自然観察は、対象を「自然のままに（naturgemäss, naturtreu）」表現するだけではなく、作られるべき製品の特性を熟知した上での表現手段の単純化を通して、自然モティーフの様式化をも生み出している、と評価する。そしてその様式化が典型的に見て取れるものとして、モティーフが決まった大きさの紙に光と影、つまりはネガポジによってのみ表現される日本の染めの

「型紙」に注目し、その収集と活用を熱心に推奨したのであった（図3）。美濃和紙を柿渋で貼り合わせたものに文様を彫り抜いて作られる「型紙」は、定型である上、染めの工程に繰り返し耐えられるほどの強靱さを備え、ほかの日本の美術・工芸品に比較して、遥かに活用・保管が容易であった。その上、もともとが美術品ではなく染色のための道具である「型紙」は廉価でもあり、各地の工芸博物館や工芸学校が競って収集することとなった。その数は、ドレスデン工芸博物館の一万六〇〇〇枚余りを筆頭に数千、数百枚単位にのぼり、浮世絵を含むそのほかの日本の美術・工芸品を圧倒している。[10] これらは、手本として博物館で展示に供されただけではなく、図書室で閲覧され、工芸学校では教材として利用された。さらには「型紙」が掲載された出版物を通じても世間に広く認知されて、当時のデザインにおける幅広い分野で様々に影響を与える

図5―アドルフ・ブラウン《草花によるリース》
1854年、炭素印刷（印刷は1866年以降）
図6―エルンスト・ヘッケル著
『自然の芸術フォルム』より

図7—マルティン・ゲルラハ編『自然界のフォルム世界』より／ヘルマン・オブリスト《壁掛け「シクラメン」》1895年頃、ウール・絹、ミュンヘン市立博物館蔵

こととなった（図4）。

また日本の美術・工芸品と並んで、歴史主義に代わる新たな「自然主義」とそれを実現するための「自然研究」のために熱心に参照されたものに、動植物などの図版本や写真本があるが、それらには二つの傾向が存在する。ひとつには、従来の図鑑や雛形本に配されていた手書きの挿図と同じような構図をもつ写真で、「それは生きた自然の対象を芸術的に写し取ったものである。まるでそれらは、手本を探し求める図案家のために、滅多にないほど完璧な姿で、苦労の末にまとめ上げられたようだ」と評された[11]（図5）。しかし当時の芸術家たちの間でより大きな反響を呼んだのは、進化論や種の分類といった自然科学研究の新たな成果に基づいた図版本や写真本であった。その代表的な出版物として挙げられるのが、一八九九年から一九〇四年にかけて刊行された生物学者のエルンスト・ヘッケル（Ernst Haeckel, 1834–1919）による『自然の芸術フォルム』と、一九〇二年から一九〇四年にかけて刊行された元彫金師で写真家のマルティン・ゲルラハ（Martin Gerlach, 1846–1918）による『自然界のフォルム世界』である[12]。ヘッケル自身の手になる精緻な図版が添えられた前者は、自然界と芸術のフォルムの親縁性を主題として

芸術に関わる人々の強烈な関心を引き（図6）、後者は動植物の顕微鏡写真をも掲載して「自然研究」そして「自然観察」の新たな段階を提示していた。そしてこの「自然観察」のありようは、対象のフォルムの観察を越えて対象に内在する生命力への関心を呼び起こし、ヘルマン・オブリスト（Hermann Obrist, 1862–1927）による刺繍作品《壁掛け「シクラメン」》のような作品が生まれることになる（図7）。そして植物の内的生命を表現する、このしなる鞭のような線は、徐々にそれ自体が生命をもつ自律した線の表現へと繋がっていくことになるのである。

三　オットー・エックマン――ユーゲントシュティールへの称賛と批判

世紀転換期の新しい芸術動向を示す「ユーゲントシュティール（Jugendstil）」という言葉が、一八九六年にミュンヘンで刊行された雑誌『ユーゲント（*Jugend*）』に由来することはよく知られている。しかし当時の特徴的な芸術動向を指す言葉として「ユーゲントシュティール（Jugendstil）」が初めて現れるのは、一八九七年にライプツィヒで開催された「ザクセン＝テューリンゲン工業産業博覧会（Sächsisch-Thüringische Industrie- und Gewerbeausstellung）」におけるパウル・メビウス（Paul Möbius, 1866–1907）設計のパヴィリオンに対する批評であったとされている。[13]そしてその評は、「これまでみられたものとは全くかけ離れた、大胆なユーモアと想像力に満ちたモティーフで彩られ、それによって確かな躍動感（Schwung）を生み出している」というものであった。[14]このユーゲントシュティールのパイオニアであり最も重要な作家と広く認知されていたのが、次に紹介するオットー・エックマンである。

図8—オットー・エックマン《あやめ》1895年、木版画、京都国立近代美術館蔵／「型紙〈菖蒲〉」ハンブルク工芸博物館蔵

画家として出発し、一八九六年に応用芸術デザインへと転向したオットー・エックマン（Otto Eckmann, 1865–1902）は、ハンブルク出身で、ブリンクマンを通じて日本の美術・工芸品、とりわけ浮世絵に親しんだと言われているが、彼の作品には幅広く「型紙」の影響も顕著に見て取れる（図8）。動植物のモティーフを巧みに組み合わせたその装飾は、書籍やテキスタイルそして壁紙などの、とりわけ様々な平面作品を飾り大きな大衆的人気を博した（図9）。彼の作品において、自然は、静と動をリズミカルに刻む曲線と色面の鮮やかな明暗対比によって様式化されている。しかしそれは、先に見たオブリストによる《壁掛け「シクラメン」》とは異なり、あくまでも一般的に理解されうる自然の様式化であり、先程「型紙」との関連で見た作品を持ち出すまでもなく、この様式化に日本の芸術の影響を見てとることは、広く当時の言説一般に共通している。一九〇二年にエックマンが三七歳の若さで亡くなったとき、数多く掲載された追悼文のひとつには次のように記されている。「彼の作品は、内容の上でもフォルムの上でも才気に溢れている。彼は豊かな着想や思想を持っている以上に、純粋に芸術的な手段にも長けている。彼はそれを動植物の世界から、日

本の様式感覚であるがドイツの心で取り出す。さらに彼はそこから、内容を持たない形、純粋に装飾的な主要かつ副次的部分としての線やフォルム、平面の明暗、静と動の対比を取り出すのだ。――そしていずこにも彼は、あるときはテキスト自体がもつ情緒の内容に直接合うような、またあるときは自由に選択された心持ち（Empfinden）に合うような意味ある気分（Stimmungswerte）を加味するのである。[15]」このように、線やフォルムといった造形要素を「内容を持たない形」と評する人々にとって、エックマンの作品は縁飾りのような伝統的な装飾の文法や図像学を逸脱することなく、新しい自然主義を感じさせるユーゲントシュティールの優品そのものであった。それゆえ、エックマン晩年の壁紙デザインなどに認められる抽象的傾向は、「芸術の衰退の一歩は、生き生きとしたフォルムを硬直化させ図式にしてしまうところから始まる」というエックマン自身の言葉を引用しつつ、「危険」な傾向と見なされたのである[16]（図10）。

しかしこれまでに見たエックマンへの称賛の言葉とは対照的に、追悼文において彼の芸術を辛辣な言葉で

図9―オットー・エックマン《五羽の白鳥》1897年、ウール、ハンブルク工芸博物館蔵

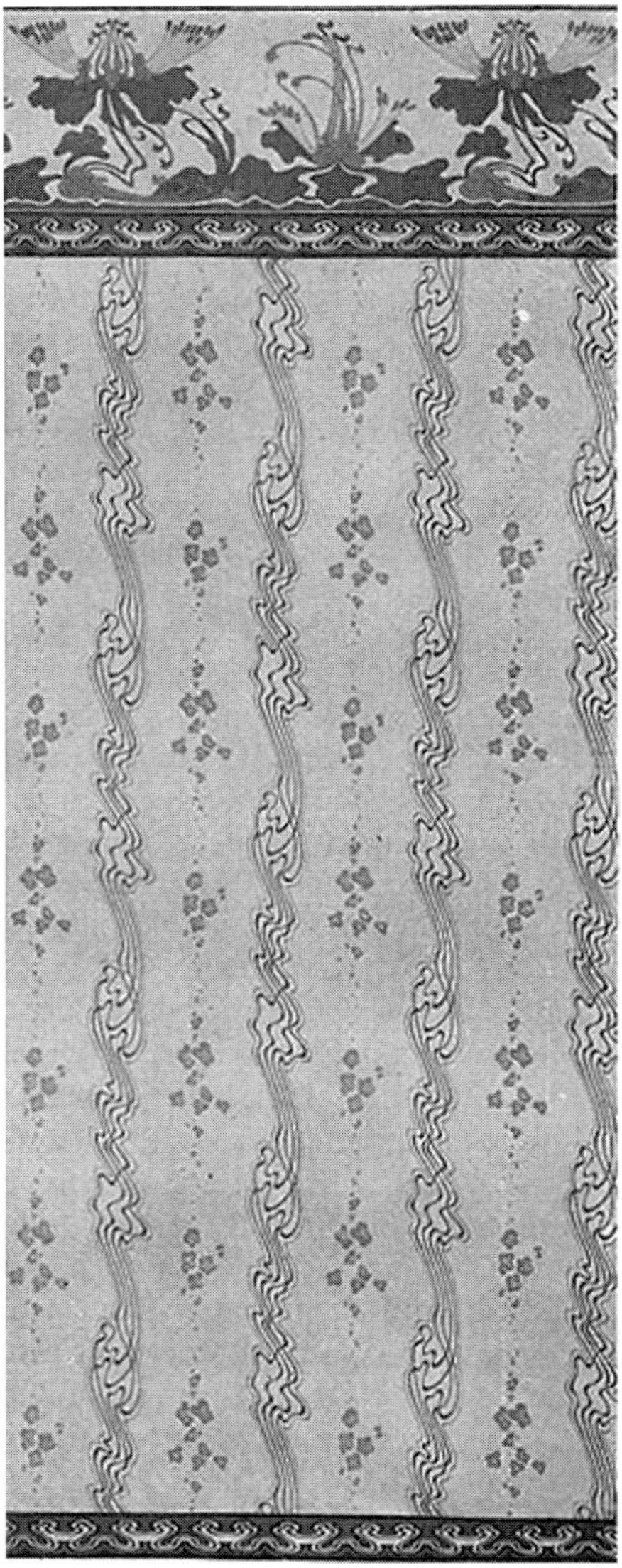
図10―オットー・エックマン《壁紙》
制作年・所在不詳

批判したのがアンリ・ヴァン・ド・ヴェルド（Henry van de Velde, 1843-1957）であった。[17] エックマン芸術の支持者とは反対に、当時から線やフォルムといった造形要素を自律したものと考えていたヴァン・ド・ヴェルドは、「オットー・エックマンは、人が言うように、私の主義に敵対する人物というより、実際に〈根本的に私の敵対者〉なのだ」と断言し、エックマンの作品は「知性（intellektuelles Wesen）」を欠いているとして、次のように批判している。「エックマンとともに、装飾における情緒性というものは、おそらく永遠に消え去ってしまうことだろう。（中略）彼の作品を見ると、私はいつもショパンを思い浮かべる。どちらも純粋な線やコンポジションには関心がない。エックマンの装飾的コンポジションには、純粋な線がなく、すべてがジグザクの軌跡を描いているだけだ。」しかし一方で彼は、顧客や産業家のニーズに応えようとするエックマンの努力を評価してもいる。

雑誌の編集者が注釈を付けるほどのヴァン・ド・ヴェルドの厳しい批判は、自然を含む対象とそれを表現する造形手段に関するふたりの考え方の相違を明らかにしているが、それだけではなく、当時エックマンの作風が模倣作品などによって、いかに大衆化していたかの証左でもあると言えるだろう。

四．「日本」と「自然」の再考
――『植物とその装飾への活用』と『東アジア芸術とそのヨーロッパへの影響』

エックマンの作風に代表されるユーゲントシュティールの大衆化という問題は、その背後にある「日本」そして「自然」との関わりの再考を促すことになった。そのことを、世界的に有名なライプツィヒ見本市の育ての親でもある、ライプツィヒ工芸博物館初代館長リヒャルト・グラウル（Richard Graul, 1862–1944）の二冊の著作に見てみよう。

グラウルは、一九〇三年にライプツィヒ工芸博物館で開催された展覧会の図録として、一九〇四年に出版した『植物とその装飾への活用』の中で、次のように述べている。(18)「美術史が語るように、あらゆる芸術の若返りは、自然の手によって行われる。装飾はそのモティーフの大半を植物界に由来しているがゆえに、その発展は、自然との新たな取り組みや、自然のフォルムや有機体を自立して研究することでもたらされてきた。」現在は「いわゆるモダン（moderne）な線や、目的だけを強調するような新種の抽象的な装飾が支配的になり、自然の植物のフォルムの研究に対する関心が薄れているように思える。」ユーゲントシュティールの大衆化が顕在化した一九〇〇年前後の応用芸術の状況を無秩序だと考えていたグラウルは、この展覧会を通じて、現状の打開のために再度「自然」に立ち返り、とりわけ工芸学校などの教育現場において、「自然」と新たな方法で取り組むことを提案した。それが、従来の手本を参考とする「自然研究」ではなく、まず自然を直接じっくりと観察し、それを忠実に写生して、そこから自然の法則を認識した上で、単純化・再構成するという、いわゆる「デッサン授業（Zeichenunterricht）」である（図11）。自然の忠実なコピーから分析的研究へと進むこのプロセスは、ただし芸術的に行われるべきであって、科学的・心理的になされるべきではない、とグラウルは忠言する。その点において彼の考えでは、日本の芸術家の自然との取り組みは、なおも参考されるべきものであった。その証拠に、展覧会図録の作品リストに

図11―リヒャルト・グラウル
『植物とその装飾への活用』（1904年）より
図12―『若冲画譜』（1890／明治23年）より

は、数多くの工芸学校の学生や教師たちの作品と並んで日本の花の素描（Japanische Blumenstudie）と伊藤若冲の多色版画（Farbendruck）が記載されているが、このうち若冲については一八九〇（明治二三）年刊行の『若冲画譜』だと考えられる（図12）。しかし、一九〇七年に商務省から発令された「実業補習学校におけるデッサン授業導入の原則（Grundsätze für die Erteilung des Zeichenunterrichts in gewerblichen Fortbildungsschulen）」は、伝統的な手本を用いない自然の「デッサン教育」の教育現場への導入義務を明文化した。そしてそのことは、デザイン教育の現場における「自然研究」の手本であった「日本の芸術」が、一九世紀半ば以降保持してきた特権的地位を失うことを意味していたのである。

一方グラウルは、一九〇六年に『東アジア芸術とそのヨーロッパへの影響』と題した著作の中で、一七世紀以降の中国と日本、一九世紀以降はとりわけ日本の芸術のヨーロッパの芸術との影響関係をジャンル別に具体的な作品を挙げながら詳細に検討している。(19) 彼はそこで、これまで知られていなかった日本の古き良き作品が、一八七八年のパリ万博以降、とりわけ一九〇〇年のパリ万博において国家的規模で戦略的に紹介されたことを指摘すると同時に、同時代の日本の製品を「むなしい感覚的快楽」によってヨーロッパの嗜好に合うよう変容された輸出品であるとして批判する。対して、日本の歴史的優品については、例えば漆器に見られるような、充分な自然観察から導き出された表現手段の簡潔性（Knappheit）と、それに基づく解釈の明瞭さ（Deutlichkeit）と繊細さ（Feinheit）を評価するだけでなく、それらが伝統的な宮廷や宗教芸術がもつ理想性（Idealität）や精神性（Geistigkeit）に立脚していることに言及している。このことは、これまで専ら日本の美術・工芸品の「表現方法」に向けられていた関心が、主に作品の「表現内容」へと向けられるようになったことを意味する。それはまさに、グラウルの言葉を借りれば、「室内装飾業者としての日本

（Tapeziererjapan）」を手本とするジャポニスムや日本に依存するジャポニスムから、「自らの芸術の特性を内面的に変化させうるような」「精神的なジャポニスム」への移行だと言えよう。

グラウルのこの著書が出版された一九〇六年、当時のベルリン博物館群総長であったヴィルヘルム・フォン・ボーデ（Wilhelm von Bode, 1845–1929）の肝いりで、ベルリン工芸博物館から東アジア・コレクションが独立し、ベルリン東アジア美術館が設立された。日本の芸術の「流行は終わった」とされた世紀転換期に続くこの時期の博物館における組織改編は、まさに日本の芸術の受容の変化を象徴する出来事に他ならないのである。

註

（１）Ernst Schur, „Was uns die japanische Kunst noch sein kann", in: *Innen-Dekoration*, 12 (1901), S. 131–136.

（２）Ernst Schur, „Der Geist der japanischen Kunst", in: *Ver Sacrum*, 2. Jg. Heft 4, 1899, S. 5–20.

（３）『KATAGAMI Style』展図録、京都国立近代美術館ほか、日本経済新聞社、二〇一二年。現在ドイツで所蔵されている型紙とその収蔵経緯については、本図録掲載の拙論「〈型〉を求めて――ドイツにおける型紙受容とその背景」（二九一―二九六頁）および「海外における型紙所蔵先一覧」（三三八―三四一頁）を参照のこと。

（４）Justus Brinckmann, „Ein Beitrag zur Kenntniss des japanischen Kunstgewerbes", in: *Fernschau, Jahrbuch der Mittelschweizerischen Geographisch-Kommerziellen Gesellschaft in Aarau*, Bd. 5, Emil Wirz, Aarau, 1892, S. 1–31. ここでは特に、S. 17 および S. 21.

（５）Heinrich Kohlhausen, „Geshichte des deutschen Kunsthandwerks" in: *Deutsche Kunstgeschichte*, Bd. V., München, 1955, S. 557.

（６）G. Moeller, „Die preußischen Kunstgewerbeschulen", in: E. Mai., u. a. (hrsg.), *Kunstpolitik und Kunstförderung im Kaiserreich. Kunst im Wandel der Sozial- und Wirtschaftsgeschichte*, Gebr. Mann, Berlin, 1982, S. 116.

（7）ベルリンを中心としたドイツにおける工芸博物館設立の背景については、以下の拙論を参照のこと。池田祐子「ドイツの工芸博物館について：その設立と展開――ベルリンを中心に――」デザイン史フォーラム編『近代工芸運動とデザイン史』思文閣出版、二〇〇八年、一三三―一四六頁。

（8）Julius Lessing, *Unserer Väter Werke*, Vortrag, als Separatdruck erschienen, Berlin, 1889, S. 26.

（9）Brinckmann, 1892, S. 18.

（10）浮世絵もまずは、美術品としてではなく、「手本（Vorbilder）」ないし「見本（Vorlage）」として収集された。また著名絵師による『花鳥画譜』のような各種絵手本や、着物や蒔絵、はては欄間装飾や生け花などの各種雛形本も数多く収蔵されているが、数の上では型紙に劣る。

（11）Richard Graul, in: Martin Gerlach (Hrsg.), *Festons und dekorative Gruppen nebst einem Zieralphabete aus Pflanze und Thieren, Jagd-, Touristen- und anderen Geräthen*, Wien, o. J. [1893], o. S.

（12）Ernst Haeckel, *Kunstformen der Natur*, 3. Bd., Leipzig, 1899–1904（邦訳：エルンスト・ヘッケル著／戸田浩之訳・小畠郁生日本語版監修『生物の驚異的な形』河出書房新社、二〇〇九年）および Martin Gerlach (Hrsg.), *Formenwelt aus dem Naturreich*, Wien/Leipzig, o. J. [1902–1904].

（13）Georg Hirth, *Wege zur Freiheit*, Verlag der Münchner Jugend, 1903, S. 525.

（14）M. G. Conrad (1885–1900), Arthur Seidl (1901–02) (hrsg.), *Die Gesellschaft*, Bd. 16, Teil 2, G. Franz, München, 1900.

（15）Alfred G. Meyer, „Otto Eckmann“, in: *Mitteilungen des Württembergischen Kunstgewerbeverein*, [1]., 1902–03, S. 319–341. ここでの引用は S. 326.

（16）Ibid., S. 332f.

（17）Henry van de Velde, „Zum Tode Otto Eckmann's“, in: *Innen-Dekoration*, 13. 1903, S. 207–208.

（18）Richard Graul, *Die Pflanze in ihrer dekorativen Verwertung*, Leipzig, 1904. ここでの引用は、S. 2 および S. 8.

（19）Richard Graul, *Ostasiatische Kunst und ihr Einfluß auf Europa*, Leipzig, 1906.

第3章

「工芸」から見た境界的作用史

芸術（日本画）と工芸（染織）の融合
――明治期の京都――

廣田　孝

はじめに

近代京都画壇の日本画家、竹内栖鳳《たけうちせいほう》は明治二〇年代から三〇年代にかけて髙島屋で染織下絵の制作に携わった。また栖鳳の他にも多くの日本画家が染織下絵制作に携わっていた。本論の目的は京友禅染の老舗、千《ち》總《そう》、京都の呉服商、髙島屋の活動をとりあげて、当時の「日本画」と「染織」の関係を論じることにある。

一．友禅染の歴史における千總の革新的行動

友禅染の歴史は江戸時代中期、貞享年間から始まる。宮崎友禅斎の名前と共に伝説的に語られるのは、よく知られている。友禅染の発展と展開については多くの書物において論じられている(1)。

千總は創業弘治元（一五五五）年の京都の友禅染の老舗である。初代は法衣装束商を始め、織物業を行った。その後、江戸時代中期に友禅染の流行が始まったが、当時の千總は宮家の御用を務め、門跡の法衣などと共に友禅の小袖などを扱った。友禅染の展開、染色技術の向上に伴って専門化が進み、高度な分業体制が確立された。やがてこの体制は固定化されてゆき、それぞれの工程で作業内容を繰り返すことになった。明治初期に友禅染下絵制作の工程を改革したのが千總の一二代西村總左衛門であった。これは特筆すべきことであったので、当時の状況も含めて、一二代西村總左衛門の記述を引用する。

維新前にこの友仙（＝友禅）につき（中略）三井や大丸へ並の仕入品を疋物にして賣りこみましたのが、これが抑も友仙の世間に廣まりまする初めでございます。

處が其頃の友仙といふものは、圖様がちやんと定つてあつて、假令ば櫻と紅葉があれば、其下に水があるとか、竹ならば雀、牡丹なら獅子といふ鹽梅で決して新規の活動した物は納まりません。（中略）尤も下畫は下畫工というて、其職人が描くのでございますから、畫の筆意を顯はすなどゝいふことは少しもなく、たゞ仕事のしよいように、在來りの圖様を描いていたのでございます。

然るに明治の六七年頃になりまして、一般の畫家が非常に困難の境遇に陥り（中略）一方にはお気の毒と思ひますと仝時に、一方では其畫家の筆をかつて、友仙の圖様を一新しようと存じました。（中略）其竹堂翁《ちくどう》を「シン」とし、望月玉泉《ぎょくせん》、今尾景年《けいねん》、其他歴々の畫家を招請て、本畫で下畫を描て貰ひ、（中略）それで友仙も従來定りきつた拙劣い圖様を一洗して、本畫其まゝを染出したものでございます。(2)

当時の一二代西村總左衛門は幕末から友禅染を各所に売り込んでいたが、この時期の友禅の図柄は定式化していたようだ。染織下絵は「下畫工」という職人が担当しており、染色の加工工程上、仕事がやりやすいように定式化した図柄を描いていた。そのような下絵職人が製作していた「ありきたりの下絵」を、日本画家を起用することによって革新したのである。当時としては固定化したしがらみを断ち切ることは大変な摩擦を伴ったことと推察される。

引用文中に名前が挙がった画家、岸竹堂（一八二六―一八九七）、望月玉泉（一八三四―一九一三）、今尾景年（一八四五―一九二四）は当時の京都ではよく知られた大家の部類にはいる画家であった。日刊新聞の『京都日出新聞』の記事中に説明もなしに名前が列挙されても、読者は容易に理解することができたに違いない。一二代西村總左衛門が黒田天外《てんがい》の取材を受けたのが明治三一年八月二四日で、『京都日出新聞』には明治三一年八月二九日（同九月五日、同九月二六日）に掲載された。竹堂は前年の明治三〇（一八九七）年に没していたが、玉泉、景年は活躍中であった。竹堂は本論において重要な役割を果たす画家のひとりである。竹堂は主に千總で染織の下絵を描いていたが、髙島屋でも下絵を描いていた。竹堂の下絵は両方の所に現存している。略歴は最後にまとめている(3)。

西村總左衛門は「明治の六七年頃になりまして、一般の畫家が非常に困難の境遇に陥り」と述べている。説明を加えると、明治維新になって、西洋から洋画が入ってきた。西洋文化ということで持てはやされた。政府の要人は旧来の武士階級であったから、漢籍の素養があったために南画が好まれた。その間にあって円山派、四条派などの写生を主とする画家たちは作品が売れず、困窮していたのである。

西村總左衛門はさらにビロード友禅自体を創作したが、その頃の様子も述べている。引用する。

次に天鵝絨《ビロード》友仙（＝友禅）でございますが、之も私方で友仙染の改良を企て丶居ります中に、新たに案じ出しましたもので、時は卽ち第一回内國勸業博覧會の開設頃でした。（中略）私方ではふと思ひついて、此天鵝絨に友仙染を應用したならば、其工技は左迄困難でなく、而して彩色なども濃淡疏密自由自在にいけるやろうと存じ、種々研究の上好結果を奏し、忽ちの間に世上に廣まつて、遂には今日の盛況を見るに至りました（註2に同じ）。

ビロード地に友禅染を施すことを発案したのも西村總左衛門であった。時期は「第一回内國勸業博覧會の開設頃」ということから明治一〇年頃であろう。結果は上々で、すぐに京都の染織業者に広まった。明治初期、京都の染織産業は老舗の千總を先頭に活発に活動していたことがわかる。

二　幸野《こうの》楳嶺《ばいれい》の思想と行動

幸野楳嶺も本論にとって重要な画家である。楳嶺の略歴は最後にまとめている。(4) 楳嶺が京都府画学校を京都府知事に建議して日本最初の美術学校が誕生した。

楳嶺の提出した建議書から要点を引用する。

畫者百技ノ長ナリ番匠ノ屋ヲ造リ織工ノ衣ヲ製スル軍陣ノ地理ヲ畫シ兵ヲ配賦スル測量ノ圖面ヲ作リ天

地ノ経緯ヲ知ルヨリ陶工銅器ヲ始メ盡ク畫ヲ原トセザルハナシ（中略）起校ノ擧ヲ被許洋畫流漢畫流皆混一シテ各其良師ヲ選ビ以テ生徒ヲ教導セバ惟リ畫人ノ幸福ノミナラズ百工ノ爲ニ裨益アラン(5)

画は技術全般の長である。大工が家屋を作り、織工が衣服を製作する。（軍人が）戦場で地図を描いて部隊を配置する。測量の図面を作って天地の成り立ちを知る。陶工の絵付け、金工の模様付けなどすべては画を基本にしないものはない。（中略）画学校設立をお認めくださり、洋画派・漢画派などをひとつにして、よい教師を選んで生徒を教育することになれば、ただ画家の幸福だけでなく職人全般に利益になることであろう。

楳嶺はこのような思想で京都府画学校の設立理念を語った。絵画と工芸の区別はつけているが、両者は対立するものではなく絵画が技術全般の基本、という考え方であった。鈴木松年（一八四八―一九一八）は楳嶺と同時期に京都画壇の主要画家であり、画学校出仕の一人であったが、画学校内で楳嶺らと対立した際に「からつ屋や細工屋の職人を、我が校で養成する必要はない」ということばを残して教員職を辞したという（松園『青眉抄』）。「からつ屋」とは陶器を扱う職種をさすが、松年は日本画を描く者を育てても、工芸に従事する者に絵画を教える意志はないことを示している。彼の発言には日本画家が工芸の職人よりも優位に立っている、という自負を認めることができよう。また、楳嶺は自筆履歴書の中で次のように述べている。引用する。

明治六年七月先師中島来章没ス。時ニ写生派［土佐狩野円山及ビ四条派ノ諸流］ノ諸老先生相次デ鬼籍ニ入ル。［横山清暉　中島来章　狩野永岳　岸岱　原在照　岸連山　横山従渓　八木奇峯　吉村孝文等］　南宗水墨ノ画専ラ世ニ行ハル写生画人一時風靡減ク。争フテ友禅［鴨川染］ノ下絵ヲ製シテ暫ク糊口ヲ為ス。［西村總右衛門ノ慫□（未読）ニ依テ画工十中ノ八九ハ皆此ニ入ル］　此時ニ方ツテ楳嶺貧困支フル能ハズ（中略）筆研ヲ懐ロニ抱キテ東奔西走、暫クニシテ飢渇ヲ凌グ。或友禅ノ下絵ヲ製セン事ヲ勧ム。固辞シテ謝絶ス。［友禅ノ下絵モ亦画人本分ノ一部ナリ。雖然時人皆是ヲ卑シム］(6)

明治六年に師、中島来章が亡くなった。この時期、写生派（土佐派、狩野派、円山派、四条派など諸流）の諸先生も相次いで亡くなった（画家氏名省略）。南画や水墨画が流行し、写生画の画家たちは勢いが衰えた。争って友禅の鴨川染（西村總右衛門の創出した染織技法）の下絵を制作して生計を立てた（西村總右衛門の勧めで画家の一〇名のうち八、九名は下絵を制作した）。この時勢にあって楳嶺も貧困を免れず、絵筆を懐に抱いて所々を駆け巡って仕事をこなしてしのいだ。友禅の下絵を制作することを勧められることもあったが断った（友禅の下絵を描くことも画家の本分のひとつである。しかしながら、当時、世間はこの下絵を制作することを蔑んでいた）。

先に西村總左衛門のことばを引用したが、明治初年の日本画家の状況は楳嶺の言説でも確かめられる。楳嶺は「固辞シテ謝絶ス」と述べているが、この履歴書を記した時点（明治一五年頃と推定）では千總での下絵描きを断ったようだ。同時に楳嶺は「友禅ノ下絵モ亦画人本分ノ一部ナリ。雖然時人皆是ヲ卑シム」とも述べて、染織品の下絵を描くことも画家の本来の仕事のひとつだと考えていた。これに対して一般の人たちの理解は、染織品の下絵を描くことは卑下すべきものだ、というものであったようだ。

三．明治期の髙島屋

天保八（一八三七）年創業の髙島屋は京都で呉服商を営みつつ、販路拡大を考えていた。髙島屋は呉服商で、呉服を仕入れて販売することを家業としていたから、千總のように染織作品の自社一環生産体制を持っていなかった。そこで千總が創り出したやり方、即ち染織作品の下絵を担当する日本画家と染織技術者を雇い入れることで、外国人向けの染織作品制作を始めた。『髙島屋百年史』(7)に従って要約すると次のような経緯になる。

当時の髙島屋は京都に店があり、明治九（一八七六）年、アメリカ人が来客して以降染織作品の購入が相次いだ。当初は在庫が豊富ではなく同業者から買い入れて対応していた。明治一〇年一一月、縫師加藤辰之助を雇い入れて刺繡の制作を開始した。続いて明治一五年三月に岸竹堂、今尾景年、伊達彌助、佐々木清七、榊原蘆江《ろこう》、村上嘉兵衛らを傘下に招いた。明治二〇年三月、貿易部を設けた。明治二一年三月（年譜には明治一八年九月とある）に画室（常設画工室）を設置、輸出向け専門画工として國井應陽《くにいおうよう》、田中一華、小林《こばやし》呉暁《ごぎょう》等を招聘した(8)。

髙島屋は意図的に「輸出向け」の下絵を制作することを念頭に置いて彼らを雇い入れたのである。当時、彼らは「画工」と称されていた。本論では一貫して画家と呼称する。

千總が初めて海外万博へ出品したのは明治九（一八七六）年アメリカ、フィラデルフィア万博であった。岸竹堂下絵の刺繡作品を出品した。また竹堂の日本画「大津唐崎図屏風」も出品されて受賞（受賞内容不詳）した。続いて明治一一（一八七八）年パリ万博では、銀賞を受賞した[9]。

高島屋の海外万博への初出品は明治一八（一八八五）年、イギリス、ロンドン万国発明品博覧会であり、明治二一（一八八八）年、スペイン、バルセロナ万博で初受賞（銀牌）している。この後、積極的に海外万博に出品して受賞（金牌、名誉大賞など）を重ねた[10]。この時期の出品記録は残されているが、どのような作品を出品したのか、という資料や記録はほとんどない。現在、万博出品作品で図柄が判明しているのは一九〇〇年フランス、パリ万博、一九〇四年アメリカ、セントルイス万博、一九一〇年日英博覧会などである。この中で一番著名なものは一九〇〇年パリ万博での出品作品であろう。明治三一年一一月二〇日に『日出新聞』記者、黒田天外は高島屋の飯田新七の取材に訪れた。飯田新七は、天外の取材に対して制作途中の出品作品について次のように答えている。引用する。

（中略）皆夫々その道の名人を集て夫に任かせるので、考案するには考案家がある、其他彫刻家も聘すれば、金工家にも托する、そうして其長所長所を調和するのです。假令ば明治三十三年の佛國大博覧會に出品する月夜の千鳥の圖でも、千鳥は日本の畫家が得意である、然し月夜の光景、雲煙の配色などは、また油繪畫家が長所である。そこでどちらの畫家にも一つづゝ描かせて、更にそれを二三の考案家に見せ、然るべく折衷調和さして改ためて之を製作品に上す[11]。

飯田新七は出品作品「月夜の千鳥の圖」の制作について、日本画家には千鳥を描かせ、洋画家には背景になる月夜の光景、雲煙の配色などを描かせる。それを考案家に見せて調和させ、図様を決める、と述べている。この作品はパリ万博に出品されて「金牌」受賞、竹内栖鳳は「協賛金牌」を受賞した。[12] 下絵を制作した日本画家の名前は谷口香嶠または梅村景山と伝えられている。[13] また考案家とは竹内栖鳳である。この作品がパリ万博出品中にサラ・ベルナールに購入されたことはよく知られた逸話である。竹内栖鳳の略歴を述べていなかったが、栖鳳の略歴については最後にまとめている。[14]

明治四三（一九一〇）年、日英博覧会が開催されて髙島屋も参加した。この博覧会では自力で「髙島屋館」を建設して展示を行った。この時には「天鵝絨友禅壁掛『世界三景雪月花』三幅対」（山元春挙下絵「ロッキー山の雪」、竹内栖鳳下絵「ベニスの月」、都路華香下絵「吉野の桜」）を出品した。

四．髙島屋の染織下絵

染織作品について、具体的に制作の順序を考えてみたい。日本画家が下絵を制作した場合の染織下絵の工程である。

引用文にあるように洋画・日本画両方の画家が下絵を制作したことになる。洋画家の氏名は伝承されていない。その洋画家の下絵や最初に日本画家が制作した下絵なども残されていないが、最近の髙島屋史料館調査（平成二一年三月）で大きな下絵を見出した（図1）。サイズから判断して、これは染織作品を制作するための原寸大下絵と思われる。夜の情景であるためか全体が墨の濃淡で描かれている。空だけは青色を含んだグレーで塗られている。

染織下絵は日本画家のオリジナル下絵ばかりではない。他にあった作品をヒントにして制作された下絵も

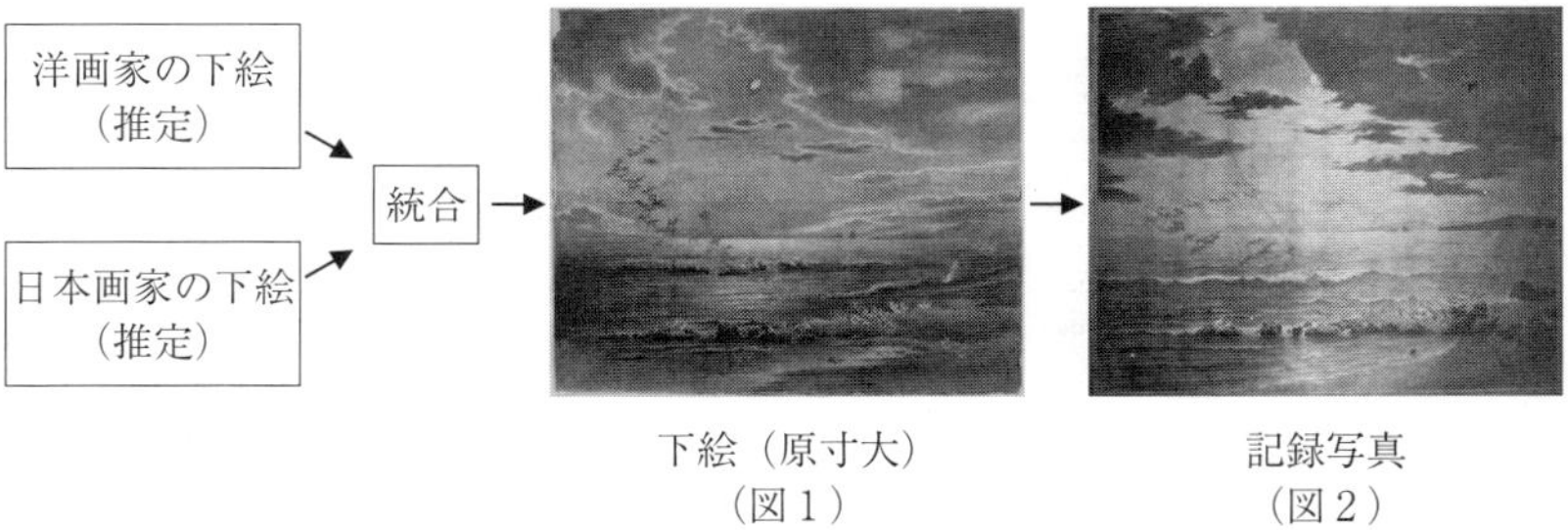

○高島屋の 1900 年パリ万博出品作品「波に千鳥図ビロード友禅壁掛」の場合

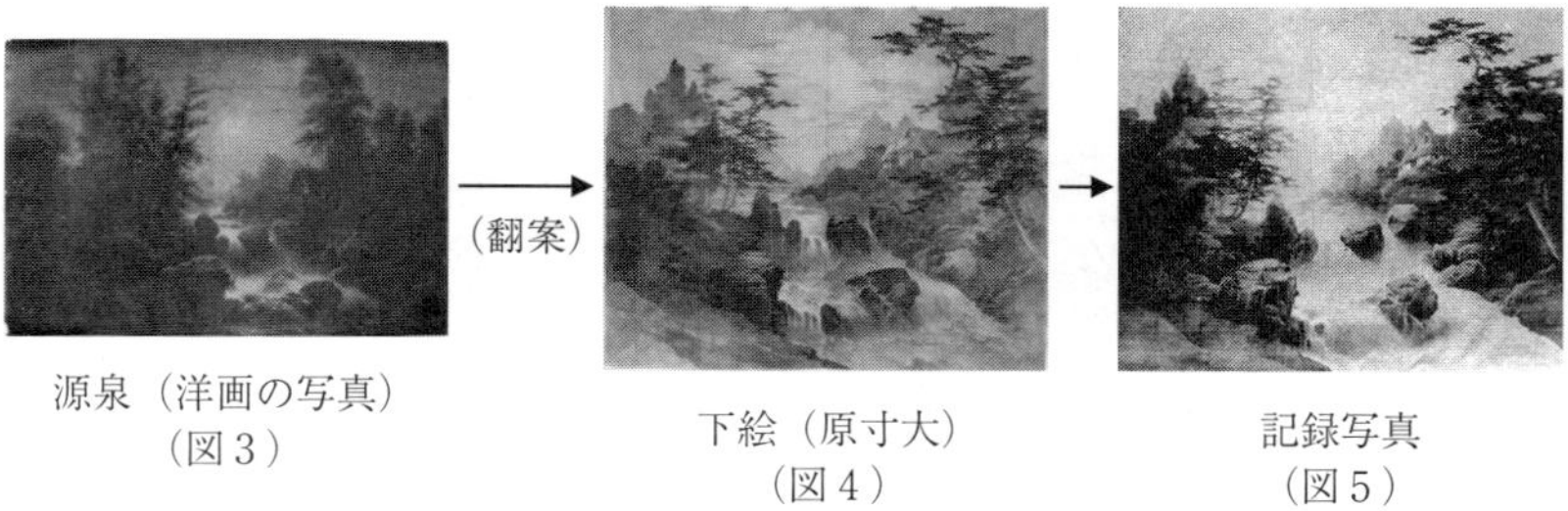

○高島屋の 1904 年セントルイス万博の出品作品「宇治川激流夜の景図」の場合

存在する。

この下絵（図4）は平成二一年八月に髙島屋史料館の調査で見出した。一方、この下絵の源泉と思われる写真（図3）も同じく髙島屋史料館の調査で見出した。このように出所が同一場所であり、また両者を比較すれば、洋画を源泉として下絵が成立していることは明らかであろう。染織下絵は洋画本来の構成を残したまま、墨画に仕立て直している。生い茂る樹木は日本の樹木に直し、画面中央右にある家屋はかやぶき屋根の日本民家（農家）に変更している。遠方にある山は薄墨で描き、手前の樹木は濃墨で描くことによって、墨の濃淡を利用して画面空間の奥行表現を行っている。[15]このような変更を加えて、全体の印象は洋画の構成を保ちながら画面は日本の風土を描く作品に翻案している。パリ万博の「波に千鳥図」と同様に荒っぽい筆使いの墨画であったことから、当初は本作（下絵）も「描き込み過ぎた墨絵」という印象を持っていた。そして、この源泉とみなされる写真を見出すまでは日本画家のオリジナル下絵と考えていた。

当時の西洋人がこの作品を見た時には、日本で制作された作品ながら、しっくりと馴染んだ感覚を持ったに違いない。先述したように元の洋画の画面構図がそのまま残されているからである。これとまったく逆に、日本人の感性が反映したアール・ヌーボー期の西洋絵画が日本人にとって抵抗感がないことと同じ関係だと推察される。

現存する三つの万博出品作品（一九〇〇年パリ、一九〇四年セントルイス、一九一〇年日英博）のうち、作品の規模、製品の販売価格などを基準にして主要作品を判断すると「波に千鳥図ビロード友禅壁掛」（一九〇〇年パリ万博）、「宇治川激流夜の景図」（一九〇四年セントルイス万博）、「ベニスの月」（一九一〇年日英博）ということになるだろう。これら三点に共通する表現上の特徴は墨画という点である。墨画を用いることによって日本の情緒を表現しようとしたと見受けられる。栖鳳が共通して下絵制作を指導したのであるが、栖鳳の絵画思想とは異なって、従来の日本画表現として墨を使った表現で染織下絵を制作したものと思われる。[16]

この作品（図7）の内容はキリスト教説話の図柄である。[17] 源泉の写真と作品の記録写真を比較すれば、源泉そのままを染織作品に仕立てていることがわかる。この作品は日本の情景やイメージを呈示するものではない。源泉の図柄（油彩画の写真）をストレートに染織作品に仕立てている。言い換えれば、源泉となる図様が与えられたら、何でも染織作品に仕立て上げることができる高い染織技術がある、という意味合いに取るべきではないだろうか。

日本画「鵜飼図屛風」（図9）と刺繡作品「鵜飼図衝立」（図10）は同様のモチーフを持ち、画面構成が類似している。このように日本画と染織作品を比較検討できるものは現在のところ、この二点以外にないので、これらを検討することにしたい。

竹内栖鳳は明治三三年五月、岐阜に静養に出かけて長良川で鵜飼を見学した。このことは当時の『日出新聞』記事で判明している。その際のスケッチ帖が京都市美術館に現存する。[18] このスケッチ（図8）を基にして栖鳳は明治四〇年頃「鵜飼図屛風」（海の見える杜美術館蔵）を描いた。同様のモチーフで構成された刺繡作品「鵜飼図衝立」（アッシュモレアン博物館蔵）が現存する。制作時期は不明である。

従来、論者はこの二点の制作の順序関係について、日本画と染織下絵はそれぞれ別に描かれた、という見方で扱ってきた。芸術と工芸の分野の違いがあってお互いに交わりえない領域の作品、という考え方で考察していた。[19] しかし、西洋で考えられてきた「芸術と工芸の関係」と日本国内での歴史的な展開が異なってい

源泉（洋画の写真）
（図６）

→（そのまま）→ 下絵（推定） →

記録写真
（図７）

○髙島屋の 1915 年パナマ太平洋万博の出品作品「主よ、我なるか」の場合

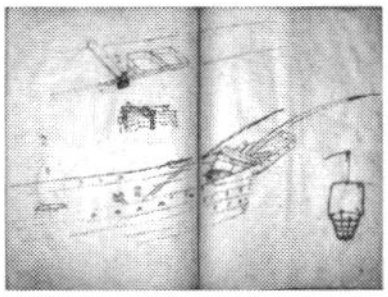

栖鳳写生帖
（図８）

→ 日本画用の下絵（推定） →

「鵜飼図屛風」（日本画）
（図９）

↙

染織用大下絵（推定） →

「鵜飼図衝立」（刺繡）
（図 10）

○アッシュモレアン博物館所蔵作品「鵜飼図衝立」の場合

たと言えよう。国内での「芸術と工芸」の両者はそれほど隔絶した領域ではなく、お互いにオーバーラップしていた事実があったことを考えれば、竹内栖鳳が自身の日本画「鵜飼図屏風」と刺繡作品「鵜飼図衝立」を別々に仕立てたと考えるよりも、まず日本画が制作され、続いてこの日本画を元に染織作品が制作された、と考えた方が日本の状況にあっては合理的であろうと思われる。

そこで、日本画「鵜飼図屏風」と刺繡作品「鵜飼図衝立」とが一連の流れの中で順次制作されたという見方をとって論じてゆきたい。

まず日本画「鵜飼図屏風」は金地墨画の一双屏風である。その右隻は写真の通り、画面中央から左方にかけて鵜飼の船を配置し、船尾にはかがり火を燈している。その下、水面を見ると、船尾から緩やかな波が広がっており、水上で（投錨して？）止まっている船が揺れている、という印象をあたえる。かがり火はそれほどはげしく燃えている様子ではない。鵜飼船の船べりに鵜が四羽いる。右端の鵜が大きく羽を広げて声を出している。右側二番目の鵜は毛づくろいをしており、三番目の鵜は二番目の鵜にくちばしを伸ばしている。一番左端の鵜は中空を眺めている。全体として四羽の鵜はお互いに関係を持ちながらそれぞれの動きを表現している。左隻は写真を掲載していないので文言による説明になって理解しにくいが、陸上に鵜を入れる網籠が三つ置かれ、その籠の上や横に鵜を四羽配置している。屛風一双の左右の隻を比較すれば、左隻が「静」右隻が「動」という対比をなしていることがわかる。しかも鵜匠は描かず、鳥だけを描いている。

刺繡作品「鵜飼図衝立」の画面構成について考察する。画面構成は日本画「鵜飼図屏風」とさほど変わらない。鵜の羽を広げた動きも類似している。日本画が墨画であるの対して、刺繡作品は色糸を使ったカラフルな画面になっている。船体の大きさは日本画ではゆったりと画面の中に入っているが、刺繡作品では船体の大きさが画面のサイズに合致していないように思われる。すこし窮屈な印象を受ける。また画面左端にある船首に蔦のからまる様子も不自然に思える。無理やりに岸に係留されているように作図したと見受けられる。つまり、この刺繡作品は刺繡作品専用に下絵が作られた、と考えにくい。出来上がった日本画から画面の構成要素である船、鵜、かがり火などを取り出し、再構成して刺繡用の下絵を構成したと考えてもおかしくない。西村總左衛門は「本畫で下畫を描て貫ひ」（既引用）と述べていた。それは、日本画家に「本画（本格的日本画）」を描いてもらい、それを「（染織作品の）下絵」にする、という意味であろう。これが当時の様相であったと思われる。

刺繡作品のかがり火が燃え盛る様子は、鵜飼の雰囲気に合致させているようだ。日本画では消えかけたかがり火の様子が描かれていたが、消えかけたかがり火の様子を避けようとしたのではないだろうか。墨画だけで構成された日本画「鵜飼図屛風」に対して、カラフルな刺繡の持ち味を出すために勢いよく炎を上げている様子に改変したと考えられる。実際、刺繡作品「鵜飼図衝立」におけるかがり火は色彩の上でも効果的である。同時に画面左側の方にも同じ色彩でかがり火が燃え盛っている様子が刺繡で表現されている。仲間の鵜飼の船が出ている、という場面構成のようだ。刺繡作品「鵜飼図衝立」は日本画「鵜飼図屛風」の右隻を元に再構成された、と考えたほうが合理的かもしれない。

論者は最初、日本画と工芸作品が別々に制作された、という視点で考察を加えていたわけであるが、その根拠は西洋での芸術と工芸の見方の影響を受けてきたと言えよう。その思想的な背景を探ってみたい。

五．「芸術」と「工芸」の関係

西洋における造形芸術の歴史を考える。古い時代にさかのぼれば芸術と工芸はart（術・技術）の所産ということで密接な関係を持っていたし、それほど区分されることはなかった。ルネサンス期になって芸術表現の評価が高まった。レオナルドらの芸術家が輩出して、絵画・彫刻などの造形芸術と実用性を持つ工芸の差が意識され始めた。一九世紀には純粋な芸術的表現を追求することになり、純粋芸術と工芸は大きな隔りが生じた。Major art（芸術）に対して、Minor art（工芸）と言うように優劣の価値観を伴った区分が成立した。芸術は思想感情の表現、一回性の表現であり、工芸は生産技術の繰り返しによる技術的進歩はあっても同一形状の生産品を複数生産するという特徴が強調されることになった。

以上は従来の芸術と工芸の対比を簡単になぞったわけである。

明治になってFine artを「美術」と訳すことになり、この対比も日本に持ち込まれた。明治期の海外万博に出品する際の分類はもとより開催国（西洋）に基準があり、それに合わせる形での出品、授賞などの評価が行われた。日本からの出品作品が順当な扱いを受けたわけではなかったことはよく知られている。また、万博の出品制度、美術作品のジャンル分けがもたらした齟齬や不利益があったことが知られているが、これらのことについてとりあげることは本論の目的ではない。

本論で取り扱っている明治京都の染織工芸の諸相は明治期とはいえ、まだ江戸時代の様相を残していた時期である。まず、日本美術の中では日本画と工芸の分野で相互に交流があった事を示したい。

円山派の画家が制作した原寸雛型（下絵、着物図案）と作品（キモノ）が現存している。これらの作品（キモノ）は、江戸時代に豪商三井家の婚礼衣装のため、特別に画家に下絵を描かせたものと考えられている。[20]日本画家が直接、キモノの下絵を描いていた事実は、日本において芸術・工芸の明快な区別をもたず、曖昧な形で両者が交流していたことを示している。

また最近の例としては光琳「紅白梅図屛風」に関する研究が挙げられる。従来は屛風の金地は金箔を貼った、と考えられてきた。金箔を貼ったように見せかけているが、実は筆で箔足を描いていた、ということを問題にしている。同時に同作品の中央部分に描かれた流水文様の部分がどのように描かれたか、という点も問題になっていた。論者はこの流水部分の解明に注目している。ＮＨＫが製作して放映した「紅白梅図屛風」の制作再現[21]は染の型紙を用いた、という仮説を元にしていた。つまり光琳は自家の染織業「雁屋《かりがねや》」の職人を使って波文様を描かせた、という立場で再現していた。「紅白梅図屛風」に工芸技術（この場合は染色技術）を持ち込んだことに当時も現代でもそれほどの違和感がないように思われた。光琳の屛風作品が芸術作品か工芸作品か、というような芸術と工芸の線引き論争を行おうとしているのではない。西洋風の芸術・工芸の分類を日本の芸術・工芸にあてはめて論じることにはあまり意味がないように思われる。

明治期京都では、日本画家と工芸家には意識の上で区別が存在した。それは西村總左衛門の記述、鈴木松年の言説、楳嶺の自筆履歴書において認められたことである。しかし、その壁はそれほど高いものではなかったようだ。

このような事例を見てくると、明治初年に西村總左衛門が友禅の改革を意識して日本画家に下絵を依頼した時点での軋轢は十分に想像できるが、千總での新体制（日本画家が下絵制作する）を踏まえて、明治二〇年代になって髙島屋が日本画家に染織下絵の制作を依頼する時点では抵抗感は薄まっていたのではないだろうか。

先に引用した楳嶺の自筆履歴書では「友禅ノ下絵モ亦画人本分ノ一部ナリ」と述べていたように、楳嶺は工芸に理解をもっていたことは確実である[22]。

栖鳳の息、逸は楳嶺、飯田新七と栖鳳の関係について次のように語っている。

「父（＝栖鳳）の師、幸野楳嶺翁は画学校の教師だったし、新七さんと別懇でした。栖鳳と（髙島屋と）の関係はそういうところから来ていると思います（以下略[23]）」。

逸は栖鳳が髙島屋で染織下絵を描くことになった経緯をこのように説明した。即ち、楳嶺が懇意であった飯田新七の願いを受けて、弟子であった栖鳳を髙島屋での染織下絵制作に従事させた、ということであろうか。楳嶺と新七は公私にわたってつながりがあったことも指摘できる。髙島屋にあっては後発の立場で染織下絵の制作を日本画家にまかせることに抵抗を感じることはなかったに違いない。日本画と染織の交流ということは、髙島屋が具体的に意図したことではあるが、京都の風土の中ではそれほど抵抗なく自然と行われたことであったことと思われる。

おわりに

海外万博での髙島屋染織品の高い評価は、日本画と工芸技術が有機的・総合的に組み合わされて作品が成立した点に由来するに違いない。

特に髙島屋の場合、栖鳳という人材を確保したことが大きな要因であったものと思われる。師、楳嶺の薫陶もあったからか、栖鳳も日本画と染織下絵を区別していなかったようだ。この点を示す言説を次に引用する。

「こちら（＝栖鳳）も一生懸命掛物の繪を描く以上に骨を折りましたが、これが研究にもなり、腕を研く上にも多大の力になり歡んで従事してをりました[24]」と述べている。髙島屋へのリップサービスを差し引いても、栖鳳は画家としてのセンスを発揮させながら染織下絵の制作について鋭意工夫を重ねていたようだ。これに対して髙島屋が栖鳳に大作を制作するためのアトリエを与え[25]、栖鳳が一九〇〇年パリ万博視察に渡欧した際には髙島屋リヨン出張所の駐在員が宿舎や通訳の手配など厚遇した事実[26]は、髙島屋の栖鳳に対する評価の表れ、と考えられるのではないだろうか。

髙島屋は染織技術者として伊達彌助（後の帝室技芸員）、村上嘉兵衛、榊原蘆江ら高度な染色技術を持つ人材を用いて日本画家の制作した下絵を友禅染で表現したのであった。

明治初期には万国博覧会出品作品の手引きとして『温知図録[27]』が制作された。京都では西村總左衛門のところからも図案が提出されている。髙島屋の制作した染織作品に対して、この図録の影響の有無を検討しはじめたが、結論を出せずにいる。今後の検討課題である。

註

（1）コンパクトな記述として河上・藤井両氏の著書、展覧会カタログを挙げておきたい。
河上繁樹・藤井健三『織りと染めの歴史　日本編』昭和堂　平成一一年八月

河上繁樹『花洛のモード――きものの時代――』 京都国立博物館 平成一一年一〇月
（2）黒田天外『名家歴訪録』黒田譲「同」上編 国立国会図書館マイクロフィッシュ 明治三二年 から引用した。西村總左衛門はプライベートで岸竹堂に絵を習っていたいきさつがあった。そこでまず竹堂に的を絞って下絵制作の依頼を集中させて承諾させた。そして竹堂をその他の有名画家を集めるための「シン（芯）」とした、と述懐している。村上文芽『近代友禅史』（友禅協会 昭和二年七月）のビロード友禅に関する記事の中で、文芽は天外『名家歴訪録』（本論と同個所）を引用して「ビロード友禅の発明は西村總左衛門」と記述している。
（3）岸竹堂は文政九（一八二六）年彦根市の生まれで、岸連山（一八〇四―一八五九）に師事し、その技量を認められて養嗣子となり岸派の代表となった。洋画表現も加味した写生によって風景画や鳥獣を描いたが、特に虎を得意とした。明治二九（一八九六）年帝室技芸員拝命。明治三〇（一八九七）年没。
（4）幸野楳嶺は、江戸時代末期の天保一五（一八四四）年、京都生まれの日本画家。中島来章（一七九六―一八七一）に円山派を学び、後に塩川文麟《ぶんりん》に四条派を学んだ。楳嶺は維新前後の京都画壇の画家たちの、如雲社《じょうんしゃ》の活動に飽き足らなかった。この団体は流派に関係なく、京都在住の画家たちが集まって風流三昧の時間を過ごす寄合であったようだ。楳嶺は京都府画学校の設立建議書の中でもこの風潮を批判している。楳嶺は京都の地場産業のために画学校を設立しようと、明治一一年九月、画学校の設立建議書を京都府知事に提出し、明治一三年七月には開校にこぎつけた。従来は私塾で絵画表現を伝授するスタイルであったが、美術教育を学校教育の組織的な方法で行った点が近代的であった。明治二三年、京都美術協会を設立するなど、明治期の京都画壇の形成に貢献した人物であった。明治二六（一八九三）年帝室技芸員拝命。門下生には大正・昭和を代表する画家がいるが、本論で関係する画家として竹内栖鳳の名前を挙げておきたい。明治二八（一八九五）年、京都で没。
（5）京都市立芸術大学百年史編纂委員会『百年史京都市立芸術大学』 昭和五六年三月 一九一頁「建議書」
（6）「楳嶺自筆履歴書」 京都市立芸術大学附属図書館所蔵文書。明治一五年頃と推定。西村總右衛門は誤字ではなく、このように名乗っていた時期があった。（株）千總学芸員 加藤結理子氏のご教示による。
（7）髙島屋本店編『髙島屋百年史』 昭和一六年三月 一一五―一一七頁
（8）髙島屋で働いていた日本画家については次の論文に詳しい。

木村重圭「『続近代図譜』考」『続近代図譜』フジアート出版　昭和五三年七月

（9）藤本恵子「友禅染の展開と千總」京都府文化博物館『千總コレクション　京の優雅　小袖と屏風』展　平成一七年六月　六八―六九頁

（10）髙島屋の海外万博出品記録については、京都女子大学講師　高井多佳子氏のご教示による。

（11）黒田天外『名家歴訪録　飯田新七』（『京都日出新聞』明治三一年一二月一二日付）

（12）五味聖「帝室技芸員と一九〇〇年パリ万国博覧会」五―九頁『帝室技芸員と一九〇〇年パリ万国博覧会』展カタログ掲載論文　宮内庁三の丸尚蔵館　平成二〇年七月

（13）『帝室技芸員と一九〇〇年パリ万国博覧会』展カタログ（宮内庁三の丸尚蔵館　平成二〇年七月）掲載《波ニ千鳥図天鵞絨友禅壁掛》作品解説（六三頁）では「下図は谷口香嶠」と引用、解説されている。また、村上文芽『近代友禅史』（芸艸堂　昭和二年七月）では本作下絵について「梅村景山」という画家の名前が掲載されている。梅村景山は今尾景年の門下生で「京都青年画家懇親会」創立会員（明治二四年）。また「知新会」（メンバーは國井應陽、田中一華、梅村景山、長谷川玉純、鈴木万年）という集団に属していたことが知られている。神崎憲一『京都に於ける日本画史』七八頁　この知新会の画家たちの名前で気づくのは、國井應陽、田中一華のふたりは、髙島屋が明治二一年三月に輸出向け専門画工として招聘した人物（本論）、ということである。また梅村景山は明治四二年、髙島屋が「現代名家百幅畫會」という名称で当時の日本画家一〇〇名を集めた展覧会を開催した時に作品を出品していた、ということも判明している。

現在となっては「波に千鳥図天鵞絨友禅壁掛」下絵の日本画家がいずれの人物か、ということは確認しがたい。セントルイス万博の出品作品「宇治川激流夜の景図」の下絵が谷口香嶠であったことから、パリ万博出品作品（本作）などのような大事業では谷口香嶠が担当した、と考えても不都合はない。あるいは年齢からみて栖鳳よりも若いと思われる梅村景山が担当した、と考えるのもそれほど不都合はない。谷口香嶠は元治元（一八六四）年京都生まれの日本画家。京都美術工芸学校教諭を勤め、後に東京美術学校教諭となった。竹内栖鳳と同年齢であり、楳嶺塾の出身。「楳嶺四天王（芳文・栖鳳・華香・香嶠）」と呼ばれ、当時は有力な画家であった。大正四（一九一五）年没。

（14）竹内栖鳳は元治元（一八六四）年京都生まれ。土田英林、幸野楳嶺に師事した。楳嶺塾でその能力を発揮していった。楳嶺が亡くなった後、楳嶺の後を継いで京都市美術学校の教員になった。この学校は校名変更を繰り返したが、いわゆる京都市立美術工芸学校（略称・美工）である。栖鳳はこの学校とその上級校である京都市立絵画専門学校（略称・絵専）の教育において主観的写生を主導して京都画壇の近代化を推進した画家であった。本論に即して言えば、明治二〇年代、髙島屋での輸出用染織品の下絵を描いていた。明治三三（一九〇〇）年パリ万国博覧会には自分の本領である日本画「雪中燥雀図」を出品し、三等銅牌を受賞している。また「天鵝絨友禅壁掛　月夜千鳥ノ図」（調度局作成書類記載の名称）によって、飯田新七が金牌、栖鳳が協賛金牌を受賞したことは本論で述べた通りである。栖鳳のパリ万博視察は、農商務省、京都市からの公費出張であった。栖鳳はパリ万博の視察後、欧州各地を回って西洋美術の調査をこなし、翌年二月二六日に帰国した。帰国後すぐに新古美術品展に出品した「金獅子」は一世を風靡したという。近代京都画壇において栖鳳は最も重要な画家であった。経歴としては文展・帝展審査員、帝室技芸員、帝国美術院会員を歴任し、昭和一二（一九三七）年第一回文化勲章受章。昭和一七（一九四二）年、画室のあった神奈川県湯河原で没。

(15) 拙論「明治後半期、海外万国博覧会出品作品の制作過程と意義――髙島屋の染織出品作品を考察する――」『CROSS SECTIONS』第三号　京都国立近代美術館　平成二一年一二月
拙論「明治大正期に髙島屋が制作した染織作品の研究」京都女子大学　平成二四年三月　では〈源泉〉―〈下絵〉―〈記録写真〉―〈現存染織作品〉―〈比較・参考〉の分類で現存する髙島屋の染織作品について比較検討した。

(16) 拙論　第六十五回美術史学会全国大会口頭発表「明治期後半の竹内栖鳳の活動――髙島屋の海外万国博覧会への染織作品出品に注目して――」國學院大学　平成二四年五月

(17) 本作がパナマ太平洋万博の出品作品であることは『巴奈馬太平洋萬國博覧會賛同事務報告』の展示風景の記録写真で確認できる。

(18) 「栖鳳写生帖№49」。『日出新聞』の記事は明治三三年六月二六日付参照

(19) 拙論「竹内栖鳳の絵画作品と刺繍作品」『京都女子大学生活造形学科紀要』第四十九号　平成一六年二月

(20) 『三井家伝来　圓山派衣裳画』紫紅社　昭和五〇年一一月

(21) ＮＨＫスペシャル「天才画家・光琳の国宝」平成一六年八月二一日放映
『東京文化財研究所「紅白梅図屏風」調査報告書』MOA美術館・東京文化財研究所情報調整室　平成一七年五月　には仮説のひとつとして紹介されている。

（22）國賀由美子「幸野楳嶺の明治期美術工芸界における先駆的業績について」『幸野楳嶺』　芸艸堂　平成七年五月　日本画家である楳嶺が工芸に対して理解があったことについて詳しい。
（23）竹内逸「父栖鳳と髙島屋」（談）　髙島屋美術部五十年史編纂委員会『髙島屋美術部五十年史』　髙島屋本社　昭和三五年一〇月　一五二頁
　また楳嶺と新七の公私にわたっての交友については次の例を挙げておきたい。

　ふたりの公的な関係を示すものに、京都府画学校、商議員名の中に飯田新七の名前も見える（『京都市立芸術大学百年史』）。この制度は京都府画学校が地場産業と密接な関係を持つための制度で、京都在住の商業関係者に依頼していた。また私的な関係については、楳嶺と栖鳳ら門下生らが破門をめぐる騒動になった時（明治二六年一〇月）、新七が仲裁に入った。その経緯が述べられている（同上『髙島屋美術部五十年史』　三二一頁）。
（24）栖鳳「刺繡の下絵を描いた当時の想出」　髙島屋本店編『髙島屋百年史』　髙島屋本店　昭和一六年三月
（25）拙論「竹内栖鳳と髙島屋と因幡薬師」『風俗史学』三十一号　平成一七年九月　二一―三二頁
（26）前掲『髙島屋百年史』　二一七―二一八頁
（27）東京国立博物館編『明治デザインの誕生――調査研究報告書『温知図録』――』　国書刊行会　平成九年四月

掲載図版リスト

図1―「波に千鳥図ビロード友禅壁掛」（原寸大下絵）　髙島屋史料館
図2―「波に千鳥図ビロード友禅壁掛」（記録写真）　髙島屋史料館
図3―「明治期刺繡参考図集」1―⑤　髙島屋史料館
図4―「宇治川激流夜の景図」（原寸大下絵）　髙島屋史料館
図5―「宇治川激流夜の景図」（記録写真）　髙島屋史料館
図6―「明治期刺繡参考図集」4―⑦　髙島屋史料館
図7―「主よ、我なるか」（記録写真）　髙島屋史料館
図8―「栖鳳写生帖No.49」　京都市美術館

図9─竹内栖鳳「鵜飼図屛風」（右隻）　海の見える杜美術館
図10─「鵜飼図衝立」　オックスフォード大学アッシュモレアン博物館

近現代における染織文化財の価値形成
――日本における国指定文化財と民間コレクションの動向を中心に――

河上繁樹

はじめに

染織品は、洋の東西を問わず、人間の生活のなかで身体や住居を飾り、あるいは神仏の荘厳にもちいられるなどさまざまな用途が生じ、それぞれにふさわしい「美」が求められて多種多様に展開した。そこには人間の歴史と深く結びついた文化財としての染織品を見ることができる。

しかし、わが国においてそうした価値のある染織品は、多くの場合が絹製品であり、絹は材質上、経年劣化が避けられない。それゆえに、時代が古くなればなるほど、染織品の残存率は低くなる。日本には正倉院宝物のような稀有な例外も存在するが、一般的に染織品は時代が古いほど稀少価値が上がる。とは言え、染織品の評価は単に時間軸に沿って価値付けされるほど単純なものではなく、染織品の評価自体が時代によって変化してきた。

本稿では、近現代における染織文化財の価値形成について、まず公的な評価として日本政府が指定した国宝・重要文化財について、指定の動向をうかがう。国宝・重要文化財は、旧国宝から移行したものと重要美術品のなかから選ばれたもののほかに、「文化財保護法」施行後に未指定物件の調査が進められ、逐次その指定件数は増加している。美術工芸品の文化財指定は、平成二四（二〇一二）年一〇月一日現在、国宝八六八件、重要文化財一万四七六件にのぼる。美術工芸品は、絵画、彫刻、工芸品、書跡・典籍、古文書、考古資料、歴史資料の七部門に区分される。染織品は主に、このうちの工芸品に含まれているが、文化庁では工芸品の種別分類の件数については公式な数字を示していない。工芸品の分類法は、基本的には材質によって分類されるが、染織品を用いた文化財のなかには甲冑のように複数の素材を組み合わせたものがあり、また古神宝のように複数の工芸品を合わせて一件の指定とするものにはそこに染織品が含まれる場合がある。本稿では論を進めるにあたり、甲冑は除外し、服飾など織り・染めの技法が主として用いられた文化財を染織品として扱い、指定年月日順の国宝・重要文化財指定染織品一覧（表1）[1]を作成した。工芸品は現在、国宝二五二件、重要文化財二四三二件が指定されているが、そのうち染織品は国宝一二件、重要文化財一五五件と工芸品全体の六パーセントあまりしかない。

また、政府による染織品指定の動向を探っていくと、「文化財保護法」施行の前後ではその方向性が大きく変化しており、同法以前の染織品に対する評価が十分に把握できない。国指定以外の染織品の評価はどのようであったのか、その様子を知る方法として、コレクターによる収集がある程度の方向性を示すのではないかと考えられる。そこで、染織品収集の一例として民間のコレクションでは最大級の松坂屋コレクションを例にあげ、戦前における染織品評価の動向を探っていきたい。

一．「文化財保護法」以前の染織品の指定

一－一．「古社寺保存法」による指定

日本の文化財指定は、明治三〇（一八九七）年の「古社寺保存法」の制定によって始まる。同法では、社寺が所蔵する宝物類のうち「特ニ歴史ノ証徴又ハ美術ノ模範」となるものを国宝に指定した。その後、昭和四（一九二九）年の「国宝保存法」の施行により、「古社寺保存法」は廃止されたが、既指定の国宝はそのまま引き継がれ、両法に基づいて指定された宝物類は一様に国宝と呼ばれた。これに対して昭和二五（一九五〇）年に施行された「文化財保護法」では、国宝と重要文化財という二段階制の指定区分がおこなわれるようになり、これにともない旧法の国宝（以下、旧国宝と呼ぶ）は一旦すべて重要文化財となり、このなかから特に優れた文化財が新たに国宝へ昇格した。

「古社寺保存法」に基づいて指定された染織品は一七件である。そのうち、七件は「文化財保護法」によって国宝となった。法隆寺の「四騎獅子狩文錦」（表1－11）は、ササン朝ペルシアの影響を受けた狩猟文を見事な織技で織り上げた縦二五〇・〇cm×横一三四・五cmに及ぶ大幅の錦であり、中国唐代の傑出した染織技術を示す世界的にも稀有な文化財である。日本最古の刺繡である「天寿国繡帳残闕」（表1－12）やその繡帳とともに上代刺繡の双璧をなす繡仏の大作「刺繡釈迦如来説法図」（表1－17）、平安時代の高貴な女性が首から懸けた錦包みの「懸守」（表1－13）など、旧国宝から現在の国宝へ昇格した染織品は、いずれも希少価値が高いものばかりである。また、厳島神社や鶴岡八幡宮、熊野速玉大社など神社に伝来した古神宝

のなかには祭神に奉納された装束が伝えられており、平安時代から中世にかけての有職織物を知る上で貴重である。

一－二．「国宝保存法」による指定

このようにすでに明治時代から「古社寺保存法」によって社寺に伝来する貴重な染織品が指定され、保護されてきた。その後、昭和四（一九二九）年に「古社寺保存法」に代わって「国宝保存法」が制定された。それまで社寺所有の物件だけが指定の対象とされていたのに対し、この法令では所有者の範囲を広げ、国、地方自治体、法人、個人などの所有品も指定の対象にした。「国宝保存法」による指定は、第二次世界大戦中の昭和一九（一九四四）年まで継続されたが、翌昭和二〇（一九四五）年から指定作業は一時中断し、終戦後は昭和二四年（一九四九）年の二月と五月に二回の指定が行われた。

この「国宝保存法」による染織品の指定は七件であり、「葡萄唐草文染韋」（表１－16）一件は「文化財保護法」によって国宝となった。残る六件はすべて欧州からもたらされた一六世紀のブラバン・ブリュッセル製タペストリーを江戸時代に京都の祇園祭、滋賀の大津祭（四宮祭）と長浜祭の懸装品として仕立てたものである（表１－5～10）。これらは後になって、ホメロスの叙事詩『イリアス』のトロイア戦争をテーマにしたタペストリーで、本来五枚一組として製作されたことが判明し、一連のタペストリーは江戸時代初期以前に日本にもたらされて徳川家に収蔵されていた可能性の高いことが指摘されている。(2) なお、五枚のタペストリーのうち、一枚は祭りの懸装品のように切断されることなく、完璧な一枚のタペストリーの状態で加賀の前田家に伝来した。これは「アエネアス物語図毛綴壁掛」（表１－79）の名称で昭和四〇（一九六五）年に重要文化財に指定されている。

明治三〇（一八九七）年から昭和二四（一九四九）年までの間に、「古社寺保存法」及び「国宝保存法」に基づいて指定された美術工芸品は五八二四件に達したが、そのうち染織品は一八件にとどまり、近世の小袖のような服飾品は指定されていない。

一－三．「重要美術品等ノ保存ニ関スル法律」の施行

「国宝保存法」とは別に、昭和八（一九三三）年に「重要美術品等ノ保存ニ関スル法律」が公布・施行された。この法律は、前年に日本の絵巻の代表作の一つである「吉備大臣入唐絵巻」がアメリカのボストン美術館によって購入されたことを契機として、日本の古美術品等の海外流出を防止するために制定された。そのため旧国宝に準じる美術品が認定の対象であったが、円為替安など当時の経済状況に対応し、緊急措置として認定が急がれたため、価値の定まっていない美術品が混在することとなった。重要美術品の認定は昭和二四年まで実施され、美術工芸品は七九八三件にのぼった(3)。翌年の「文化財保護法」の施行に伴い、「重要美術品等ノ保存ニ関スル法律」は廃止されたが、「文化財保護法」の附則において、重要美術品は当分の間効力を有するとされ、可能な物件については重要美術品から重要文化財への格上げ指定がおこなわれてきた。染織品では七件が国宝・重要文化財へ昇格した。

二．「文化財保護法」における染織品の指定

二－一．「文化財保護法」の指定基準と未指定品からの最初の指定

昭和二五（一九五〇）年五月三〇日に公布、同年八月二九日に施行された「文化財保護法」では指定基準が整備され、国宝と重要文化財という二段階制の指定区分がおこなわれるようになった。工芸品に関しては以下のような基準が設けられている。(4)

【重要文化財】

一　各時代の遺品のうち製作が特に優秀なもの
二　我が国の工芸史上又は文化史上特に貴重なもの
三　形態、品質、技法又は用途等が特異で意義の深いもの
四　渡来品で我が国の工芸史上に意義深く、密接な関連を有するもの

【国宝】

重要文化財のうち製作が極めて優れ、かつ、文化史的意義の特に深いもの

この基準に基づいて、昭和二六（一九五一）年六月九日に初めて国宝に指定された染織品は、すでに述べた「四騎獅子狩文錦」（表1－11）である。同法の施行当初は、旧国宝や重要美術品の整理がおこなわれた

図１―桐矢襖文辻ヶ花染道服（京都国立博物館蔵）

が、昭和二八（一九五三）年から未指定品の指定がはじまった。ここで注目されるのが「桐矢襖文辻ヶ花染道服」（表1－19）（図1）、「亀甲花菱文繡箔打掛」（表1－20）、「綴織鳥獣文陣羽織」（表1－21）の三件の指定である。当時の文化財保護委員会の指定説明(5)を見てみると、道服(6)については「紫、白、萌黄三段の簡潔な染め色の対照を主調に、肩裾に配された静的均整な文様に対し胴部文様に動的な文様を配するなど、大らかに洗練された感覚を示しており、保存も又完好に近い」と簡潔に述べられ、備考として「天正一八年三月北左衛門尉信愛、南部信直の使者として鷹五〇、馬一〇〇匹を牽かせ、小田原陣所の秀吉に献じた折、長途の労を多として秀吉自ら松斎にこの道服を与えたものという」との伝来を載せている。打掛の説明は「赤系統の色を避けた沈静な配色、織文を想わしめる端正な繡の技法、摺箔の高雅さ等によく時代の好尚が示されていると共に、北政所高台院所用の伝承も一応肯かれるところである」と、簡潔に高台院所用の桃山時代の繡箔であることを述べている。陣羽織については、現在ではサファヴィー朝ペルシアで織られた宮廷用の絨毯を陣羽織に仕立てたものとして認識されているが、指定当時の説明には「文様の主調をなす鳥獣文は、ササン朝ペルシャに盛行したものとその趣を同じくするが、一部に用いられる龍文等にみられる中国様式の混在によって、ササン朝ペルシャ文様の中国化を窺い得る様である。文様といい、その形体に盛られた異国的な好尚といい、南蛮趣味をよろこばれた桃山の頃を想えば、秀吉所用の所伝も又故なしとしない」とある。

以上の三件は、豊臣秀吉とその夫人である北政所高台院の所用として認識され、桃山時代の好尚を示す染織品として重要文化財に指定された。桃山時代の染織品が重要であるという認識は以後の指定に引き継がれていく。

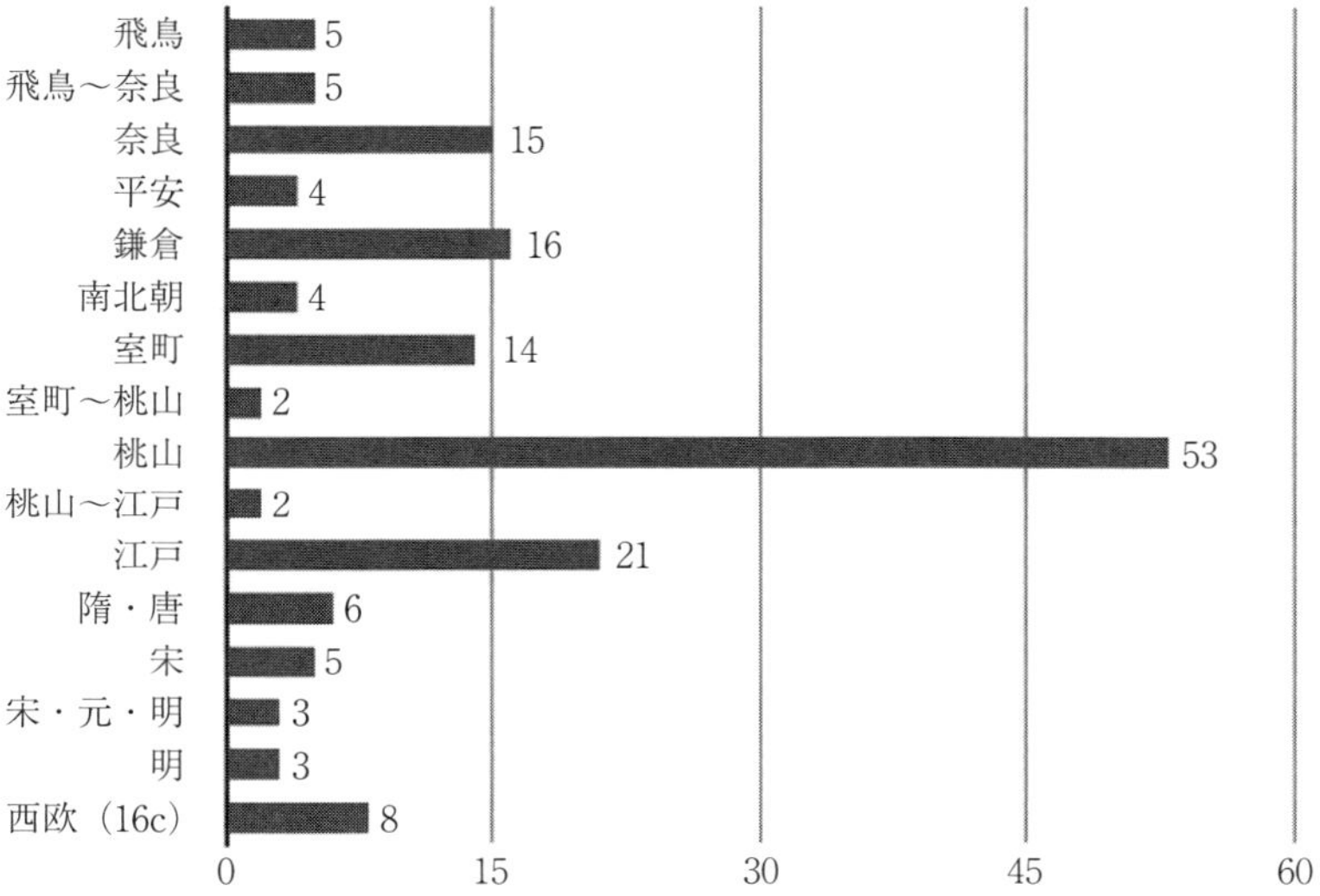

グラフ1―時代別染織品指定件数

二-二　時代別の指定傾向

日本の染織史をふり返れば、前近代においては常に中国からの影響を大きく受け、その受容と変容を繰り返してきた。古代においては隋・唐より、中世には宋代から明代にかけての染織品がもたらされ、近世においても明・清の絹織物が大量に輸入され、それぞれの受容の時期を経て技術を消化し、わが国の生活環境に適合した染織品を作りだした。それゆえ、わが国の指定染織品には少なからず、中国の染織品が含まれている（グラフ1）。

染織品は実用品として消耗されることが多く、また材質的に脆弱であるため経年劣化し、現存する染織品は時代や使用した人びとの階層によって偏りがある。とりわけ、古代、中世の染織品の残存率は低いが、そのなかで法隆寺や正倉院の染織品が奇跡的に伝世し、錦・綾・羅などの高級織物や、臈纈・夾纈・纐纈などによる文様染も伝えられている。法隆寺の宝物は明治時代にその一部が皇室に献納された。その折、一時的に法隆寺の献納宝物が東大寺に保管され、搬出の際に染織品の入った櫃の一部が正倉院のものと取り違えられて東京へ運ばれた。現在、東京国立博物館が保管する法隆寺献納宝物に正倉院裂が混入しているのはそのためである。(7) 正倉院宝物は、宮内庁の管理するところとなり、文化財保護委員会による文化財指定は受けていない。しかし、宮内庁の管轄外となった東京国立博物館の法隆寺献納宝物について、昭和三二(一九五七)年から三四(一九五九)年にかけて文化財保護委員会が指定を進め、献納宝物に含まれる正倉院裂もその対象とした。

飛鳥、奈良時代よりもさらに平安時代の染織品は残っていない。表1を見る限り、平安時代の染織品の指定は四件しかなく、そのうちの三件は戦前の旧国宝や重要美術品から昇格した国宝である。工芸品の部門以外にも、書跡・典籍の部門では京都の神護寺の「紺紙金字一切経(神護寺経)」とともに「経帙(中に久安五年墨書銘のものがある)」が二〇二枚も重要文化財に指定されており、また嵯峨釈迦堂として知られる清凉寺の釈迦如来像に代表されるように仏像の胎内納入品に染織品が含まれている場合もある。表1には含まれていないが、平成一七(二〇〇五)年に重要文化財に指定された高野山龍光院の灌頂道具類は、寺伝に弘法大師空海が入唐した折り、師の恵果阿闍梨より真言密教を受法した際の秘密道具と伝え、灌頂の儀式で使用する各種の道具類が納められている。なかには請来以後に納められた道具も含まれ、傘蓋や宝冠には平安時代の錦が用いられている。平安時代の染織品は、近年の中国における遼代の染織に関する研究の著しい進展(8)やその日本への影響などを考慮すれば、わが国における中国染織の受容と和様化の問題(9)を考えるうえで重要な存在であり、文化財として指定を広げていく必要があろう。

鎌倉、室町時代の染織品については、旧国宝や重要美術品の整理をふまえながら、繡仏と袈裟の指定がおこなわれてきた。「古社寺保存法」による染織品の最初の指定は繡仏であり、他にも仏教関係の刺繡が目立つことからは、明治時代の染織品に対する価値観が読み取れる。「刺繡阿弥陀三尊来迎図額」（表1－1）、「刺繡普賢十羅刹女図額」（表1－2）は、琵琶湖に浮かぶ竹生島の宝厳寺に伝来する中世の繡仏である。宝厳寺は、神亀元（七二四）年に聖武天皇が夢枕に立った天照皇大神よりお告げを受け、僧行基を勅使として堂塔を開基させたと伝えられる古刹である。宝厳寺の宝物としては、国宝の「法華経序品（竹生島経）」一件、「空海請来目録」など一二件の重要文化財が所蔵されているが、そのうち繡仏を含めた仏画など七件は明治三三（一九〇〇）年の指定である。この指定は、明治二一（一八八八）年に宮内省に設置された臨時全国宝物取調局の調査の結果をふまえたものである。

袈裟については「古社寺保存法」「国宝保存法」による指定はない。未指定から重要文化財を経由して国宝となった袈裟は、空海が唐から持ち帰った「犍陀縠糸袈裟」（表1－22）と、最澄が唐から持ち帰った「七条刺納袈裟」（表1－82）がある。「七条刺納袈裟」の指定が「犍陀縠糸袈裟」よりも遅かったのは、文化財保護委員会が比叡山でおこなった総合調査によって発見されたからである[10]。袈裟の重要文化財指定は、昭和三四（一九五九）年の「紫地唐草文印金九条袈裟」（表1－59）や昭和三九（一九六四）年の「牡丹唐草文印金袈裟〈応夢衣〉」（表1－75）が重要美術品からの指定であり、昭和四三（一九六八）年の「刺繡須弥山日月図九条袈裟〈屛風仕立〉」（表1－89）から未指定の袈裟の指定が始まり、断続的ではあるが、現在に及んでいる。平成一八（二〇〇六）年に東京の五島美術館で開催された『鎌倉円覚寺の名宝』展では、すでに重要文化財に指定されている「円覚寺開山簞笥収納品」（表1－123）とともに近年の調査の成果を踏まえてこれまで未公開であった袈裟が展示された。また、平成二二（二〇一〇）年に京都国立博物館で開催された『高僧と袈裟』展は、古代から中世の袈裟に焦点を当てたこれまでにない大規模な展覧会であり、高僧の着けた袈裟の魅力を示すとともに染織史における袈裟の重要性を示した。このような調査や展覧会に基づき、平成二三（二〇一一）年に円覚寺の「伝法衣」、翌年に東福寺の「伝法衣」が重要文化財に指定された。袈裟の指定は中国製のものに集中しているが、中世における日中文化交流を知るうえで重要な資料である。

日本の染織品の指定では、桃山時代が突出している。すでに述べたように「文化財保護法」における未指定からの最初の染織品の指定は、桃山時代の服飾品であった。小袖や能装束をはじめ、この時代ならではの胴服や陣羽織など高名な戦国武将が着用した衣服も少なくない。また、技法から見ると、辻が花染や繡箔、唐織、小紋染などの評価が高く、表１からも桃山時代の染織品については継続的に安定した評価を受けている様子が見て取れる。

いっぽう、江戸時代の染織品に関しては断続的に指定されてきたが、近年になって計画的な指定が進行している。江戸時代の染織品として最初に指定されたのは、明治三三（一九〇〇）年の「刺繡獅子吼文大法被」（表１－３）[11]であるが、これを除く戦後の指定は、昭和三八（一九六三）年の「小袖　繡箔風景四季花文」（表１－67）が最初である。これは、いわゆる慶長小袖の代表的な例で、その系統に属する小袖については その後も指定が継続し、「黒紅染分綸子地松皮菱段模様繡箔小袖」（表１－１１２）、「染分風景花卉模様繡箔小袖」（表１－１２８）、「黒紅地熨斗藤模様繡箔小袖」（表１－１２９）、「黒紅地花卉文様繡箔小袖」（表１－１５４）、「染分綸子地御所車花鳥文様繡箔小袖」（表１－１６５）と、主だった慶長小袖の指定が進んできた。さらに平成二一（二〇〇九）年の「濃茶麻地菊棕櫚文様帷子」（表１－１６３）、平成二二（二〇一〇）年の「黒綸子地波鴛鴦文様小袖」（表１－１６４）は寛文小袖の代表例で、基本的には江戸時代初期から前期へと指定が進みつつある。

江戸時代中期に発達を見た友禅染は、わが国の代表的な染色技法であり、染織史上にも重要な位置を占める。友禅染に関しては、すでに昭和三九（一九六四）年に「紋縮緬地熨斗文友禅染振袖」（表1－74）が指定されている。この振袖は意匠が大胆斬新で、友禅染以外にも刺繡や摺箔、摺匹田などさまざまな染色技法の集大成を示すものとして指定された。しかし、友禅染そのものに注目すれば、この振袖よりも古く、友禅染の成立や展開を考えるうえで重要な作品が残されている。友禅染の指定については、今後に課題が残されている。

ここまで雑駁ながら、時代に沿って染織品の指定状況を概観した。江戸時代の染織品については今後の充実が期待されるが、それ以前の染織品については概ね残存状況に応じた指定がおこなわれてきた。残存率を考慮すれば、桃山時代の染織品の指定が多くなるのは当然のように思えるが、単に数値的な問題ではなく、やはり辻が花染や繡箔のおおらかさ、あるいは陣羽織の大胆なデザインなど桃山染織のもつ魅力が高く評価されてきたと言えよう。その傾向は、戦後の公的な国の指定を通じてうかがえる。逆に戦前には桃山時代の染織品が文化財として評価されていないようにも見えるが、はたしてそうであったのか。次節においては、戦前における染織品収集の一例を挙げながら、その評価を探ることにする。

三．戦前の染織品コレクションとその評価

三―一．洋装化と松坂屋のコレクション

昭和初期は、それまでの和服文化から徐々に洋装に変わっていく時期であった。銀座を闊歩した「モボ・モガ」はその象徴的な流行現象であるが、明治時代以来の近代化のなかで「着物離れ」が進行していった。後述する古美術商の野村正次郎は、昭和二（一九二七）年に自ら収集した江戸時代の着物を『小袖と振袖』と題して刊行したが、その序文において「近来、一部の婦人間に洋装が盛んに流行して参りました。成る程便利で又経済的であるかもしれませんが然し其の姿なり形の多くは寧ろ滑稽で中には目も当てられぬ様なのがあります〈中略〉矢張日本の婦人はあくまで三百年以来洗錬せられ爛熟した此の袖のある『きもの』を着ていただきたいもので」と述べ[12]、日本の伝統的な服装が敬遠され、近代風俗が洋風化することを嘆いている。

大正一二（一九二三）年に起こった関東大震災は、以後の人びとの生活に大きく影響を及ぼした。百貨店は取り扱う商品を大幅に拡大し、大衆化路線へと歩み出す。慶長一六（一六一一）年に名古屋で創業した老舗「いとう呉服店」は、京・江戸にも出店を設けた。江戸の上野店は安永元（一七七二）年に開店し、「正札付き現金掛け値なし」の商法で時勢に応じた商売をおこない、店内は大いに賑わいを見せた。明治四三（一九一〇）年には呉服店から百貨店へと業態を転換し、大正一四（一九二五）年に全店の名称を「松坂屋」に統一した。この時、店の名前から「呉服」の言葉が消えた。新興の中産階級をターゲットにした百貨店は、婦人服の販売に力を入れ、商品を着物から洋服へ切り替えていった。

いっぽう、着物のシェアが低下していくなかで巻き返しを図るため、百貨店の呉服部門では新たな着物を創作する必要に迫られた。その打開策の一つとして、デザイン研究を目的に時代衣裳が収集された。昭和六（一九三一）年、松坂屋は京都仕入店に「染織参考室」を設置し、オリジナル呉服の創作に役立てる目的で古い時代の染織品の収集を始めた。松坂屋の収集は着々と進み、江戸時代の小袖や能装束を中心に、日本の古代裂、エジプトのコプト裂、南米のインカ裂、インドの更紗など洋の東西を問わずに世界各地の染織品が収集され、昭和一四（一九三九）年頃にコレクションは数千点に達していた。

短期間のあいだにこれだけの染織品を集めるのは容易でない。松坂屋のコレクションは、大名家や古美術商などの他に、個人のコレクターから一括して購入したものが少なくない。松坂屋の台帳によれば、小川萬亀庵（生没年不明）や岸本景春（一八八八―一九七五）、岡田三郎助（一八六九―一九三九）ら複数のコレクターから買い入れている。

三ー二．コレクターからの買い入れ

小川萬亀庵については詳細がわからないが、岡田三郎助が監修した『時代裂』と題する図版集に名前が挙がっている小川勘助が萬亀庵であろう。[13]松坂屋は小川から能装束や小袖及び古裂を昭和七（一九三二）年と同九（一九三四）年の二回に分けて購入した。小川のコレクションは質量ともに優れ、そのなかには桃山時代の辻が花染や江戸初期の慶長裂も複数が含まれていた。その一つ、辻が花染の胴服は、白の練貫地に優雅に舞う蝶々を絞り、紋所には三つ葉葵を据える。絞りによる三つ葉葵の紋は徳川家康所用と伝えられる他の辻が花にも通じる（図2）。裾が大胆に斜めに断ち切られているのが惜しまれるが、それがなければ重要文

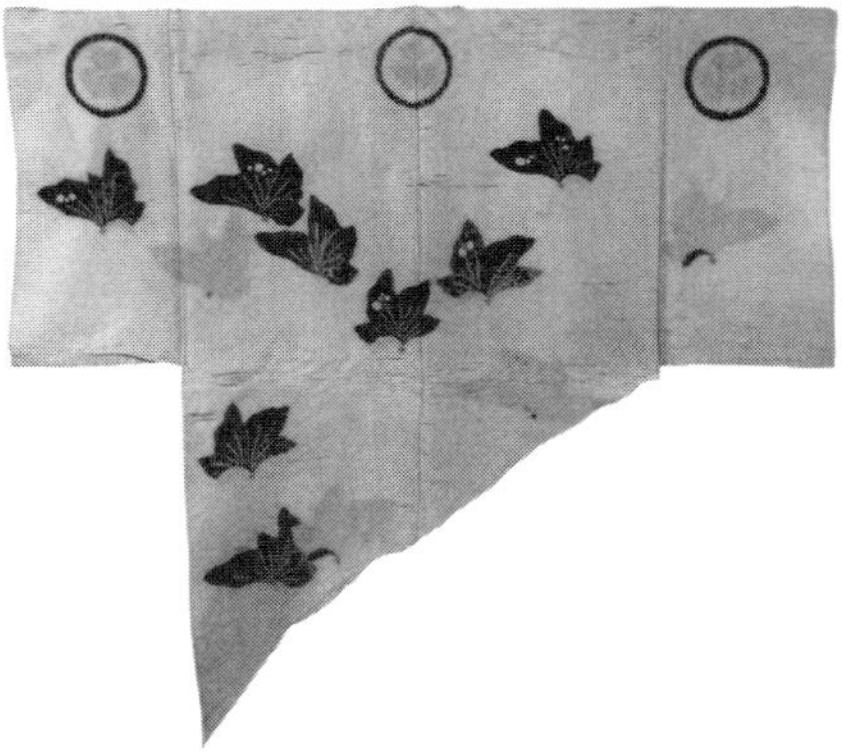

図２─蝶文様胴服（松坂屋コレクション）
図３─染分綸子地御所車花鳥文様繡箔小袖
（松坂屋コレクション）

化財クラスの逸品である。

松坂屋は同時期に岸本景春からも時代衣裳と古裂類を購入した。岸本は京都で活躍した刺繡作家で、創作活動の参考とするために古裂を集めたのだろう。松坂屋が岸本から購入した時代衣裳は十数点と多くないが、このなかには平成二三（二〇一一）年に重要文化財に指定された「染分綸子地御所車花鳥文様繡箔小袖」（表１－１６５）（図３）が含まれる。地を黒、紅、白の複雑な区画に染めわけ、細かな刺繡と金摺箔を施した慶長小袖である。慶長小袖と言えば、旧長尾コレクションの「小袖　繡箔風景四季花文」（表１－67）や田畑コレクションの「染分風景花卉模様繡箔小袖」（表１－１２８）がその典型として重要文化財に指定されているが、二領とも打敷直しの小袖である。田畑コレクションの慶長小袖は、大正七（一九一八）年に出版された『綾錦』第五巻に「綸子地松草花匹田模様打敷」として掲載されている。これは寺院に奉納された打敷が再びもとの小袖の形に戻された例で、袖など欠失した部分は別の類似の慶長裂で補われている。旧長尾コレクションの慶長小袖も前身頃は継ぎはぎになっている。旧長尾コレクションの慶長小袖は、重要文化財に指定された当時は長尾美術館の所蔵であった。長尾美術館は、昭和初期にビール酵母から作った滋養剤「わかもと」で巨万の富を築いた長尾欽弥とその妻よねが営んだ美術館である。この慶長小袖も少なくとも昭和初期には打敷から小袖に戻されており、岡田三郎助監修の『時代裂拾遺』に小袖の形状で掲載されている(14)。これらに較べれば、松坂屋コレクションの慶長小袖は、江戸時代初期の小袖の形がほぼそのままの状態で残されている稀有な例である。

日本の近代洋画の基礎を築いた画家岡田三郎助も、染織品のコレクターとしても知られている。岡田はしばしば和服の女性を描いた。その代表作と言えば、昭和二（一九二七）年に描いた「あやめの衣」（ポーラ美術館所蔵）であろう。片肌を脱いだ女性の後ろ姿を描いた美しい作品である。結い上げた黒髪にうなじが美しく、青い着物が女の白い肌を引き立てる。その着物にはあやめと赤い帯のように見える模様が描かれている。岡田はこの着物を実際に所有していた。岡田が監修した『時代裂』にはこの着物が掲載されている(15)。友禅染と鹿子絞りで模様をあらわした江戸時代中期の小袖である。赤い帯のように見えた模様は八橋であり、この小袖は『伊勢物語』第九段三河国の八橋を題材にしている。八橋と組み合わされる花は、厳密に言えば「あやめ」ではなくカキツバタであるが、それは兎も角として、岡田はこの時代衣裳をモデルに着せて絵を描いた。

岡田は明治三〇（一八九七）年にフランスに留学し、留学中に自分の絵の材料にしようと、リヨンの染織美術館を訪れたり、古い時代のゴブラン織を見ているうちに染織品に興味を持つようになった。明治三五（一九〇二）年に帰国してからは日本の染織品にも興味を持ち、時代衣裳の収集をはじめた。そのことについては岡田が著した「裂の蒐集に就いて[16]」と題するエッセーで自ら述べている。

その内今は焼けてしまつた京橋仲通りの服部喜兵衛といふ古裂商へ行つたのが始まりだつた。そこで徳川期前、豊臣時代の御簾に桐の葉のついた着物、徳川期の大きな薔薇模様のついた着物、足手仮名になつてゐる模様の着物、此の三点を見て色の釣合などにひどく興味を唆られ不相応な代償を払つたのがそもそも初まりであつた。〈中略〉その内に丁度京都に野村といふ人が自分の好みで大分古い裂を蒐めてゐるといふことを聞いて、一度は見たいものと思つてゐた。

一昨々年だつたか野村氏が破れ裂の入札をやるときいたので、折から二科の展覧会で同地に滞在中の山下新太郎君にさう言つて、相当なものなら入札して見て呉れるやうに頼んだ。その時二十何点か入札して呉れたものが殆んど落札して、誰が袖の一部分と昔のうつしき風、袱紗風、完成した着物などが手に入つた。

それと同時に東京では服部の所から着物が四五点入つて四五十点のものが蒐められた。斯うなると自分の絵に応用したい初めの希望がだんだん変はつて来て、遂には観て楽しむといふ、どうやら主客顛倒の体となつてしまつた。

欲望は次第に高じて自分が所有するものだけでは不足不満に堪ず二回三回と野村氏の蒐蔵品を見せて貰つて、満足なものは手に負へぬから切めて破片など漁つてゐた。

この文章からは、次第に時代衣裳や古裂の収集にのめりこんでいく岡田の様子がうかがえる。この文章を綴った後も収集は増え続けたようで、岡田は自らのコレクションを含めた図版集『時代裂』を座右宝刊行会から出版したが、その直後にコレクションの一部を松坂屋へ譲渡した。その数は小袖のような衣裳をはじめ、古裂類など数百点に及んだ。このなかには「あやめの衣」の小袖も含まれている。

三-三．野村正次郎の影響力

岡田は、引用文にもあるように東京だけでは物足りなくて、京都の古美術商である野村正次郎（一八七九―一九四三）からも古裂を買い求めるようになった。野村は昭和六（一九三一）年の『風俗研究』一三四号に「本邦唯一の衣裳蒐集家」と紹介されるほど時代衣裳や古裂の収集で有名であった。野村のコレクションは、現在、国立歴史民俗博物館に収蔵されているが、そのなかに「小袖屏風」と呼ばれる小袖裂を貼り付けた屏風一〇〇隻がある。[17] 野村は寺院に伝来する袈裟や打敷などの染織品に着目した。かつて故人を供養するために、その着衣を袈裟や打敷、幡などに仕立て替えて菩提寺へ奉納するという習慣があった。しかし、寺院では供養の済んだ袈裟や打敷をいつまでも使い続けることもできない。野村は古くなった袈裟や打敷と新しい織物を交換することを申し入れ、入手した袈裟や打敷を再びもとの小袖に戻した。しかし、小袖の姿に戻そうとしても一部が足りずに戻らない場合もある。そこで野村は「誰が袖屏風」にヒントを得て、あたかも衣桁に小袖をかけたかのように屏風に裂を貼り付け、一〇〇隻の小袖屏風を完成させ、昭和一三（一九三八）年から翌年にかけて『時代小袖雛形屏風』という図版集を刊行している。

『時代小袖雛形屏風』		松坂屋コレクション			
番号	名称	管理番号	名称	入手先	入手年
1左	地白練絹熨斗目取辻ヶ花御裲襠	K-18	辻ヶ花裂　桜（椿）模様	岸本景春	昭和7年
3	地水色加賀絹辻ヶ花御裲襠	K-2374	辻ヶ花裂　浅黄雲扇面模様	不明	不明
4左	地白練絹辻ヶ花御裲襠	K-1060	辻ヶ花裂　白絹地菱紋に葡萄模様	小川萬亀庵	昭和9年
6右	地白練絹熨斗目辻ヶ花御裲襠	K-4	辻ヶ花裂　格子模様、花模様	岸本景春	昭和7年
6左	地紫練絹辻ヶ花御裲襠	K-20	時代裂　花紋模様	岸本景春	昭和7年
13	地紅綸子地なし縫箔模様御裲襠	K-357	小袖裂　緋綸子地扇面竹模様	岡田三郎助	昭和9年
		K-467	小袖裂　黒緋染分綸子地扇面に唐草縫箔模様	小川萬亀庵	昭和9年

表2—小袖屏風と松坂屋コレクション

野村は小袖屏風を作った際に余った裂を他のコレクターへ頒布したようだ。小袖屏風に貼り込まれた何枚かの裂は松坂屋のコレクションに含まれている。しかし、それらは野村との直接取引ではなく、これまでに挙げたコレクターを介して松坂屋へ入った。野村が小袖屏風に貼り付けた辻が花裂と松坂屋コレクションの小袖裂の関係は表2のようである。

野村正次郎の影響力は大きく、彼の染織品に対する価値観がコレクターの間にも浸透していった。とりわけ、当時人気の高かった「辻が花」についてはそれが顕著にあらわれている。「辻が花」の語は室町時代から江戸時代にかけて散見する。室町時代から江戸時代初期の文献にあらわれる「辻が花」はほとんどの場合、夏の衣料で主に麻製の「帷子」という言葉とともに記されている。しかし、野村正次郎は大正九（一九二〇）年に著した『友禅研究』において「絞染の一種なる辻ヶ花染の名は室町時代に始まる大絞りのことで、最初其染生地は奈良晒など麻布に限られたやうであつたが、後には絹にも用ひられた。今日俗に云ふ桃山絞は絹を染生地とした辻ヶ花染の進歩したものである」と述べている[18]。野村が拡大解釈した辻が花染は、室町から桃山時代の絹製の絞り染として研究者やコレクターの間に広がった。鐘淵紡績株式会社山科工場長を務め、広く染織研究をおこなってきた明石染人は、岡田三郎助が監修した『時代裂』において、主に技術史的な視点から作品の解説をおこなった。明石は「辻ヶ花染」について、野村の見解にもとづき、「奈良の木辻で染め出された辻ヶ花染は次第に発達して上流家庭の婦人の帷子に愛用され、又絹布に応用され京都の染屋にもその技術は早くから移されて絞染と他の模様染との混用などによつて進歩したが辻ヶ花染の名称がつく限り独自の大手な絞風を失ふことはなかつた[19]」と記している。風俗史研究の第一人者であった江馬務も、その著書『日本服飾史要』（昭和一一年）の中で「辻ヶ花染（一名帽子）とて竹の皮を被せて絞る方法あり、必ず筆彩色の墨絵を伴うて古雅掬す可きものである」と述べ、帽子絞りによる辻ヶ花染のイメージが定着した。すでに述べたように、戦後、「文化財保護法」のもとで昭和二八（一九五三）年に指定された豊臣秀吉所用の絞り染の胴服は「桐矢襖文辻ヶ花染道服」と名付けられ、以来、国の指定名称においても室町から江戸時代初期の絞り染は辻が花染と称されている。

三－四．松坂屋コレクションにみる買い入れ時の評価額

松坂屋コレクションには、残念ながら完形の辻が花染の衣裳はない。大正から昭和初期には、すでに古美術市場で完形の辻が花染の衣裳を入手することは困難であった。松坂屋コレクションのなかで完形に近い衣裳は、前述した三つ葉葵紋に蝶々の文様の胴服（図2）で、裾の三分の一ほどが斜めに裁ち落とされている

が、これは昭和九（一九三四）年に小川萬亀庵から八〇〇円で購入している。

これと比較するために、別の例を出そう。同じく京都に店を構えた丸紅商店も昭和四（一九二九）年から時代衣裳の収集をはじめている。丸紅コレクションのなかで有名な辻が花は、淀君の小袖とされる裂である。[20]これは小袖の前身頃に相当する裂で、小袖全体の五分の一程度に過ぎないが、昭和一三（一九三八）年に八七〇円で購入された。

この頃の物価の例を挙げれば、バス女子車掌平均月給五四円（昭和六年）、帝国大学年間授業料一二〇円、早稲田・慶応年間授業料一四〇円、小学校教諭男子平均月給六八円三三銭（以上昭和七年）、ダットサン一三五〇円（以上昭和八年）など、[21]列挙すればきりがない。発売間もない高級車のダットサンに比べれば、辻が花裂も安く見えるが、庶民の暮らしからはほど遠い金額であった。松坂屋コレクションのなかのコンディション良好な江戸時代の衣裳と較べると、例えば「流水に菊模様小袖」は寛文様式を受け継ぎながらも元禄へと向かいつつある頃の総鹿子の贅沢な小袖、「格子に梅樹秋草帷子」は保存完好の江戸中期の友禅染の帷子である。ともに昭和九（一九三四）年に岡田三郎助から購入したもので、前者は五五〇円、後者は六五〇円であった。岡田の「あやめの衣」に描かれた小袖は一五〇円である。断片の辻が花のほうが高く評価されているのは一目瞭然である。

辻が花とともに評価の高いのが慶長裂であった。表2の「小袖裂　緋綸子地扇面竹模様」（K－357）、「小袖裂　黒緋染分綸子地扇面に唐草縫箔模様」（K－467）がそれに当たる。前者は五〇cmにも満たない端切れにもかかわらず一〇〇円もした。後者は前者よりも大きめの裂で一八〇円である。「孔雀に桐文様裂」（図4）は、小袖の後ろ身頃二枚と下前の身頃一枚分の慶長裂で、小袖全体から見れば半分程度が残されて

図４―孔雀に桐文様裂（松坂屋コレクション）

いるに過ぎないが、三枚で五〇〇円の値が付けられた。断片と化した裂でもこれだけの値段がつくが、一領のほぼ完璧な慶長小袖となると、価格は跳ね上がる。平成二三（二〇一一）年に重要文化財に指定された「染分綸子地御所車花鳥文様繍箔小袖」（図３）には、昭和七年で三〇〇〇円の値がついていた。

四．桃山・慶長時代の染織品評価　結びにかえて

昭和初期に辻が花染や慶長裂など桃山慶長という時期の染織品の評価が高まった。長尾欽弥のコレクションを紹介した図版集『桃山慶長纐纈精華』[22]に寄せられた明石染人の小論「桃山・慶長時代の纐纈を頌ふ」は、その名が示すように桃山・慶長時代の染織品に対する惜しみなき讃辞であった。明石は「桃山時代、及びその末期から徳川時代の頭初期に至る慶長時代は染織工芸に於て黄金時代を形成した」と述べ、その中心となるのが「辻ヶ花染」と「慶長裂」であり、「私は桃山、慶長時代の工芸に対しては異常な興味と関心とをもつてゐるものである」と結んでいる。明石染人は、本名を国助といい、明治四二（一九〇九）年に京都高等工芸学校染色科を卒業、同校の助教授を務めた後に、鐘淵紡績株式会社に入社し、昭和九（一九三四）年には同社の山科工場長となった。明石はエジプトやヨーロッパへ出張し、コプト裂などを蒐集して鐘紡コレクションの基礎を築いた。内外の染織品に深い見識をもつ明石は、恩賜京都博物館の学芸委員を嘱託され、戦後は文部省の文化財専門審議会専門委員や正倉院の御物古裂調査委員を務めている。明石が文化財専門審議会専門委員に在任中の昭和二八（一九五三）年に、当時本人が所有していた「桐矢襖文辻ヶ花染道服」が重要文化財に指定されるという事態は現在ではとても考えられないことであるが、それだけ「桐矢襖文辻ヶ花

染道服」の存在が大きかったのであろう。戦前に知られていた辻が花染は、ほとんどが裂であり、衣服としての保存も完好に近い状態の辻が花染が注目されたのは想像に難くない。

その後、昭和三〇（一九五五）年には、「鶉桜菊文辻ヶ花染小袖」が重要文化財に指定された。この小袖は肩裾に絞り染と摺箔、描絵で文様をあらわしたもので、背裏に記された墨書銘によって、岐阜県郡上郡の白山神社でおこなわれた延年舞の衣裳として永禄九（一五六六）年に寄進されたことがわかり、辻が花染の基準的な作例として重要文化財に指定された。これ以後、辻が花染に関しては、徳川家康など歴史上著名な人物に由来する小袖や胴服を中心に指定が進み、同時に能装束など衣服としての形状を留めた桃山時代の染織品の指定が推進されてきた。

いっぽう、慶長小袖の重要文化財指定は、昭和三八（一九六三）年に当時長尾美術館（現在は文化庁蔵）が所蔵する桃山時代の能装束三領とともに「小袖　繡箔風景四季花文」が初めて指定された。この小袖は打敷か袈裟のようなものに仕立て替えられたものを再び小袖の形に修補復原したもので、修補が多く原形を留めないと認められつつも、背面において江戸時代初期の小袖模様が完存する点において、数少ない当時の服飾染織を識るうえで貴重な資料とされた。慶長小袖の場合、原形をとどめるものはたいへん少ない。それ故に、戦前のコレクションにおいては慶長裂が重宝され、高価で取引された。重要文化財の指定では断片化した裂類は対象にならないが、原形を彷彿するものは重要視された。

日本政府の文化財保護政策は、こと染織に関して見れば、文化財保護法の施行後に大きく舵をきった。近世の染織品を視野に入れ、まずは桃山時代の染織品の評価が積極的におこなわれた。昭和二八（一九五三）年に未指定から重要文化財に指定された「桐矢襖文辻ヶ花染道服」、「亀甲花菱文繡箔打掛」、「綴織鳥獣文陣羽織」の三件の物件は、その後の方向性に大きな影響を与え、辻が花染をはじめ、能装束の繍箔や唐織などが次々と指定され、それは平成の時代にまで継続してきた。この桃山時代重視の傾向は、すでに昭和初期の民間コレクションにおける評価にもみられるところであり、桃山・慶長時代の染織品評価は戦後の文化財指定にも影響を与えた。

本論は、関西学院大学文学部美学研究室の紀要『美学論究』第27編（二〇一二年三月発行）に発表した論文に若干の追加訂正をおこなったものである。なお、辻が花染の価値形成の問題を扱った小山弓弦葉氏の『「辻が花」の誕生　〈ことば〉と〈染織技法〉をめぐる文化資源学』（東京大学出版会）と題する研究が時を同じくして発行された。小山氏の研究はたいへん詳細を究め、「辻が花」研究の集大成とも言えるものである。拙論の改稿にあたっては同書を参照した。

註

（1）表の表記について、区分の◉は国宝、◎は重要文化財を示す。名称は指定名称に準じたが、略したものもある。所有者は二〇一二年時点での所有を示し、例えば東京国立博物館であれば、独立行政法人国立文化財機構（東京国立博物館保管）とするのが正式であるが、簡略に表示した。

（2）定村忠士「祇園祭タペストリーの謎」『望星』第十八巻第三号、一九八七年。『町人文化の華――大津祭』企画展図録、大津市歴史博物館、一九九六年。

（3）『昭和三十五年七月現在　重要美術品等認定物件仮目録（工芸品）』文化財保護委員会事務局美術工芸課編、一九六〇年。

（4）昭和26年文化財保護委員会告示第２号（国宝及び重要文化財指定基準並びに特別史跡名勝天然記念物及び史跡名勝天然記念物指定基準）。

（5）文化財保護委員会は、昭和二五（一九五〇）年に文部省の外局として設置され、昭和四三（一九六八）年の文化庁設置の際に改組されて文化財保護部となり、さらに平成一三（二〇〇一）年に文化財部と改称された。筆者は昭和五六（一九八一）年から平成二（一九九〇）年まで文化庁文化財保護部美術工芸課に勤務しており、本稿で引用した指定説明は筆者が在籍当時に台帳を写したメモに基づいている。

（6）現在では「道服」と書いた場合、禅衣の直綴に類した衣服を指し、武家が室町時代以降に略儀の常用服として着用した「胴服」とは区別される。豊臣秀吉所用と伝えられる「桐矢襖文辻ヶ花染道服」は、本来「胴服」と記されるべきであるが、本稿では指定名称としてそのまま使用する。

（7）金子啓明「法隆寺献納宝物の由来と聖徳太子信仰」（東京国立博物館編特別展図録『法隆寺献納宝物』所収）一九九六年。

（8）趙豊『遼代絲綢』、沐文堂美術出版社、二〇〇四年。

（9）拙稿「平安時代の錦はどこから来たのか――中国染織の受容と和様化」（『美術フォーラム21』VOL.19）二〇〇九年。

（10）『比叡山を中心とする文化財（文化財集中地区特別総合調査報告2）』、文化財保護委員会、一九六三年。

（11）曹洞宗大本山の総持寺に伝来した縦七一五×横六六五㎝の大きな幕で、年に一度の「御征忌」の法要の際に大祖堂の須弥壇に掛けて堂内の荘厳に用いられてきた。幕の中央に百獣の王である獅子を刺繡し、さらに月舟宗胡（一六一八―一六九六）の筆跡と伝えられる「獅子吼」などの文字を刺繡した江戸時代前期の染織品である。総持寺は開創以来、石川県能登を本拠地としてきたが、明治三一（一八九八）年の火災によって伽藍の多くを焼失し、明治四〇（一九〇七）年三月に現在の横浜市鶴見の地に遷移した。この大法被の指定は伽藍火災の直後であった。

（12）野村正次郎『小袖と振袖』、芸艸堂、一九二七年。

（13）『時代裂』全三十六輯および『時代裂拾遺』十二輯は、岡田三郎助監修のもと昭和七年から一一年（一九三二―一九三六）にかけて座右宝刊行会から刊行された。その後、昭和五八（一九八三）年に三一書房より全三巻にまとめて復刻された。復刻版第一巻の図版番号4「辻ヶ花染」、図版番号16「葡萄に松皮菱模様絞染」、第二巻の図版番号１０１「茶地笹模様絞染摺箔」、図版番号１１８「蓮模様辻ヶ花染」は、いずれも小川勘助所蔵となっているが、これらはいずれも松坂屋コレクションに入っている。

（14）註（13）前掲書。復刻版第三巻図版番号33、34「縫箔四季模様慶長裂」（長尾欽弥所蔵）として部分図を載せ、別冊の解説書の挿図19として全図を掲載する。

(15) 註(13)前掲書。復刻版第一巻作品番号26「八ッ橋模様絞友禅小袖」。

(16)『中央美術』第十一巻第二号所収、一九二五年。

(17) 丸山伸彦「近代の造形としての小袖屏風」(国立歴史民俗博物館編『野村コレクション 小袖屏風』所収)、一九九〇年。

(18) 小山弓弦葉「近代染織史研究における「辻が花」の受容について」(『MUSEUM』第六二七号)、二〇一〇年。

(19) 註(13)前掲書。復刻版第一巻作品番号4「辻ヶ花染」解説。

(20) 拙稿「研究余滴「淀君の小袖」顛末記「ふしみ殿」は誰か」(『服飾美学』第四十五号)、二〇〇七年。

(21) Web Magazine 昭和からの贈りもの。http://ohoshisama.info/syowakarano/ より。

(22) 明石染人編『桃山慶長纐纈精華』、田中平安堂、一九三六年。

図版出典

図1—桐矢襖文辻ヶ花染道服 京都国立博物館

図2—蝶文様胴服 『小袖 江戸のオートクチュール』展図録 作品番号222 日本経済新聞社発行 二〇〇八年(資料協力 一般財団法人J・フロントリテイリング史料館)

図3—染分綸子地御所車花鳥文様繍箔小袖 同上 作品番号107(資料協力 一般財団法人J・フロントリテイリング史料館)

図4—孔雀に桐文様裂 『松坂屋コレクション 技を極め、美を競う』展図録 作品番号19 中日新聞社発行 二〇一一年(資料協力 一般財団法人J・フロントリテイリング史料館)

表 1—国宝・重要文化財指定染織品一覧

番号	区分	名称	所有者	時代	指定年月日	
1	◎	刺繡阿弥陀三尊来迎図額	宝厳寺	鎌倉	明治33.04.07(1900)	旧国宝より
2	◎	刺繡普賢十羅刹女図額	宝厳寺	南北朝	明治33.04.07(1900)	旧国宝より
3	◎	刺繡獅子吼文大法被	総持寺	江戸	明治33.04.07(1900)	旧国宝より
4	◎	花文刺繡打敷	全光院	明	明治41.01.10(1908)	旧国宝より
5	◎	長浜祭翁山飾毛綴	翁山組	16世紀	昭和24.05.30(1949)	旧国宝より
6	◎	祇園会鶏鉾飾毛綴	鶏鉾保存会	16世紀	昭和24.05.30(1949)	旧国宝より
7	◎	祇園会鯉山飾毛綴	鯉山保存会	16世紀	昭和24.05.30(1949)	旧国宝より
8	◎	四宮祭月宮殿山飾毛綴	上京町月宮会	16世紀	昭和24.05.30(1949)	旧国宝より
9	◎	四宮祭鯉山飾毛綴	太間町竜門会	16世紀	昭和24.05.30(1949)	旧国宝より
10	◎	長浜祭鳳凰山飾毛綴	鳳凰組	16世紀	昭和24.05.30(1949)	旧国宝より
11	◉	四騎獅子狩文錦	法隆寺	唐	昭和26.06.09(1951)	旧国宝 明治42年(1909)
12	◉	天寿国繡帳残闕	中宮寺	飛鳥	昭和27.03.29(1952)	旧国宝 明治30年(1897)
13	◉	懸守	四天王寺	平安	昭和27.03.29(1952)	旧国宝 明治30年(1897)
14	◎	刺繡大日如来掛幅	細見美術財団	鎌倉	昭和27.03.29(1952)	重要美術品より
15	◎	刺繡三昧耶幡	奈良国立博物館	鎌倉	昭和27.07.19(1952)	重要美術品より
16	◉	葡萄唐草文染韋	東大寺	奈良	昭和27.11.22(1952)	旧国宝 昭和５年(1930)
17	◉	刺繡釈迦如来説法図	奈良国立博物館	奈良	昭和27.11.22(1952)	旧国宝 明治35年(1902)

番号	区分	名称	所有者	時代	指定年月日	
18	◎	法会所用具類	教王護国寺	鎌倉	昭和28.03.31（1953）平成23.06.27（2011）追加指定	未指定より
19	◎	桐矢襖文辻ヶ花染道服	京都国立博物館	桃山	昭和28.11.14（1953）	未指定より
20	◎	亀甲花菱文繡箔打掛	高台寺	桃山	昭和28.11.14（1953）	未指定より
21	◎	綴織鳥獣文陣羽織	高台寺	桃山	昭和28.11.14（1953）	未指定より
22	◉	{横被 健陀縠糸袈裟	教王護国寺	唐	昭和28.11.14（1953）	未指定より重文昭和28年（1953）
23	◎	蜀江錦	法隆寺	唐	昭和28.11.14（1953）	未指定より
24	◉	厳島神社古神宝類	厳島神社	平安	昭和29.03.20（1954）	旧国宝明治32年（1889）
25	◎	宝珠羯磨文錦横被	仁和寺	鎌倉	昭和30.02.02（1955）	未指定より
26	◎	刺繡阿弥陀三尊像	西念寺	鎌倉	昭和30.02.02（1955）	重要美術品より
27	◎	鶉桜菊文辻ヶ花染小袖	東京国立博物館	室町	昭和30.02.02（1955）	未指定より
28	◉	古神宝類（阿須賀神社伝来）	京都国立博物館	室町	昭和30.06.22（1955）	未指定より重文
29	◉	古神宝類	熊野速玉大社	室町	昭和30.06.22（1955）	旧国宝明治30年（1897）
30	◉	古神宝類	鶴岡八幡宮	鎌倉	昭和31.06.28（1956）	旧国宝明治32年（1889）
31	◎	能装束類	春日神社（関市）	室町〜桃山	昭和31.06.28（1956）	未指定より
32	◎	古神宝類	熱田神宮	室町	昭和32.02.19（1957）昭和52.06.11（1977）追加指定	未指定より

番号	区分	名称	所有者	時代	指定年月日	
33	◎	帯　蜀江錦	東京国立博物館	飛鳥	昭和32.06.18(1957)	未指定より
34	◎	繍仏裂	東京国立博物館	飛鳥～奈良	昭和32.06.18(1957)	未指定より
35	◎	小幡　赤地絣錦	東京国立博物館	飛鳥～奈良	昭和32.06.18(1957)	未指定より
36	◎	幡、褥残闕　他	東京国立博物館	飛鳥～奈良	昭和32.06.18(1957)	未指定より
37	◎	糞掃衣	東京国立博物館	奈良	昭和32.06.18(1957)	未指定より
38	◎	褥　黄葡萄唐草文錦	東京国立博物館	奈良	昭和32.06.18(1957)	未指定より
39	◎	褥　白山菱文綺	東京国立博物館	奈良	昭和32.06.18(1957)	未指定より
40	◎	褥　萌黄花鳥文錦	東京国立博物館	奈良	昭和32.06.18(1957)	未指定より
41	◎	褥　萌黄狩猟文錦	東京国立博物館	奈良	昭和32.06.18(1957)	未指定より
42	◎	経台褥　花文纐纈羅	東京国立博物館	奈良	昭和32.06.18(1957)	未指定より
43	◎	鸚鵡形毯代　紅草花文臈纈	東京国立博物館	奈良	昭和32.06.18(1957)	未指定より
44	◎	玉帯残闕　真珠玻瑠玉荘 漆皮箱	東京国立博物館	奈良	昭和32.06.18(1957)	未指定より
45	◎	白氈	東京国立博物館	唐	昭和32.06.18(1957)	未指定より
46	◎	緋氈	東京国立博物館	唐	昭和32.06.18(1957)	未指定より
47	◎	蜀江錦　赤亀甲繋文	東京国立博物館	飛鳥	昭和33.02.08(1958)	未指定より
48	◎	蜀江錦　赤獅鳳文	東京国立博物館	飛鳥	昭和33.02.08(1958)	未指定より
49	◎	小幡残闕　蜀江錦	東京国立博物館	飛鳥	昭和33.02.08(1958)	未指定より
50	◎	糞掃衣残闕	東京国立博物館	奈良	昭和33.02.08(1958)	未指定より
51	◎	褥　白華文綾	東京国立博物館	奈良	昭和33.02.08(1958)	未指定より
52	◎	茜平絹蓋	東京国立博物館	奈良	昭和33.02.08(1958)	未指定より

番号	区分	名称	所有者	時代	指定年月日	
53	◎	龍鬢褥	法輪寺	飛鳥～奈良	昭和34.06.27 (1959)	未指定より
54	◎	龍鬢筵	東京国立博物館	奈良	昭和34.06.27 (1959)	未指定より
55	◎	長畳	東京国立博物館	奈良	昭和34.06.27 (1959)	未指定より
56	◎	竹帙	東京国立博物館	鎌倉	昭和34.06.27 (1959)	未指定より
57	◎	刺繡種子阿弥陀三尊掛幅	輪王寺	鎌倉	昭和34.12.18 (1959)	未指定より
58	◎	刺繡不動明王二童子像掛幅	輪王寺	室町	昭和34.12.18 (1959)	未指定より
59	◎	紫地唐草文印金九条袈裟	東京国立博物館	元～明	昭和34.12.18 (1959)	重要美術品より
60	◎	刺繡阿弥陀名号掛幅	阿弥陀寺	鎌倉	昭和35.06.09 (1960)	重要美術品より
61	◎	刺繡不動明王二童子像掛幅	浜松市美術館	鎌倉	昭和35.06.09 (1960)	未指定より
62	◎	華文刺繡陣羽織	上町区・五日町区・三日町区	桃山	昭和35.06.09 (1960)	未指定より
63	◎	服飾類（伝上杉謙信・上杉景勝所用）	上杉神社	室町～桃山	昭和36.02.17 (1961) 昭和37.06.21 (1962) 追加指定	未指定より
64	◉	綴織当麻曼荼羅図	当麻寺	平安	昭和36.04.27 (1961)	重要美術品より
65	◎	狂言装束（唐人用）	厳島神社	桃山	昭和38.07.01 (1963)	未指定より
66	◎	舞楽装束（納曾利）	厳島神社	桃山	昭和38.07.01 (1963)	未指定より
67	◎	小袖　繡箔風景四季花文	文化庁	江戸	昭和38.07.01 (1963)	未指定より
68	◎	能装束　繡箔紫陽花小花文	文化庁	桃山	昭和38.07.01 (1963)	未指定より
69	◎	能装束　繡箔籠目柳文	文化庁	桃山	昭和38.07.01 (1963)	未指定より
70	◎	能装束　摺箔扇面散文	文化庁	桃山	昭和38.07.01 (1963)	未指定より
71	◎	能装束　繡箔菊橘文	林原美術館	桃山	昭和38.07.01 (1963)	未指定より

番号	区分	名称	所有者	時代	指定年月日	
72	◎	能装束　繍箔葭水禽文	林原美術館	桃山	昭和38.07.01（1963）	未指定より
73	◎	刺繍桐桜土筆文肩裾小袖	宇良神社	桃山	昭和39.01.28（1964）	未指定より
74	◎	紋縮緬地熨斗文友禅染振袖	友禅史会	江戸	昭和39.01.28（1964）	未指定より
75	◎	牡丹唐草文印金袈裟〈応夢衣〉	京都国立博物館	宋	昭和39.01.28（1964）	重要美術品より
76	◎	尾長鳥繡縁花文錦打敷	延暦寺	鎌倉	昭和39.05.26（1964）	未指定より
77	◎	刺繍五髻文殊像掛幅	大和文華館	鎌倉	昭和40.05.29（1965）	未指定より
78	◎	刺繍釈迦阿弥陀二尊像掛幅	藤田美術館	鎌倉	昭和40.05.29（1965）	未指定より
79	◎	アエネアス物語図毛綴壁掛	前田育徳会	16世紀	昭和40.05.29（1965）	未指定より
80	◎	白地竹文辻ヶ花染小袖	東京国立博物館	江戸	昭和40.05.29（1965）	未指定より
81	◎	四天王寺舞楽所用具	四天王寺	桃山～江戸	昭和41.06.11（1966）	未指定より
82	◉	{七条刺納袈裟 刺納衣 （伝教大師将来）	延暦寺	唐 隋	昭和41.06.11（1966）	未指定より 重文 昭和39年（1964）
83	◎	法隆寺裂	東京芸術大学	飛鳥～奈良 唐	昭和42.06.15（1967）	未指定より
84	◎	綾張竹華籠	藤田美術館	平安	昭和42.06.15（1967）	未指定より
85	◎	錦幡　赤地蓮花蝶文	西明寺	室町	昭和43.04.25（1968）	未指定より
86	◎	錦幡　赤地蓮花蝶文	藤田美術館	室町	昭和43.04.25（1968）	未指定より
87	◎	辻が花染丁子文道服	清水寺（島根県）	桃山	昭和43.04.25（1968）	未指定より
88	◎	辻が花染小袖　檜梅葵紋散小袖ほか	徳川黎明会（徳川美術館）	桃山	昭和43.04.25（1968）	未指定より
89	◎	刺繍須弥山日月図九条袈裟（屏風仕立）	知恩院	南宋	昭和43.04.25（1968）	未指定より
90	◎	蘇芳地連雲文金襴袈裟（空谷明応所用）	慈済院	元	昭和44.06.20（1969）	未指定より

番号	区分	名称	所有者	時代	指定年月日	
91	◎	白地二重蔓牡丹文金襴九条袈裟（不遷法序所用）	三秀院	明	昭和44.06.20（1969）	未指定より
92	◎	紺地牡丹文金襴裲襠	東京国立博物館	南北朝	昭和45.05.25（1970）	未指定より
93	◎	綾地締切蝶牡丹文片身替小袖	芦刈山保存会	桃山	昭和45.05.25（1970）	未指定より
94	◎	能装束　紅地鳳凰桜雪持笹文唐織	厳島神社	桃山	昭和45.05.25（1970）	未指定より
95	◎	能装束　紅萌葱地山道菊桐文片身替唐織	防府毛利報公会	桃山	昭和45.05.25（1970）	未指定より
96	◎	能装束　紅白締切菊桐文段替唐織	林原美術館	桃山	昭和45.05.25（1970）	未指定より
97	◎	能装束　白地草花文肩裾縫箔	林原美術館	桃山	昭和45.05.25（1970）	未指定より
98	◎	祇園会函谷鉾飾毛綴	函谷鉾保存会	16 世紀	昭和45.05.25（1970）	未指定より
99	◎	紅地桐文散錦直垂	防府毛利報公会	室町	昭和46.06.22（1971）	未指定より
100	◎	白地若松模様辻が花染胴服	文化庁	桃山	昭和46.06.22（1971）	未指定より
101	◎	葵梶葉文染分辻が花染小袖	明長寺	桃山	昭和46.06.22（1971）	未指定より
102	◎	綸子地梅樹竹模様染繡振袖	護国寺	江戸	昭和46.06.22（1971）	未指定より
103	◎	山道草花鶴亀文繡箔胴服	吉川報效会	桃山	昭和47.05.30（1972）	未指定より
104	◎	草花文段片身替繡箔小袖	京都国立博物館	桃山	昭和47.05.30（1972）	未指定より
105	◎	能装束　色紙葡萄文摺箔	東京国立博物館	桃山	昭和47.05.30（1972）	未指定より
106	◎	能装束　草花文繡箔肩裾	東京国立博物館	桃山	昭和47.05.30（1972）	未指定より
107	◎	銀杏葉雪輪散辻が花染胴服 浅葱地葵紋付帷子	東京国立博物館	桃山	昭和48.06.06（1973）	未指定より
108	◎	能装束　紅白段菊芦水鳥文繡箔	東京国立博物館	桃山	昭和48.06.06（1973）	未指定より
109	◎	能装束　紅白段草花短冊八橋文繡箔	東京国立博物館	桃山	昭和48.06.06（1973）	未指定より

番号	区分	名称	所有者	時代	指定年月日	
110	◎	能装束　雪持柳地紙散繡箔肩裾	東京国立博物館	桃山	昭和48.06.06(1973)	未指定より
111	◎	能装束　緑地桐鳳凰文唐織	石川県立美術館	桃山	昭和49.06.08(1974)	未指定より
112	◎	黒紅染分綸子地松皮菱段模様繡箔小袖	京都国立博物館	江戸	昭和49.06.08(1974)	未指定より
113	◎	白綾地秋草模様描絵小袖（尾形光琳筆）	東京国立博物館	江戸	昭和49.06.08(1974)	未指定より
114	◎	舞楽装束類（天野社伝来）	金剛峯寺	室町	昭和50.06.12(1975) 平成3.06.21(1991) 追加指定	未指定より
115	◎	小文地桐紋付韋胴服	上田市立博物館	室町	昭和51.06.05(1976)	未指定より
116	◎	小文地葵紋付胴服	東照宮（日光）	桃山	昭和51.06.05(1976)	未指定より
117	◎	紺地宝尽小紋小袖 藍地花菱唐草文散紋小袖 白地葵紋綾小袖 （以上、徳川家康所用）	東照宮（和歌山）	桃山	昭和52.06.11(1977)	未指定より
118	◎	紅地菊枝桐亀甲文唐織小袖	林原美術館	桃山	昭和52.06.11(1977)	未指定より
119	◎	能装束　紅地山桜円文蔓草模様縫箔	林原美術館	桃山	昭和52.06.11(1977)	未指定より
120	◎	小紋染胴服	仙台市博物館	桃山	昭和53.06.15(1978)	未指定より
121	◎	白茶地桐竹文綾小袖	東京国立博物館	室町	昭和54.06.06(1979)	未指定より
122	◎	紫地段花菱円文散草花模様縫箔小袖	平野美術館	桃山	昭和54.06.06(1979)	未指定より
123	◎	円覚寺開山簞笥収納品	円覚寺	南宋～明 鎌倉～室町	昭和54.06.06(1979)	未指定より
124	◎	刺繡種子幡	石道寺	南北朝	昭和55.06.06(1980)	未指定より
125	◎	能装束　摺箔紅白段桜花文	林原美術館	桃山	昭和56.06.09(1981)	未指定より

番号	区分	名称	所有者	時代	指定年月日	
126	◎	服飾類（徳川家康譲品）	水府明徳会（彰考館徳川博物館）	桃山～江戸	昭和56.06.09（1981）平成7.06.15（1995）追加指定	未指定より
127	◎	刺繍袱紗	興福院	江戸	昭和56.06.09（1981）	未指定より
128	◎	染分風景花卉模様繡箔小袖	田畑禎彦	江戸	昭和57.06.05（1982）	未指定より
129	◎	黒紅地熨斗藤模様繡箔小袖	東京国立博物館	江戸	昭和57.06.05（1982）	未指定より
130	◎	舞楽所用具	輪王寺	江戸	昭和58.06.06（1983）	未指定より
131	◎	能装束　紅地花唐草入菱繋文唐織	八幡神社	桃山	昭和59.06.06（1984）	未指定より
132	◎	能装束　藍紅紋紗地太極図印金狩衣	黒川能下座	室町	昭和60.06.06（1985）	未指定より
133	◎	能装束　紅地蜀江文黄緞狩衣 白地草花海賦文辻が花染肩裾小袖	黒川能上座	室町	昭和60.06.06（1985）	未指定より
134	◎	能装束　紺地白鷺文繡狩衣ほか	春日神社（根尾）	桃山	昭和61.06.06（1986）	未指定より
135	◎	黄地花入菱花鳥文唐綾九条袈裟（無本覚心所用）	妙光寺	南宋	昭和62.06.06（1987）	未指定より
136	◎	舞楽装束類（天野社伝来）	文化庁	室町	昭和63.06.06（1988）	未指定より
137	◎	紫地葵紋付桐文散辻が花染胴服	東照宮（上野）	桃山	昭和63.06.06（1988）	未指定より
138	◎	黄地菊桐紋付紗綾胴服	豊国神社	桃山	平成元.06.12（1989）	未指定より
139	◎	浅葱地花葉文緞子胴服	上杉神社	桃山	平成 2.06.29（1990）	未指定より
140	◎	九条袈裟　二領	正伝寺	南宋	平成 2.06.29（1990）	未指定より
141	◎	帯（三沢初子所用）	仙台市博物館	江戸	平成 3.06.21（1991）	未指定より
142	◎	黄地牡丹蓮唐草文緞子胴服	小野市立好古館	桃山	平成 4.06.22（1992）	未指定より

番号	区分	名称	所有者	時代	指定年月日	
143	◎	能装束　白地桐竹鳳凰桜芦文繍箔肩裾	東京国立博物館	桃山	平成 5.06.10 (1993)	未指定より
144	◎	白地松鶴亀草花文繍箔肩裾小袖	泉大津市織編館	桃山	平成 6.06.28 (1994)	未指定より
145	◎	能装束　茶地百合御所車文縫箔	東京国立博物館	桃山	平成 7.06.15 (1995)	未指定より
146	◎	刺繍阿弥陀三尊来迎図	徳川黎明会（徳川美術館）	鎌倉	平成 8.06.27 (1996)	未指定より
147	◎	緋地羅紗合羽 白地天鵞絨陣羽織	もりおか歴史文化館	桃山	平成 8.06.27 (1996)	未指定より
148	◎	刺繍種子阿弥陀三尊図	MOA 美術館	南北朝	平成 9.06.30 (1997)	未指定より
149	◎	刺繍種子両界曼荼羅図	太山寺	鎌倉	平成10.06.30 (1998)	未指定より
150	◎	緋地羅紗違鎌文陣羽織	東京国立博物館	桃山	平成11.06.07 (1999)	未指定より
151	◎	萌葱地葵紋付小紋染胴服	江戸東京博物館	江戸	平成12.06.27 (2000)	未指定より
152	◎	紅地雪持橘文様唐織小袖	京都国立博物館	桃山	平成14.06.26 (2002)	未指定より
153	◎	白地葵紋紫腰替辻が花染小袖	徳川黎明会（徳川美術館）	桃山	平成15.05.29 (2003)	未指定より
154	◎	黒紅地花卉文様繍箔小袖	東京国立博物館	江戸	平成15.05.29 (2003)	未指定より
155	◎	紫地葵紋付葵葉文様辻が花染羽織 浅葱地葵紋散文様辻が花染小袖	徳川黎明会（徳川美術館）	桃山	平成16.06.08 (2004)	未指定より
156	◎	黄地蝶梅文様繍狩衣 黄地牡丹文様繍狩衣	白山神社	江戸	平成16.06.08 (2004)	未指定より
157	◎	能装束　萌葱地繍狩衣ほか	古沢厳島神社	桃山	平成17.06.09 (2005)	未指定より
158	◎	能装束　紅浅葱地菊笹大内菱文様段替唐織	厳島神社	桃山	平成18.06.09 (2006)	未指定より
159	◎	紺黄染分綸子地竹栗鼠梅文様振袖	文化庁	江戸	平成18.06.09 (2006)	未指定より
160	◎	白繻子地紅梅文様描絵小袖（酒井抱一画）	国立歴史民俗博物館	江戸	平成19.06.08 (2007)	未指定より
161	◎	能装束 金紅片身替詩歌文様厚板	東京国立博物館	江戸	平成19.06.08 (2007)	未指定より

番号	区分	名称	所有者	時代	指定年月日	
162	◎	明官服類（文禄五年豊臣秀吉受贈）	妙法院	明	平成20.07.10 (2008)	未指定より
163	◎	濃茶麻地菊棕櫚文様帷子	京都国立博物館	江戸	平成21.07.10 (2009)	未指定より
164	◎	黒綸子地波鴛鴦文様小袖	東京国立博物館	江戸	平成22.06.29 (2010)	未指定より
165	◎	染分綸子地御所車花鳥文様繡箔小袖	J. フロントリテイリング史料館	江戸	平成23.06.27 (2011)	未指定より
166	◎	伝法衣	円覚寺	南宋～元	平成23.06.27 (2011)	未指定より
167	◎	伝法衣	東福寺	南宋、鎌倉	平成24.09.06 (2012)	未指定より

第4章　ジャンル、国境を超えた境界的作用史

モニスムスと生気論と生命中心主義

――宮澤賢治／中原實／バウハウスにみる芸術と生命――

前田富士男

はじめに

一九一〇／二〇年代のわが国の活気にみちた個人解放の文化思想、すなわち既成の制度・規範や観念にとらわれない自立的個人による文化価値の実現を志向する思潮は、哲学者桑木厳翼らによって「文化主義」と呼ばれた(1)。今日のわれわれからみれば、社会運動に接続するこうした文化主義は、ドイツを中心にこの時期に先行したラディカルな「生活改善運動（Lebensreform）」や、表現主義・抽象表現ほかの「芸術運動」に呼応する展開と位置づけてよい。

こうした思潮は鈴木貞美によって「大正生命主義」と呼ばれ、その内実は一九二二（大正一一）年三月に雑誌『改造』に発表された哲学者田辺元の論考「文化の概念」にうかがえると指摘された(2)。田辺の論考は、二〇世紀初頭におけるドイツ新カント派の哲学者ハインリヒ・リッカート（一八六三―一九六三）に依拠しつつ、従来の「文明（Civilisation）」に代えて「文化」の概念を再提出する。すなわち、われわれは、自然の活用や利用、克服による物質文明を批判しつつ、近代におけるその危機的局面を打開するためには、「広く精神的物質的の両面に亘りて我々の生活内容を豊富にし、心身の活動を阻害するものから之を解放して、自由に其要求を満足せしむる内容の創造を文化とすること」を目指さねばならない。そしてこの新しい文化活動の根底には「現代の思想を支配する基調としての生命の創造的活動を重んずる傾向」が脈打っており、「生命主義（Biologismus）の立場における文化」こそが重要だと指摘する。(3)

鈴木は、一九一〇年に欧米の旅から帰国した高村光太郎が雑誌『スバル』に発表したマニフェスト「緑色の太陽」（一九一一年四月）を大正生命主義の誕生とみなす。「僕は芸術界の絶対の自由（フライハイト）を求めてゐる」。そして鈴木は、大正生命主義の開花として、「ベルクソンの『エラン・ヴィタル』を独自に咀嚼して、生命のほとばしりが秩序に対する『乱調』となることを大胆に肯定する」アナーキスト大杉栄（一八八五―一九二三）の詩「むだ花」（一九一三年）を引く。

生は永久の闘いである。
自然との闘い、社会との闘い、他の生との闘い、
永久に解決のない闘いである。／
闘え。
闘いは生の花である。
みのり多き生の花である。〔…〕

この生の闘いは芸術と宗教の克服を目指したが、それにもかかわらず徳富蘆花、與謝野晶子、武者小路実篤、平塚らいてう、室生犀星ほかに継承され、大正生命主義の流れをつくる――それが文学・思想史研究における鈴木の指摘である。(4)

ここで、美術に眼を転じよう。村山知義（一九〇一―一九七七）は、「マヴォ」の最初の展覧会を一九二三年七月二八日から開催し、その直後の一九二三年八月六日から、マヴォ展覧会に連動するかたちで小品展覧会を神田小川町の流逸荘で開いた。村山は、この小品展展覧会カタログに「マヴォの宣言」を掲載した。(5)三章からなる宣言の第一章は運動の理念を語り、その末尾ちかくの第九節は、次のように宣言する。

> 私達は尖端に立つてゐる。そして永久に尖端に立つであらう。私達は縛られてゐない。私達は過激だ。私達は革命する。私達は進む。私達は創る。私達は絶えず肯定し、否定する。私達は言葉のあらゆる意味に於て生きてゐる。比べるに物のない程。〔傍点、原文〕

ここにも闘いの主導理念たる「生きてゐる」が傍点を付して強調されている。それゆえわれわれは、大正生命主義の現れをここにも認知してよいと考えるだろう。とはいえ、近年の大正期美術史研究を参照すると、われわれの理解は短見にすぎないとも思われる。なぜなら、雑誌『アトリヱ』一九二九年五月号の特集「新形態美断面」を一例にあげれば、村山知義の「最近の芸術に於ける機械美」をはじめ、仲田定之助、神原泰、中原實らの論文の基本的関心はもっぱら「機械美」にむかうからである。むろん「生きてゐる」とは革命に進む行為である以上、「新形態」が機械をテーマにする事態も生命主義とみなせないわけではない。しかし、五十殿利治の画期的な研究書『大正期新興美術運動の研究』ほかの優れた美術史研究をたどる読者は、「大正期新興美術運動」が「構成主義」や「機械」を主題化しており、したがって文学における「生命主義」とそのベクトルを異にしていると感じざるをえないだろう。

そうした視点からあらためて文学・思想史研究を眺めるとき、大正生命主義が個々の創作活動から社会運動にまたがる大きな振幅と多様性を持つとしても、鈴木ほかによる「生命主義」の基本的な理論構築がベルクソン、ウィリアム・ジェイムス、ショーペンハウアー、ニーチェ、リッカートを焦点としてきた事態に気づく。このこと自体は正当な手続であり、たとえば哲学者中村雄二郎による論考「哲学における生命主義」のベルクソン、ニーチェから西田幾多郎、和辻哲郎へと展開する分析は重要かつ意義深い(6)。だが、ドイツの同時代の生命研究をめぐるわれわれの現代的関心に立つと、生物学者ヘッケルと化学者オストヴァルトの生命哲学的一元論やドリーシュの生気論に関する論点もまた、不可欠である。もちろんこうした研究者たちの活動はわが国の生命主義研究で、それなりに言及されてはきた。しかし、ともすれば研究史ではいわば文化的「イズム」として統括され、その細部への検証が不足してきたように思われる。生命主義／生気論と文化運動に関するドイツの研究状況をみると、たとえば一九七一年のグンター・マルテンスによる表現主義と生気論に関する文学史研究をあげるまでもなく、今日における「生活改善運動」と芸術運動との関連にむけた批判的検証、あるいは生命中心主義と芸術的制作論との照合、また科学主義や科学革命とも異なる「科学の民衆化（ポピュラー・サイエンス）」の追究にいたるまで、イズムとしての総括的な生命主義ではなく、心脳問題や創発性のような現代的な知の課題に通底する重要な思想や実践活動として生命研究の多様なアスペクトが検討されている。(7) この小論では、そうした研究を踏まえ、またさらに考察を深めるために二〇世紀初頭のドイツにおける生命研究の動向の基本的な方位とその根底に働いている概念装置としての「階層」と「浸透」と「転移」に注目したい。この問題相は思想史・科学史ではなく芸術学の立場からみると、二〇世紀初頭の変革著しい時代における芸術的制作論の問題に連動するからである。

一・ヘッケルとオストヴァルトのモニスムス

一九一〇／二〇年代の「文化主義」と「生命研究」の思想や運動の重要な焦点は、ドイツに即してみれば、わが国ではおよそ議論されない「モニスムス（Monismus）」にある。モニスムスとは広義には、真の実在を一として措定する「一元論（monism, Monismus, monisme）」を意味する。自己と宇宙、善と悪などの対立的二元性を基盤とするグノーシス派に対して一者からの発出を提示したプロティノス、また、デカルトの物心の二元論に対抗してそれが同一実体の変様であると主張したスピノザ、絶対者と有限者の関係を絶対精神の弁証法的自己展開とみなしたヘーゲルは、一元論を代表する思想家である。これは周知の哲学史的確認にすぎないが、一元論をいま「モニスムス」と表記するのは、固有名詞としての意味づけにもとづく。というのも、生物学者エルンスト・ヘッケル（一八三四―一九一九）は、一九〇六年一月にイエナで「ドイツ一元論者同盟（Deutscher Monistenbund）」を創設し、生物学領域から独特な思想運動を提唱したからである。

ヘッケルは、ヴュルツブルク大学医学部でルドルフ・フィルヒョーに細胞病理学を学び、一八六五年にイエナ大学動物学教授に就任した。ダーウィンの進化論をふまえた画期的著書『有機体の一般形態学』（一八六六年）は、実験生物学的な方法を明確化し、また個体発生が系統発生を反復するという発生原則を提唱した。後年に発表した啓蒙的な図解集『自然の芸術的形式』（一八九九年）が世紀末のアール・ヌーヴォーの芸術家たちに与えた影響力やエコロジー概念の提唱などから、ヘッケルは「生命主義」のイズム確立者として位置づけられてきた。だが、この点は慎重に考察すべき点だろう。ヘッケルは、物質としての存在こそ自然の形式と認識するから、つねに反形而上学を規範とする「自然主義」としての一元論の立場を貫く。思想史での自然主義とは、自然界の外には世界の存立根拠を認めない立場で、「科学主義」と同義である。しかし、ヘッケルは生物学者として、生物の秩序が創発的であることも認識しているから、唯物論／唯心論の二元論を択一的に唯物論に差し戻しはしない。ヘッケルは、生命における心的な現象を認知し、同時に、あくまで世界の根本に物理的な実体を措定する。すなわち、ヘッケルのモニスムスは、自然主義・科学主義であり、しかも非還元主義なのである[8]。

ヘッケルのモニスムスは、『宇宙の謎』（一八九九）によって告知された。同書は、一般読者にむけて一元論を記述した代表作で多大な反響をえたが、簡潔な論旨にとまどう声もあり、ヘッケルはあらためて『生命の不可思議――生物学的哲学紹介』（一九〇四）を出版し、彼の見解を詳述した。生命体・有機体は、その「物質的基礎としてプラズマ、すなわち『生命物質（Lebensstoff）』、換言すれば、粘液状の集合状態にある含窒炭素化合物を有する個体的生物」にほかならず、この化合物を「滲透（Osmose）という物理学的作用」から説明する。ヘッケルは、原形質の裸出した原細胞としての「器官なき有機体」モネラや、生命物質としてのプラズマを仮説的に想定し、物理化学的な法則から生命の本質を解明してゆく[9]。

ヘッケルの生物学がモネラやプラズマといった特異な概念を前提にするとしても、われわれはその基本を個体（Individuum）概念における「序列（Ordnung）」性に確認してよいだろう。ヘッケルは主著『一般形態学』で、あらゆる生物に関して形態学、生理学、系統学の三つの様態を想定しつつ、その根本を形態学的個体に見いだす。それは、1．細胞質体（Plastiden）、2．器官（Organe）、3．体幅（Antimeren）、4．体節（Metameren）、5．個生物（Personen）、6．群生物（Cormen）からなる。(10)ヘッケルはこの序列を階層（Stufe）とも呼び、これらの序列／階層の間に、細胞質体から上方へとむかう階梯状の関係を想定した。しかし、生物的個体はこの梯子状の階層を予定調和的に上昇してゆくわけではない。各階層それぞれにおいて、無性生殖のような生成運動が展開されることが重要で、たとえば細胞質体の階層では卵割のような細胞分裂が行われ、また器官の階層では体壁に芽体を出して別な器官をつくってゆく出芽が行われるなど、六つの各階層はそれぞれに固有で、しかも類比した生成運動を展開するわけである。それゆえ、各階層それぞれに幾何学的な根本形式も想定されうるのだ。ヘッケルは、このように各階層で生成運動が展開している事態を確認し、しかもこうした個体内の階層性を類比的に生命世界に認知する。つまり、個体発生は系統発生を反復するとのヘッケルの著名な「反復説」も、こうした階層性を歴史の水準に拡大し、いわば「階層性の反復」を提示する主張だったとみなして差し支えないだろう。一八六六年に刊行された『一般形態学』のこうした階層性の論述は、やがて一八九九年の『宇宙の謎』では、より一層拡大された。

『宇宙の謎』の第七章は、「心の階梯（Stufenleiter der Seele）」と題する。(11)これは言うまでもなく、形態学的個体における生物学的な「階層（Stufe）」を、人間の意識や精神へ適応させる試みにほかならない。ヘッケルは、まず感覚の階層性を原初的な刺戟と反応の層、感覚受容器の形成の層、その分化としての嗅覚・味覚・触覚・温覚・聴覚・視覚の層、諸感覚の結合としての表象の形成の層、そして印象と体験形成の層の五階層に確認し、次に、表象の四階層、記憶の四階層の説明と進み、さらに理性の階層、意志の階層へと、論述は展開する。こうした心（Psyche）の階層も、その根底をなす細胞質体のプラズマの機能の現れとみなされる。ヘッケルのモニスムスは唯心論でも唯物論でもなく、あくまで神的実体（人格神でない）と自然との一元性を認めつつ、しかも神的実体という一元性をこうした諸階層間の範列的飛躍から基礎づけてゆく。こうした適用はむろん奇妙な逸脱や一種の信念や信仰と思われたから、モニスムスは当然批判を招かざるをえなかった。

　だが、生物学の系をめぐるこの並列的階層性の範列《パラディグマ》的論理は、力学的機械論的な定量性にもとづく系の直列的階層性の論理とは当然、方位を異にしている。なぜなら、低次の層が高次の層を支えるという階層性は、因果論的直列性ではなく、固有な並列性のなかでこそ、はじめて生命のメタモルフォーゼを解明しうるからだ。

　われわれからみると、並列的階層性とは言い換えれば、自己複製性にほかならない。そして、物質の根幹をなす細胞質の膜をめぐる「浸透（Osmose）」や、その膜間の代謝、すなわち「転移（Phasenübergang, Phasentransformation）」は、階層間移行の動き、つまり自己複製という営みを発動させる最初の契機である——ヘッケルはそう洞察していた、とわれわれは考えたい。

　生物学者ヘッケルとともに一元論を支えたのは、触媒研究で一九〇九年にノーベル賞を受賞した化学者ヴィルヘルム・オストヴァルト（一八五三—一九三二）である。オストヴァルトは、物理化学という新領域を開拓してライプツィヒ大学教授として盛名をえていたが、一九〇八年にみずから退職し、科学と哲学を統合する壮大な仕事に取り組んだ。一般に一九一〇年代のオストヴァルトの活動は、ドイツ工作連盟に協力して行われた一九一六年の『色彩入門』に始まる色彩研究で名高い。事実、色彩学ではアメリカのアルバート・H・マンセル（一八五八—一九一八）の『色彩表記』（一九〇五年）、『色彩アトラス』（一九一五年）とともに、オストヴァルトの色彩オーダーは、現代の表色体系、色彩オーダーの基礎を確立した業績として知られる。しかしオストヴァルトはこの時期に、専門の物理化学を基盤としつつ、精神生活をも「エネルギー」の変容とみなす一元論を提唱し、ヘッケルの主宰する「ドイツ一元論者同盟」に参加して、一九一一年から一五年にはその代表を務めた(12)。

オストヴァルトによれば、「生命の本質的特徴は不断のエネルギー活動である。ある生物体とは、なにを差し措いてもまず継続的にエネルギーを外部より摂取し、継続的にそれを外部へ放出するひとつの形体であり」、また「内部の変転にもかかわらず、或る一定の存続性を保持する定常的形体」にほかならない。さらに生命体における個体の維持、種族の維持という二つの特性をあげたうえで、「あらゆる生物は、そのエネルギー的原体を、先ず第一に化学的エネルギーの上に建設する」と確認する。なぜなら化学的エネルギーはあらゆるエネルギーのうちで「最も凝縮した、同時に最も貯蔵されるに都合よき形を有するから」である(13)。すでに当時、エネルギー概念はカルノー、ユーリウス・ローベルト・マイヤー、ヘルムホルツほかによって明確化され、また物理的な光エネルギーを化学エネルギーに変換する光合成の生化学的機構は植物生理学者ユーリウス・フォン・ザクスによって葉緑体の作用として解明（一八六二年）されていたから、実験室の作業のみならずアリストテレスやライプニッツなど科学理論史にも通暁していたオストヴァルトにとって、エネルギー論は科学哲学的にも大きな発展可能性を持っていた。エネルギー保存則や熱力学第二法則のエントロピーを前提としながら、この物理化学者は、化学エネルギーを生命という開放系の中核におく。「生物の有する限りなき多様性は、之を比較的無差別的なる空間エネルギーに帰着せしめることが出来ない。それ故、既知のエネルギー中、この多様性の担荷者として考へられるものは化学的エネルギーより外にないのである」[14]。オストヴァルトはみずからの理論を「エネルギー学（エネルゲーティク Energetik）」と命名し、一元論の立場からこの思想を世に問う活動を進めてゆく。オストヴァルトはモニスムスの啓蒙のために設けた有名な日曜説教会でも平易に語りかけて倦まない。「存在している作用（Wirkung）のすべては、そのつどのなんらかのエネルギーの転位（Umwandlung）に例外なくもとづいています。そもそもエネルギー転位でないような出来事は存在しません」[15]。そして多様な力学的・熱・光・電気のエネルギーの諸相でも、その中核をなす化学エネルギーの「転位」こそが、生命はもちろん、生命体の意識や精神、倫理をも形成すると宣言した。オストヴァルトは、こうした「転位」や、また後述するような化学現象における「形種（Formarten）」や「相（Phase）」、個体・液体・気体の相転移などを論述しつづけたから、思想の根底に「階層性」と「転移・転位」をおいていたとみなしてよい。

今日の概念を適用すれば、生物・生命体とは「創発的で、自己複製する全体」という開放系にほかならない。モニスムスは、こうした全体のなかに形而上学的な実体を措定せず、つねに科学主義の立場から物理学的浸透や化学的エネルギーの機制を定位した。この機制を精神や倫理に拡大する論理的逸脱がモニスムスにあったことは事実だとしても、モニスムスの生命主義を語るときには、ヘッケルやオストヴァルトがいわば「開放系」をめぐって、複数の「階層」の並行や、階層間の自己複製的作動契機としての「転移・転位」を見据えていた事実は見過ごしてはならない。

二　生命主義の方位――ドリーシュとフランセ

二〇世紀初めの「生命研究」に言及するとき、われわれはその議論の水準を四つに識別しなくてはならない。第一は、ニーチェやベルクソン、ディルタイほかの生命思想とダーウィンの進化論を視野におく哲学的な言説である。周知の問題圏だから、ひろく「生の哲学」としておこう。[16]第二は、「生命論／生命主義（Biologismus）」である。これは、生命の発生をめぐる厳密な科学主義の立場にたって、精神と物質、心と身体、神と自然、人間と自然という二元論を拒否し、しかしながら、たんなる物質主義にむかわず、つまり還元主義的に精神を消去することなく、もっぱら「精神の物質性」を追究する。以上に述べてきたヘッケルとオストヴァルトが代表する「モニスムス」である。現代における心脳同一説にも連続するこのモニスムスの立場は、他方で、科学の民衆化を積極的に志向した特異な運動体でもあった。

第三に、「生気論（Vitalismus）」をあげねばならない。これは生物学者ハンス・ドリーシュ（一八六七―一九四一）の立場で、とくに新生気論（Neovitalismus）と呼ぶことも多い。ドリーシュはヘッケルに学んで、まず機械論的な立場から、ウニの発生について実験生物学的な方法を確立した。しかしウニの発生の細胞期に分離、附加、組み替えがあっても、破損にいたらず、小さいながら形態的に完全な幼生ができる事実を実験的に確認した。つまり、各部域は等しく予定能（prospective Potenz）を持つはずだが、そこに変更が生じたわけだから、機械系ではなく、全体を予定調和的につくりうる調和等能系（harmonisch-äquipotentielles System）を想定せざるをえないと洞察した。[17]発生過程における四細胞期でも八細胞期でも、それを切断すると、それにもかかわらず完全な幼生が成立する事態は、機械論や前成説的な理論では説明しえない現象である。細胞分化と形態発生の各細胞期のある状況下においても、全体形成にむかう秩序調整の機構が作用しているとの主張である。各細胞期を一種の「階層」と考えれば、分化と発生をめぐる各階層を接続する機構が追究されたとも言えよう。ドリーシュはこの機構を「エンテレヒー」作用として認知するように、理論的に要請した。ただし、オストヴァルトのような物理化学理論からの基礎づけがなかったために、その『有機体の哲学』（一九〇九年）は、アリストテレス的な旧来のエンテレケイア概念の継承にすぎないとみなされ、近代生物学の水準にない理論として学界から批判された。ドリーシュ理論はモニスムス、とくにオストヴァルトのエネルゲーティクと共通する発生学的関心のはずだが、エンテレヒー概念のゆえか、モニスムスからも無視される憂き目をみた。しかし今日の自己組織化や創発の概念を想起するまでもなく、ドリーシュの取り組みは再検討されるべき局面にある。

ドリーシュは、ヘッケルのイエナ大学グループが総力をあげて創設したナポリ海洋生物学研究所(Stazione Zoologica Anton Dohrn, Napoli) に一八九一年秋から一九〇〇年まで勤務し、多くの業績をあげた。その後、ハイデルベルク大学を経て、一九一一年からケルン大学哲学科教授に就いた。一九二四年頃から超心理学（Parapsychologie）の研究に着手したためか、ドリーシュの研究はますます誤解されがちだが、生命体の発生・形成に関する厖大な業績の意義は強調してもしすぎることはない。ドリーシュとヘッケルは一般に対立的関係とみなされるけれども、いま詳論する余裕はないが、筆者の行ったイエナ大学附属研究所エルンスト・ヘッケル・ハウスでの資料調査、とくに二人の間の書簡の検討にもとづけば、けっしてそうした間柄にはない。ただし、ドリーシュはナポリ、ハイデルベルク、ケルン時代に緻密な有機体論を展開したが、モニスムスとは異なり、科学の民衆化を目指す運動には関心を寄せなかった。

第四に、「生命中心主義（Biozentrik, Biocentrism）」である。この概念は近年、美術史学のオリヴァー・A・I・ボーター（一九五七―）によって提示され、一九世紀後半から二〇世紀初めにおいて、生の哲学（ニーチェ、ベルクソン、ジェイムス、ジンメル、クラーゲス）や生物学・感性学（ヘッケル、ドリーシュ、フランセ、マッハ）からドイツ一元論者同盟、生活改善運動ほかにまたがる広範な生命研究を近代美術に接続する役割を担う。そもそもこの概念は厳格さを意図的に追究せず、むしろ自然ロマン主義（Naturromantik）を一九世紀の生物学の展開に重ねあわせ、ハンガリーの美術批評家エルネー（エルンスト）・カライが一九三〇年代初めに用いた「生命ロマン主義（Bioromantik）」と同じく、包括性を主意とする概念である。[18] すでに生命研究と近代芸術との関連を追究してきた研究者にとって、ボーターの関心や問題提起はさほど斬新ではない。むしろボーターの研究の重点は、これまであまり視野に入ってこなかった東欧系の芸術家と批評家、思想家を積極的に位置づける試みにあると言えよう。すなわち、ラースロー・モホイ＝ナジ、カライ、そして生物学者ラウール・ハインリヒ・フランセ（一八七四―一九四三）である。本論のわれわれの視点からみると、フランセに関する評価が興味深い。ボーターは先に述べたように、生物学者としてヘッケル、ドリーシュらとフランセを並置するが、フランセはブダペストで医学や植物学を学び、一八九八年から植物疫学研究所の実務に就いた研究者で、やがてミュンヘンに出て一九〇八年から一九年まで植物研究所を主宰した。フランセは在野の研究者で民衆科学の執筆者として活動した人物である。その点では、世界的に生物学領域の学術上の最新成果として注目されていたヘッケルや、触媒研究でノーベル化学賞を受賞したオストヴァルトの物理化学的研究、また実験発生学の最新の知見として知られたドリーシュの研究とは異なり、フランセの仕事がそうした学術領域にないことは明確に認識しておかねばならない。

フランセの著作に眼をとおせば、ドリーシュやオストヴァルトの学術的な世界とは異なり、たとえば彼の提示する「生命工学（Biotehcnik）」という用語も、園芸学的な植物研究とラディカルな自然科学史的かつ宇宙論的な展望にもとづく独自な概念構築と理解できよう。しかし、独学で研鑽を積んだ植物研究の自然哲学的な内容は特異ながら、ポピュラー・サイエンス（民衆科学・通俗科学）として刺激と啓発にみちており、画家、建築家やデザイナーなどの制作者にも大きな示唆を与えた。フランセは、ヘッケルを思わせる「プラズマ」概念によって植物の生命活動の機能を解明する著述をはじめ、植生の環境を論じる著作を発表して、注目を集めた。プラズマ概念は拡大され、固体・液体・気体につぐ別種な「相」として想定され、その多様な作動や機能が提示された。思想史研究のペーター・ベルンハルトは、フランセの機能主義概念がバウハウスの作家たちに影響を与えたと分析している[19]。この解釈については慎重に検討する必要があるとしても、実作者たちに科学的イメージの拡大をもたらした事実は肯定してよい。すなわち、「生命中心主義」とは、フランセに代表されるように、魅力的な民衆科学者が美術、建築、デザインの領域に影響を及ぼした生命環境研究の領域と理解しておこう。

以上に論じてきたとおり、広義での「生命研究」は、哲学的言説としての「生の哲学」、社会的運動も主導したヘッケルとオストヴァルトの生命論／生命主義の「モニスムス」、ドリーシュによるエンテレヒーの「生気論」、フランセに代表される民衆科学としての「生命中心主義」という四つのアスペクトを持つと考えたい。やや長い考察となったが、曖昧になりがちな生命主義概念であれば、こうした確認は欠くわけにゆかない。

われわれが芸術学や美術史学の観点から生命研究に注目するのは、いささか粗略にひびくかもしれないが、生命・生物の発生や成長をめぐる関心が芸術作品の「創造性」の問題と重なりあうからである。あらためて生物学研究における創発や代謝の概念をドイツ語で再確認しておこう。創発（Emergenz, Auftauchen）と代謝（Metabolismus, Stoffwechsel）の生命の営みとは、物質の変換（Stoffwechsel）に際して、ふと浮上する（auftauchen）出来事の過程以外の何ものでもない。とすれば、この過程に、抽象絵画作品をあげるまでもなく、具体的な芸術制作の手続を重ねて想起してよい。そもそも作品制作とは、部分の集合としての個体をつくりあげ、そこに一つの個体としての単体性（Einheit）を確保し、時間的変化の過程での同一性（Identität）を発現させる営みである。それは、ヘッケルやオストヴァルトの追究した細胞の分化や形態形成、浸透、エネルギー転位に等しく、ドリーシュの語るように、等能系的諸部分に機能する局所化の作動でもあり、フランセの強調する相転移にも似て、石や紙、布、材木、金属、絵具という物質の相を別様な表情に変換・転移させてゆく手続にほかならず、また実在する事物の相に創発性を模索する行為以外の何ものでもない。

伝統的な規範的技法を解体しつつあった二〇世紀初頭の芸術家たちは、自身の新しい制作論の構築に直面せざるをえなかった。そうであればこそ、「生き生きとした作品」を実現するうえで、彼らがこうした生命研究的過程論に注意をむけなかったはずはない。

三．宮澤賢治と中原實

宮澤賢治（一八九六―一九三三）は、一九二四（大正一三）年四月に刊行した詩集『春と修羅』のなかに、「真空溶媒」として二編の詩／心象スケッチを収めている。その二番目の作品は「蠕虫《アンネリダ》舞手《タンツエーリン》」と題された[20]。

（えゝ　水ゾルですよ
　おぼろな寒天《アガア》の液ですよ）
日は黄金《きん》のバラ
赤いちひさな蠕虫《ぜんちゆう》が
水とひかりをからだにまとひ
ひとりでをどりをやつてゐる
（えゝ　8《えいと》　γ《ガムマア》　e《いー》　6《スイツクス》　α《あるふあ》
　ことにもアラベスクの飾り文字）

引用部分は冒頭の八行にすぎないにせよ、ミミズかゴカイのような環形動物が不思議な光の空間を漂うように動くさまが生き生きと感じられる。あたかもカンディンスキーの絵画をみるようだ。この詩集の「真空溶媒」からこの詩に読み進む者は誰しも、自然空間の描写がいつの間にか「alcohol 瓶」や試験管か、あるいは化学実験室の空間に接近する印象を持つにちがいない。清冽な空に浮かぶ雲は「パラフヰン」で、気流の渦は「硫化水素」や「無水亜硫酸」を運びこみ、「硫黄華」を咲かせる。「しろいマヂエラン星雲」の下の「草はみな葉緑素を恢復し／葡萄糖を含む月光液は／もうよろこびの脈さへうつ」。環形動物は「水ゾル」のなかで舞っている。蠕虫舞手とは、ドイツ語を正確に記せば、Anneldetänzerin である。Annelide アネリーデ（環形動物）の語は学名で、ふつうドイツではあまり眼にしないから、賢治が土壌学か生物学から知ったとみなして差し支えない。

こうした化学や生物学、そしてドイツ語の織りなす賢治の小世界から浮き彫りになるのは、ドイツの生命論、モニスムスにほかならない。すでにこうした問題は宮澤賢治研究で大塚常樹ほかによって指摘されてきたが[21]、その関心は賢治におけるモネラやコロイド、エーテルなどの個々のヘッケル的なモティーフにむけられている。本論ではしかし、前述してきた生命研究の「階層性」の構造的概念を手がかりにしよう。その点で、むしろオストヴァルトの存在に注目したい。

読書家であった宮澤賢治の蔵書は戦災で消失の憂き目をみたが、小倉豊文の報告「賢治の読んだ本」によれば、トルストイの芸術論やマルクスの資本論の翻訳、また石川三四郎の著書『非進化論と人生』などとともに、「独乙の自然科学者で哲学者であり、ダーウィンの弟子である自然主義的・進化論的・実在論的一元論者 Haeckel Ernst Heinrich の“Lebenswunder”（「生命の不可思議」）や、この派の科学的唯物論に反対して、エネルギーによる一元論的世界観を樹立した Oswald. Wilhelm の“Unsterblichkeit”（「不死不滅」）“Was ist Wahrheit”（「真理とは何ぞ」）などの独乙原書が出て来る」[22]。有精堂出版と筑摩書房月報の両版がともに小倉豊文の原稿を正確に復刻しているとすれば、ヘッケルとオストヴァルトの人名表記に誤記もあるが、しかし小倉の記述は示唆深い。小倉の記載により、賢治がモニスムスについて明確な理解を持ちえたと推定してよい。まずヘッケルについてみれば、本論註９に示したように、モニスムス運動に最重要な文献二点、つまり『宇宙の謎』と『生命の不可思議』は一九一八年にはすでに翻訳で読めたわけで、わが国でのモニスムスへの関心の高さが明らかだ。賢治もそうした気運を肌で感じとっており、ドイツ語に堪能だったから原書をわざわざ入手したのだろう。他方で、オストヴァルトの二点の著作が示唆深い。

“Unsterblichkeit”と“Was ist Wahrheit”は、実はともに「独乙原書」ではない。二書は、東京で一八七九年に創業した医学系・化学系そしてドイツ語系の出版社南江堂が編集・刊行したドイツ文化の啓蒙的紹介およびドイツ語教科書を兼ねたシリーズ「Nankodos Schulausgabe neuerer Schriftsteller（南江堂最新作家紹介教科書）」の第三巻と第二巻にほかならない。[23] とはいえ、看過できないのは、この二書がオストヴァルトのモニスムス関連の啓蒙的な「日曜説教集」の一部で、モニスムスの活動の資料として最重要なひとつに該当することだ。つまり、ヘッケルとオストヴァルトによるモニスムスの生命論は、ドイツ一元論者同盟の発足した一九〇六年から時を経ずにわが国に紹介され、的確な文献紹介や翻訳が行われていた事実である。南江堂の編集・出版は特殊な新機軸であったのではない。一元論の哲学者として重要なエルンスト・マッハとオストヴァルトの講演五篇を収めた伊藤兼一編ドイツ語版「Populärwissenschaftliche Vorträge（民衆科学講演集）」が南山堂から一九二八年に刊行された事実も勘案すれば、大正期の旺盛な文化活動が理解できよう。そして、こうした関心がけっして斬新な欧米文化のたんなる移入ではなく、より積極的に近代的精神のありようを問いかける取り組みだったことも明らかである。

ヘッケルは『宇宙の謎』第一四章で、「機械的エネルギーと化学的エネルギー、音と熱、光と電気は、相互に移行しうるもので、ひとつの同一の原的力（Urkraft）、すなわち『エネルギー』の多様な現象形式でしかないことを示している。このことから有意義な命題、つまりあらゆる自然の諸力の単体性（einheit）という命題が帰結できる。それをわれわれは『エネルギーのモニスムス』と呼ぶのだ」と明記した[24]。こうした発言はモニスムスの盟友であった化学者オストヴァルトの存在を大きく映しだす。物理化学の確立者と評されるオストヴァルトは、電解質の電離平衡に関する希釈法則（一八八八年）の発見や触媒研究、硝酸製法、色彩論、科学史研究ほかの傑出した業績をあげ、また化学エネルギーへの関心から「エネルギー学（エネルゲーティク Energetik）」をつよく推進した。エネルギー学はむろん、デカルトとライプニッツの活力論争ほかを前史として、ユーリウス・ローベルト・フォン・マイヤー（一八一四―一八七八）のエネルギー保存則（一八四二年）の提唱やジュール、ヘルムホルツの研究で確立されたが、保存則がそもそも熱力学第一法則である以上、物理化学者としてのオストヴァルトはエネルギー学の強力な代表者となった[25]。エネルギーは、ある系が潜在的に保持し、その外部にむけて行う仕事の量であり、つねに形式転換しうる根本的な力として、科学的に根拠づけられたわけで、オストヴァルトは一九一二年に『エネルギー学的命令法』を出版し、「エネルギーを浪費せず、尊敬せよ」との命令法を一種の社会的なマニフェストとして提示さえした。そしてオストヴァルトは自らの化学者としての立場を簡明に『化学の原理――化学教本総括入門』（一九〇七年）で表明している。この著書は一九一五年に化学者の丸澤常哉訳で『化学の原理』として丸善から訳書が刊行され、一九二〇年までに三版と版を重ねた[26]。そもそも農芸化学を学んだ賢治にとって、この訳書は決定的な重要性を持っていたにちがいない。賢治は、硝酸が肥料生産に果たす役割を知らなかったはずもないから、その硝酸製法の発明者オストヴァルト著の『化学の原理』を精読したことは間違いない。周知のように、オストヴァルトはまたエスペラントに重大な関心を寄せ、その改正版としてのイド語の積極的な推進者でもあった。これも賢治の知るところだったろう。オストヴァルトの著作や思想が日本の化学者によってこのように大正時代に積極的に紹介されていた土壌は、再確認しておきたい。

オストヴァルトの『化学の原理』は、丸澤の訳語にしたがえば「形種（Formarten）」と「相（Phase）」の概念を提示する。物体（Körper）は、その発現の差異から固体・液体・気体の三形種に分類でき、また、均一な気体を圧縮冷却すると気体と液体からなる混合物を生じ、あるいは均一な液体を圧縮冷却すると液体と固体からなる混合物を生じるが、さらに圧縮冷却をつづければ、前者では液体、後者では固体という均一な物質に変化する。このような「混合物中に存する均一な物質」が「相」と定義される。形種と相を区別するのは、多様な物体を構成する共通項として物質（Stoff）を考え、その水準で混合物（Gemenge）、溶体（Lösungen）、純粋物質（reine Stoffe）の差異を想定するからである。同書は、化学の入門書とはいえ、当時のドイツのそれとは異なり、化学結合や分子構造、化学反応の例示的記述はほとんど省略し、自然の階層構造としての形種や相を原理的に追究してゆく内容である。オストヴァルトの読者は、化学エネルギー論の詳細はおくとして、体積と形体をもつ固体、体積を持つが形体を定めない液体、体積も形体も定めない気体の差異がそのエネルギー含有量にもとづく事実や、またそこに生じる多種多様な「相」の差異や転移という事態にあらためて関心を喚起されるはずである。また読者は、オストヴァルトが本書の最後に、元素の異性体（Isomerie）としての電気異性をあげ、イオン（Ion）を論じる箇所も見過ごすわけにゆかない。なぜならイオンは、固体・液体・気体につぐ物質の第四の状態を示すからで、従前の物質観を拡大する契機となったからである。放電研究は当時のドイツの大学における実験科学上の大きな課題だったから、イオン研究は多様に展開しており、オストヴァルトもそうした状況を知悉していたにちがいない。イオンは、分子が電離状態で電子とともに運動する相を意味しており、この状態は、一九二〇年代になると現代科学の用語としての「プラズマ」が適用される。モニスムスを検証するわれわれは、このイオン／プラズマとヘッケルにおける原形質「プラズマ」との関連を想定したくなるとしても、この点は慎重にしておきたい。オストヴァルトはイオンについて相転移（Phasenübergang, Phasentransformation）やプラズマの用語を直接には適用しないが、その立論には、物質に関する従来の固体・液体・気体という相では把握できない新しい「相」の解明に立ちむかう科学者のつよい関心が脈打っている。

宮澤賢治の詩「蠕虫舞手」に戻ろう。この詩における水と光をまとう「蠕虫」はあたかも細胞の動く姿のようであり、生命の力を帯びたプラズマの動きを思わせてならない。また「水ゾル」や「寒天の液」、水晶体や水底は、オストヴァルト理論における液体や固体、気体の「相転移」に類比してよいイメージであろう。「蠕虫舞手」の前におかれた「真空溶媒」の詩は、題名そのものがオストヴァルトの階層転移的な化学エネルギー論を前提とするように思われる。いまこれ以上に賢治の作品を検討する余裕はないし、すでに賢治の詩には多くのすぐれた解釈が存在するから、ここでの筆者の指摘はあくまで試みの第一歩にすぎない。だが、われわれは、モネラほかの個々の、作品内の「ヘッケル・モティーフ」を超えて、作品そのものの制作論的な「階層性」の開示する力動性に賢治のイメージ世界の解釈の拡大を託したい。

ところで一九二一年より、東京の三徳社（一九一七年創業、のちの白揚社）は「民衆科学叢書」として第一編のクロポトキン『動物界の道徳』山川均訳、第二編のベルシェ『人間発生の跡』堺利彦訳ほかを相次いで出版し、翌一九二二年には第七編のＲ・Ｈ・フランス『植物の心』山川均訳を刊行している。この第二編のベルシェとは、ベルリンのフリードリヒスハーゲン・クライスの中心メンバーで、また一九〇六年の「ドイツ一元論者同盟」の創立に参加した偉才ヴィルヘルム・ベルシェ（一八六一―一九三九）であり、第七編のフランスとは、前述したラウール・ハインリヒ・フランセにほかならない。ヘッケルとともにゲーテの自然科学研究の意義を洞察し、カール・ハイネマン編『ゲーテ全集・第二九巻自然科学論集』（一九〇七年）を共担編集した批評家・作家のベルシェに関する研究はわれわれに課せられた緊要な課題以外の何ものでもない。それはおくとしても、フランセの論考がすでに一九二二年にわが国に翻訳紹介されている事実は、看過しえない。フランセのこの山川訳は、『植物の感覚生活』（一九〇五年）の編訳、あるいは英訳からの重訳であろう。[27]フランセはここで、植物の研究が未開拓なままにとどまり、植物にも動物と同じく感覚、神経、心そして精神が宿る事実を近代人が忘失していると糾弾する。フランセが「生命中心主義」の民衆科学的な水準での活動家だとしても、その独自な問題意識がわが国ではやくから注目され、紹介された事実は意味深い。とりわけフランセは第一次世界大戦後、『発明者としての植物』（一九二〇年）、また「客観的哲学の基礎」と題する一連の著作の中核として『ビオス――宇宙世界の諸法則』（一九二一年）、さらに『プラズマ学――未来の科学』（一九二三年）を相次いで出版し、その批評家としての地歩を築いた。[28]われわれの視点に立つと、まず『発明者としての植物』と『プラズマ学』が興味深い。なぜなら、フランセはヘッケルの細胞論に即してプラズマ概念を拡大しつつ、植物の形成活動として木本植物の茎の木質部、つまり「材（Holz）」について、植物細胞の細胞壁や繊維の主成分の「セルロース」を重視するからである。そこには「木質繊維の弾力的な特性、その浸透性、そしてプラズマ膜のコロイド性状（die kolloidale Natur der Plasmahaut）」

が認められ[29]、建築をつくりだすに等しい「発明者としての植物」の活動を明示してやまない。コロイドとは一般に、固体や液体、気体といった分散媒の中に粒子が浮遊している状態を指し、コロイド溶液が液体状であればゾル、固体状になればゲルと呼ばれるが、フランセはこうしたコロイドの「相転移」に生命の重要な働きを見出し、それを「生命工学（Biotechnik）」とさえ名づけた。このようにコロイドとプラズマはフランセの生命研究の重要なキーワードをなしており、『プラズマ学』では生物の細胞から生物の群生にまでこの概念を適用し、一元論的な世界観の担い手の役割を与えている。ヘッケルやオストヴァルトのように厳密な科学的観察や実験に基礎をおく理論ではなかったが、フランセの自然哲学的な執筆活動は一般市民には、新しい宇宙論、環境観としての魅力と説得力を持っていたと言えよう。

山川均によるフランセの翻訳は、社会主義運動家としてドイツ・モニスムス運動に注目した仕事であろうが、労農派マルクス主義者の企画した「民衆科学叢書」の一冊であったから宮澤賢治の眼にとまったにちがいない。またそうした気運のなかで賢治が山川訳とは別に、簡潔な七〇頁ほどの『発明者としての植物』のドイツ語原書を入手し、読んでいた可能性も否定できない。コロイドのゲルやゾル、けむりや雲にむかう賢治の眼差しは、ヘッケルやオストヴァルトよりも、ときにフランセの宇宙論的世界に接近していると言っても、あながち不当ではないからだ。

さて、宮澤賢治とほぼ同年の異色の画家中原實（一八九三―一九九〇）の作品に注目したい。大作《乾坤》（一九二五年）である（図1）。中原は東京に生まれ、日本歯科医科専門学校を卒業後一九一六年にアメリカに渡り、ハーバード大学歯学部に学んだ。一九一七年一一月にパリに移り、歯科医軍医としてフランス軍に任用されたが、また絵画の勉強も始めた。第一次世界大戦終了後の一九一九年からはパリを拠点とする

図1—中原實《乾坤》1925年　油彩　196×200cm　東京都現代美術館

生活を続けながら、ヨーロッパ各地の歯科学の事情を調査し、一九二〇年からはしばしばベルリンに滞在した。従来の研究史にもとづいて[30]、フランスではシュルレアリスムの、ドイツではゲオルゲ・グロスらのノイエ・ザッハリヒカイトの絵画に示唆をえたと一応確認しておこう。一九二三年五月に帰国し、歯科医の仕事と並行して、大正期新興美術の一翼を担い、村山知義と対蹠的な画家・批評家として活躍する。

《乾坤》は一九二五年九月から開催された「三科」第二回展に出品された。大画面は、左上に円環状の星雲と右上に彗星を描く宇宙空間で、中央には眼球状の円形が浮かび、その周辺には放射線や結晶を思わせる幾何学的なフォルムのモティーフが配置され、画面右下には署名、左下部にはドイツ語で「Das Neue Universum（新宇宙）」と銘記が付されている。芸術理論家であった中原は、社会から遊離した絵画ではなく、絵画独自の表現を追究しつつ、しかも「科学より他何もない」との認識に拠ってたつ科学的な絵画を提唱していたから、いわばその実践の端的な事例としてこの大作を制作、展示したと理解してかまわない[31]。この作品の解釈に果たしている鮎川武二の論考「『アトミック』連作推考」（一九九〇年）の役割の大きさは周知の事実で、あらためて紹介するまでもない。鮎川は、一九二三年にノーベル物理学賞を受賞したロバート・ミリカン（一八六八―一九五三）の業績がこの作品のイメージを導く典拠となっており、眼球、原子核、原子配列、スペクトル、元素記号にそれをあとづけ、さらに天文学者エドウィン・ハッブルの銀河系外星雲の発見との関連も記述している。作者中原實との対話をふまえた鮎川の論述でもあり、重要な指摘であることは言を俟たない。五十殿利治も「このような的確な解釈のあとに、さらに付言することはもうほとんど残されていないだろう」と評価する。しかし、「ほとんど残されていない」問題について若干の発言は試みたい。

鮎川論文の意義は高く評価するとしても、美術史学的解釈や受容論的検証という点で、論拠が気にならないわけではない。そもそも中原がミリカンのどのような著作や図解を、いつ、どのように参照し、ハッブルの発見をどこで知り、一九二五年九月出陳の《乾坤》にそれをモティーフとして、いつ描きこんだのだろうか。鮎川はたとえば、一九二三年のハッブルの星雲発見を記しているが、現在の通説ではその論文発表は一九二四年末のようだから、翌年の中原の制作に関連づけるのはやや困難ではないか。物理学者ミリカンの論考にしても、大正末期の活発なジャーナリズムゆえ、われわれの看過しているところで、一九二四年頃に民衆科学的な報道が旺盛になされていたかもしれないが、そうであれば、その具体的な事態の指摘が必要であろう。もちろん鮎川の論述は基本的に同意しうる指摘だが、制作論の考証として不分明な点も少なくない。《乾坤》と表裏一体をなす中原の論考「理論絵画 Neue Theorie」は、興味深い[32]。論中の「すべては科学の上にたつ」や「科学より他何もない」との「科学主義」の言表は、わが国ではアインシュタインの相対性理論やダダの延長上で解釈されてきたようだが、一九二〇年前後のヨーロッパの美術史・芸術学研究からみると、別様な解釈も不可欠だろう。もとより、芸術家が科学主義の立場をとるとき、そこに科学の「還元主義」への単純な共感はありえないし、他方で、自然科学をたんなるパラダイム変換への好奇心から短絡的に志向するはずもない。そうであれば、中原の科学主義を論じるとき、ドイツの生命研究やモニスムスの思潮を照合する立場もありうる。なぜなら、ヘッケルからフランセにまたがるこの運動は、ヘッケルも明言するようにスピノザ主義と異ならず、反形而上学を掲げる科学主義でありながら、あくまで還元主義や唯物論的方法論を拒否する独特な文化運動を旗幟に掲げていたからである。

中原の論考「理論絵画」中に手書きの文字で挿入された「絵画原器」の図解に注目しよう。制作において、刺戟を生む「加熱行為・媒介物」という原動機Aが「磁場・温度・真空度を司るもの」、すなわち「物質の三体」である「固体・液体・気体」Bと連動し、それを導く画家の天才Cの「調節」によって絵画作品Yが成立する。原動機とは「人間生活の精神から筋肉まで除外することのできない、化学反応上の媒介物もしくは加熱に相当する」。絵画作品Yは「感光体」、つまり「フィルムのごときもので」、「一つの版（板・鈑）よう物もしくは幕よう物たるを要する。とはいえ、雲、建物、土地、水面……等、何物をも選定し得る」。中原はこう述べる。つまり絵画制作過程は、一貫して「化学的」な過程と同一視されているとみなしてよい。とすれば、中原のいう「科学」が物理学的力学よりもむしろ熱学的化学に接近していることは間違いない。この点でも、すでに論じてきたように、生命論の科学が熱学的な化学的過程にもとづき、しかも中原の

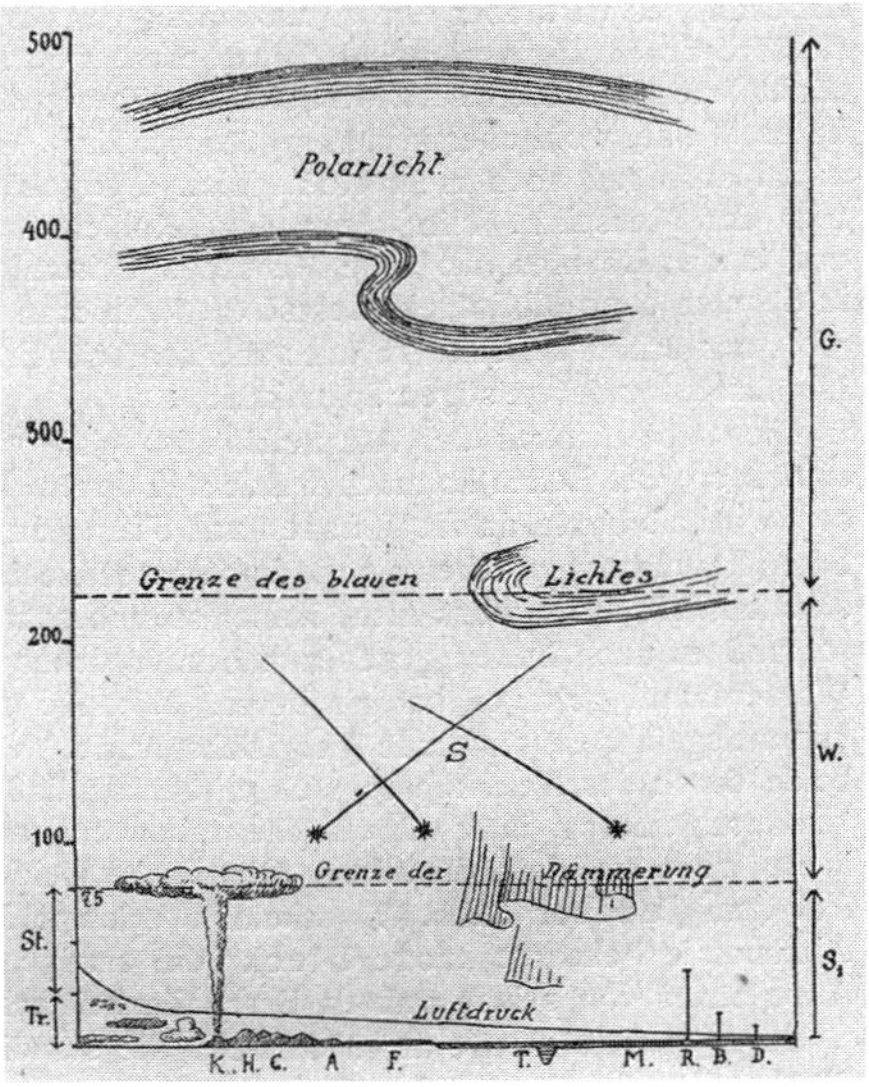

図２―ラプラス理論による太陽系誕生
（Francé, *Bios*, 1921.）
図３―地殻と大気圏（Francé, *Bios*, 1921.）

語る「フィルム」や「感光体」、「固体・液体・気体」、「版」や「幕」は、われわれが指摘した「相転移」への関心と異ならない。もしそうだとすると、中原は実際にドイツの生命研究にどのようにふれたのか。

いまは一冊だけ例示しよう。フランセの『ビオス――宇宙世界の諸法則』（一九二一年）である。[33] 本書は、ヘッケルとオストヴァルトのモニスムスからアインシュタイン理論を展望する宇宙論まで、あるいはロバート・ブラウンの液体媒質中の微粒子の不規則運動（一八二七年）やニールス・ボーアの原子模型（一九一三年）、分子理論から結晶成長、鉱物論、そして地球の生態環境論まで、三章にわたって自然法則論を博覧強記に記述する。太陽系の成立をしめす図2や、地球の地殻と大気圏層やオーロラを示す図3、イオン（図4）、原子核や磁場、深海の発光生物、繊毛類（図5）のほか多数の挿図が掲載されており、中原の《乾坤》の作

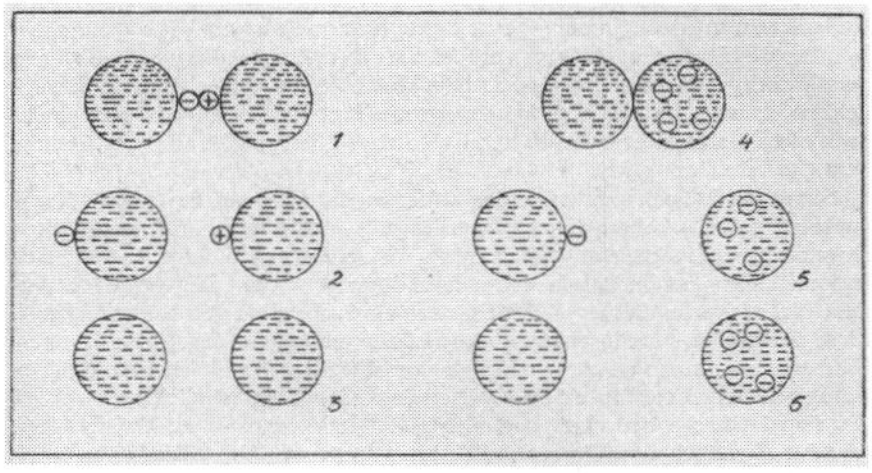

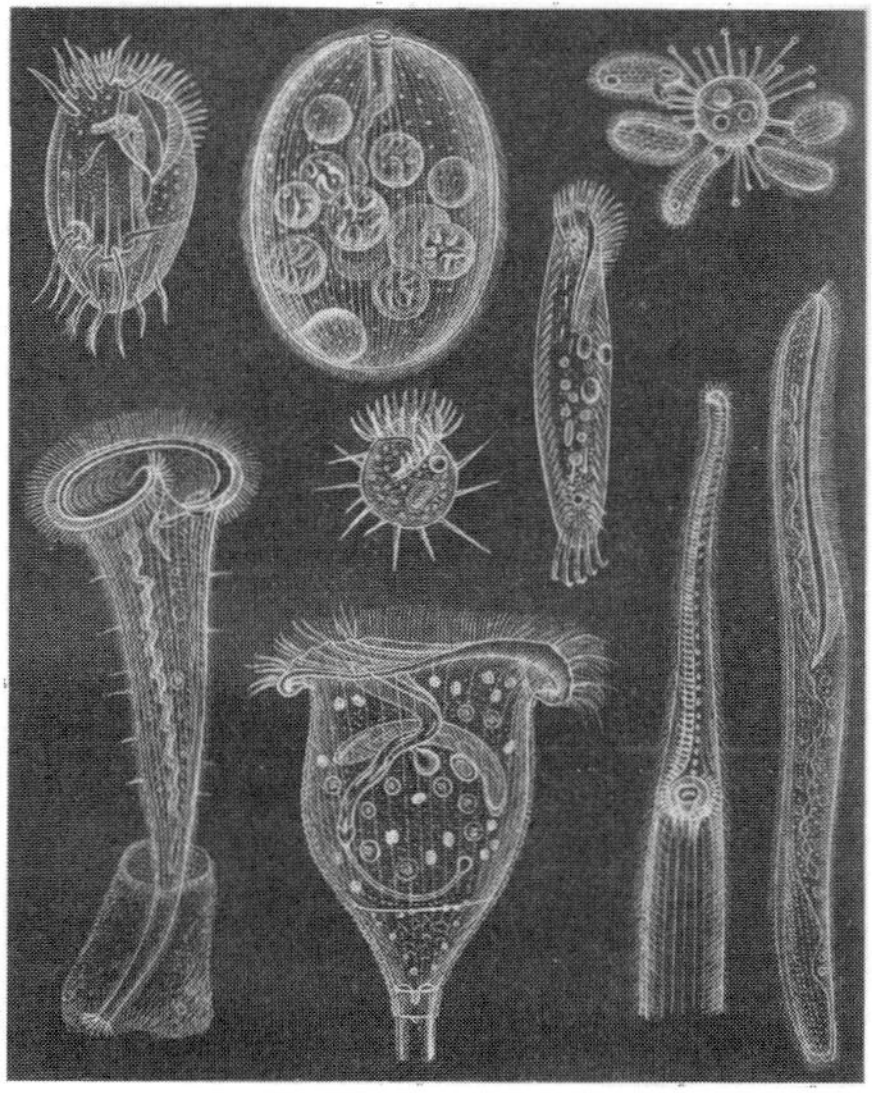

図4―イオン結合模式図（塩基とナトリウム）
(Francé, *Bios*, 1921.)
図5―繊毛類（Francé, *Bios*, 1921.）

品の諸モティーフに対応する図も少なくない。むろん鮎川が詳細に指摘する多様な科学的モティーフがそのまま『ビオス』一〇九点の挿図に見出せるわけではないが、同種の図解やモティーフは、認めることができる。なによりも、《乾坤》における原子、分子から地球の構造をへて宇宙へという階層的な世界像は、フランセの『ビオス』の論述の構成にそのまま対応するとみなして差し支えない。

中原がこのフランセという生命中心主義者の理論を知っていたかどうかは資料的に実証できないとしても、たとえば一九二九年の『アトリヱ』五月号に発表した論考「新形態先駆としてのドイッチッウムとアメリカニズム」でドイツの新しい動向として一五項目をあげ、「植物の心の研究」をあげた事実は、銘記したい[34]。これは明らかにフランセ著の『植物の心』（山川均編訳）を指していよう。同書は植物と動物の生理学的な類比性の研究で、身体感覚・本能・感情・精神の階層的並行性を論じる内容である。中原は、ドイツの美術評論家ハンス・フォン・ヴェッダーコプのクレー論（一九二〇年）を読み、はやくも一九二四年の『中央美術』二月号に論考「続ドイツ現画壇の主潮」で瞠目すべきクレー紹介を行っているように[35]、イルマ夫人の協力があったとしても、ドイツ語理解については十分な実力の持ち主であった。フランセの著作は、ベルリンの書店ですでに手にとっていた可能性も少なくない。なぜなら、中原は同じクレーの紹介文の前半で、クレーの色彩をオストヴァルトの色彩アトラスの色名を引いて分析しているからである。つまりクレーの実作を鑑賞する機会を持ち、またオストヴァルトの色彩研究の著作を知っていたことになる。オストヴァルトの色彩研究は一九二〇年代初めにはわが国にはほとんど紹介されていないはずだ。そうであれば、中原が一九二一、二二年頃にベルリンのポツダーマー・プラッツやクーアフュルステンダムの書店を訪れ、第一次世界大戦から解放された市民の関心を引いていたオストヴァルトやヘッケルのモニスムス関連の著作や民衆科学書を集めた書棚コーナーで、フランセの書籍を手にとっていたと推察してけっして不当ではない。中原の「絵画原器」論における相転移への関心は、《乾坤》における地球内部の原子や分子、地殻、あるいは眼球、そして大気へ、さらに宇宙へと展開する画面構図における固体・液体・気体、そしてプラズマといった物質相とその転移に対応していよう。フランセの生命中心主義は、山川均や中原を通じてわが国の大正期新興美術運動にひとつの磁場を形成していたと想定してよい。

四．バウハウス——クレーとモホイ＝ナジ

モニスムス、生気論、生命中心主義は、微視的な細胞機構、生命体論を基礎づけつつ、同時に巨視的な水準で社会運動、文化運動の展開をめざした。そうした取り組みは、絵画、彫刻、工芸、建築の各領域に専門・特殊化した芸術活動を再び生活世界の場に統合しようと試みた二〇世紀のデザイン運動の理念や実践と合致する。実際、ドイツの造形学校バウハウスは建築家ヴァルター・グローピウスの提唱のもとに一九一九年四月にヴァイマルで開校し、一九二五年四月にデッサウに移転後、一九三二年一〇月一日に閉校したが、その教育や研究活動また社会的活動のさまざまな局面において、生命研究との共鳴や協働が生じている。ここではパウル・クレー（一八七九—一九四〇）とモホイ＝ナジ（一八九五—一九四六）の制作活動のごく一端にふれておこう。

クレーは一九二一年一月にバウハウスの教員としてヴァイマルに着任し、四月の夏学期より授業を担当した。綿密に準備された講義のためのノート冊子の手稿「造形フォルム論集」(36)、そしてシングル・リーフの手

図6—パウル・クレー《夕ぐれの分かれ目》
1922/79　水彩　33.5 × 23.2cm　ベルン、パウル・クレー・センター

稿は、この画家の造形思考のありようを浮き彫りにしている。その簡潔な全体像は、バウハウスより出版された「バウハウス叢書」第二巻の『教育スケッチブック』に示されている。[37] クレーは終始一貫して造形の本質を「生成（Werden）」に見出しており、その造形思考の核心をなす概念を「分節（Gliederung）」とみなしていた。[38]

分節の過程とは、つねに「分割的（dividuell）分節」から「非分割的＝個体的（individuell）」への対立的融合の進行にほかならない。つまり、線・明暗・色彩という絵画の諸エレメントの結合部分のつくる反復的斉一的なカオスから、やがて、非反復的特異的な個体世界が形成される過程である。こうした過程は、たとえばバウハウス時代最初期に描かれた水彩画の傑作《夕ぐれの分かれ目》（1922/79）（図6）において、平行層の反復から上下の青と黄の色彩が生まれ、ついで中央の灰色層、そして上下の矢印の形姿によって「夕暮れ」という時間のドラマが画面に立ち現れる推移に明らかだ。

そもそも「分節」という概念を制作論に用いる画家や彫刻家は、クレーをおいてほかには見あたらない。分節とは本来、生物学にもとづく概念なのである。クレーはバウハウスの講義のための手稿（PN9.M8/5）で次のようにメモしている。やや省略を加えて引用しよう。

原理的秩序

次元：点から線へ、面へ、形体へ

1　光をとり入れること（上―下）　白から黒への階層化

2　水平面（左―右／前―後）　a　色彩環円周による　b　色彩環直径上の三分

3　形体的、三次元的

特殊的秩序

観点：

緊張：物質的、観念的

エロスとロゴス

分節：分割的—非分割的

個と複合　　伴奏付き主題—多主題　　浸透　断絶

個々の主要フォルムのフォルム形成時の緊張、主要フォルムを有機的に結合してできる有機体……

造形の過程とは、原理的秩序（prinzipielle Ordnung）から特殊的秩序（spezielle Ordnung）への進行で、特殊的秩序はさらに分割的分節から非分割的分節への進行からなり、こうした秩序のさまざまな対立と融合の過程こそが有機体化であり、「生成」にほかならない。これは一見すると、クレー独自な造形秩序（オーダー）論にも思われるが、実はドイツ生物学の伝統に由来する概念にほかならない。[39] たとえば、ユーリウス・フォン・ザクス（一八三二—一八九七）の浩瀚な『生物学教本』（改訂四版、一八七四年）である。ヘッケルやドリーシュの活動の影に看過されがちだが、光合成や成長点の細胞構造の解明など、近代植物生理学の基礎を築いたザクスの業績はきわめて大きい。ザクスの『生物学教本』は三章からなり、第三章の生理学論の前に、広闊な二章を六〇〇頁にわたって「形態学」にあてている。この二章は「一般形態学」と「特殊形態学」からなり、その論述の中核に「分節」概念が位置している。この論述とクレーの秩序論との接近をいま比較分析する余裕はないし、またわれわれはむしろ、クレーの分節論がドリーシュの等能系の理論に示唆をえているという試論をすでに提示した。[40] バウハウスのクレーは、マッハの一元論的で厳密な理論に関心を持ったように、イデオロギーにはつねに距離をとりながら、芸術的直観と「精確な実験」との接続を追究しつづけたから、フランセの植物論や生命中心主義もよく知っていたはずだが、あまり共感は持たなかったにちがいない。とはいえ、さきに引用した「特殊的秩序」の分節の項目に「浸透」があげられているように、モニスムスやドリーシュの「階層」論や「浸透」はクレーにとって造形思考の導きの糸にほかならなかった。

フランセの生命中心主義は他方で、造形メディアの新しい可能性を追究する芸術家にはきわめて重要な示唆を提示していた。一九二三年三月にヴァイマル・バウハウスに教員として赴任したモホイ＝ナジは、いわばバウハウスの若い世代を代表する活動を展開した。後年、「バウハウス叢書」第一四巻としてバウハウスでの教育内容をまとめた『材料から建築へ』（一九二九年）が出版され、その六〇頁でフランセの著書『発明者としての植物』（一九二〇年）を紹介している。[41] バウハウス研究者には周知の事実だが、同書の六〇頁を読むだけの読者には、フランセの生命中心主義の重要性は不明確なままにとどまるだろう。モホイ＝ナジがフランセの引用の前後で造形作品における表層論、とくに「構造」と「肌理」と「表面処理（Faktur）」を論じていることを確認しつつ、フランセの『発明者としての植物』をあわせて読まないかぎり、モホイ＝ナジの真意は、読者の理解に届かない。フランセの同書は、ヘッケルの細胞論からエコロジー論までを一挙に拡大するいささか特異な展開趣旨なのだが、われわれの関心からすれば、次のような木材をめぐる一節がフランセの論述の中核と確認できる。

私は、人間の文化生活にしめる木材の意味を賞賛する自明さを繰り返して述べる気持ちはなく、もっぱら〔生命〕工学的成果をめぐる本書の広闊な内容に即して、三つの事実を強調しておきたい。それは発明者としての植物一般にみられ、深い闇を照らす光のような三つの事実である。すなわち、木材繊維の弾力的な性格と、その浸透的（osmotisch）な性質と、プラズマ皮膜のコロイド性状（kolloidale Natur）である。(42)

ここには物質皮膜層間の「浸透」と、コロイドという分散質状の物質の相の「転移」が植物の特性として記述されている。モホイ＝ナジのように、電子やプラズマ的な特性を新しい造形メディアに組み込もうとしていた芸術家にとっては、フランセの生命中心主義的な発言はきわめて挑発的な提言で、また制作論的に有効な理論体系と考えられたにちがいない。モホイ＝ナジがフランセを知ったのは一九二三年頃のようだが、『材料から建築へ』という著書の図版展開は、原子から宇宙へと展開するフランセの『ビオス――宇宙世界の諸法則』にきわめて接近していることも指摘しておこう。

生命研究と芸術制作の磁界はここでも作動している。クレーとモホイ＝ナジの制作論的水準における限られた指摘にとどまるが、われわれは、生命研究における階層、浸透、相転移という理論的関心がバウハウスにおける造形思考と接続していた事実は確認しておかねばならない。

五．むすびに——三木清の有機体論

わが国の生命主義については、本論の冒頭でふれたように哲学者田辺元の果たした役割がひろく認知されている。その位置づけに疑問はないものの、生命研究と「生き生きとした作品」との関連に注目するわれわれの視点からみると、哲学者三木清（一八九七—一九四五）の存在は見過ごすべきではない。田辺元の論考「文化の概念」（一九二二年）から一〇年後に、三木清は論文「ゲーテにおける自然と歴史」を日独文化協会編ゲーテ一〇〇年祭記念論集『ゲーテ研究』に発表した(43)。三木は、田辺と同じく一九二二年にドイツに留学して、まずハイデルベルク大学のリッカートのゼミナールに参加したが、興味を持てず、翌年にはマールブルク大学のハイデガーのもとに移った。さらに翌年にパリに出て、一九二五年に帰国した。「ゲーテにおける自然と歴史」は、わが国におけるゲーテ自然科学研究の最初の一歩を刻んだきわめてすぐれた論文であり、また田辺と同様に、この時代における文化の問題を追究したこの哲学者の重要な業績のひとつにほかならない。三木の哲学の全体像についてはすでに多くの論述があり、また三木によるゲーテ自然科学研究についても村本詔司の研究がある(44)。紙幅もつきたので、簡単な言及にとどめるが、三木の論文は生命的な形態について生彩を帯びた考察を展開する。

三木は「ゲーテにおける自然と歴史」の第四章で、ゲーテが原植物に見出した分極性と高昇を人間的自然の発展のうちに、そして歴史および社会の発展にも確認しうると指摘し、そうした「思想の根底をなしてゐるのは明かにOrganologie の思想である(45)」と述べる。この有機体論（Organologie）の思想では、形成

（Bildung）という連続的発展が根幹をなしており、それゆえに「弁証法の欠くべからざる要素をなす飛躍乃至非連続の思想の如きは、ゲーテには堪へ難きものであつたに相違ない」[46]。三木は、ゲーテの自然思想における連続性を強調し、非弁証法的歴史観を強調する。

弁証法的歴史観は、山川均の社会運動もそうであったように、大正期の文化主義運動の重要な根拠のひとつであり、それゆえにイズムとしての生命主義が「生の跳躍」として関心を集める事由でもあった。しかし三木は、有機体論がそうした歴史観をとらないことをゲーテの形態学研究で確認する。むろん生命研究がダーウィン的進化論や弁証法的発展をどのようにその歴史観に組み込み、あるいは組み込まなかったかは慎重な検証を必要とするだろう。モニスムスも生命中心主義もともに、それぞれの方法で社会改革や生活改革を模索し、同時代の運動と協働する道も歩んだから、生命研究における自然史・社会史観はあらためて検討すべき課題にちがいない。

とはいえ三木清は、一九一〇年にカッシーラーの提起した周知の近代的思惟の特質、つまり実体概念から関数概念への、物概念から関係概念への発展という特質をふまえつつ、さらに有機体論に近代的思惟の枠組みを打破する可能性さえ託している。「実体概念と関係概念とは思惟の方法或ひは理念における二つの根本的な方向を現はしてゐるが、そのほかになほ何等か他の方向における思惟の方法或ひは理念が存在しないであらうか。かく問ふことは、近代的文化の行詰まりが感ぜられてゐるとき、重要な意義を有するであらう。そして私はここに形態概念ともいふべきものに想到するのである」[47]。三木の短い生涯ゆえに、この哲学者がその後どのように形態学を深めたのか、その解明はやさしくない。しかし、教養主義でも社会運動でもない水準で三木が形態学として提唱した新しい生命研究としての「有機体論」の可能性は、われわれの芸術学研究にとっても大きな示唆にみちた呼びかけと考えるべきであろう。

註

（1）桑木厳翼『文化主義と社会問題』至善堂書店、一九二〇年。

（2）鈴木貞美編『大正生命主義と現代』河出書房新社、一九九五年。鈴木貞美『「生命」で読む日本近代――大正生命主義の誕生と展開』、NHKブックス、日本放送出版協会、一九九六年。鈴木貞美『生命観の探究――重層する危機のなかで』作品社、二〇〇七年。

（3）田辺元「文化の概念」、『初期論文集・田辺元全集第一巻』筑摩書房、一九六四年、四二七頁以下。

（4）鈴木貞美（註2）、一九九六年、一三二、一五五頁。

（5）五十殿利治『大正期新興美術運動の研究』スカイドア、一九九五年、四七〇頁。村山知義については、『すべての僕が沸騰する――村山知義の宇宙』神奈川県立近代美術館・京都国立近代美術館・高松市美術館・世田谷美術館編、展覧会カタログ、二〇一二年、を参照。

（6）中村雄二郎「哲学における生命主義」、鈴木貞美編（註2）、一九九五年、二六頁以下。

（7）Gunter Martens, *Vitalismus und Expressionismus: ein Beitrag zur Genese und Deutung expressionistischer Stilstrukturen und Motive*, Stuttgart, 1971. Rudolf Langthaler, *Orgasismus und Umwelt: die biologische Umweltlehre im Spiegel tradtioneller Naturphilosophie*, Hildesheim, 1992. Monika Fick, *Sinnenwelt und Weltseele: der psychophysische Monismus in der Literatur der Jahrhundertwende*, Tübingen, 1993. Kai Buchholz, Rita Latocha, Hilke Peckmann u. Klaus Wolbert (Hg.), *Die Lebensreform: Entwürfe zur Neugestaltung von Leben und Kunst um 1900*, 2 Bde., Ausst. Kat., 2001, Darmstadt. Andreas Daun, *Wissenschaftspopularisierung im 19. Jahrhundert: Bürgerliche Kultur, naturwissenschaftliche bildung und die deutsche Öffentlichkeit, 1848-1914*, München, 1995, 2.erg. Aufl., 2002.

（8）一元論についてはクレーナー版哲学辞典の「Monismus」項目が簡潔かつ明快である。編者シュミットはヘッケルとモニスムス運動を共にした哲学者。Heinrich Schmidt (Hg.), *Philosophisches Wörterbuch*, Kröners Taschenausg., Leipzig, 1934, S.419ff. ヘッケルに関する最近の研究は、Paul Ziche (Hg.), *Monismus um 1900: Wissenschaftskultur und Weltanschauung*,

Berlin, 2000. Olaf Breidbach, *Ernst Haeckel: Bilderwelten der Natur*, München, 2006. を参照。

（9）Ernst Haeckel, *Welträtsel: Gemeinverständliche Studien über Monistische Philosophie*, Bonn, 1899.〔ヘッケル『宇宙の謎』岡上梁・高橋正熊訳、加藤弘之閲、有朋館、一九〇六年。ヘッケル『宇宙の謎』栗原元吉訳、玄黄社、一九一七年〕Ernst Haeckel, *Die Lebenswunder: Gemeinverständliche Studien über Biologische Philosophie*, Stuttgart, 1904.〔ヘッケル『生命之不可思議』栗原元吉訳、玄黄社、一九一八年。ヘッケル『生命の不可思議』上下巻、後藤格次訳、岩波文庫、岩波書店、一九二八年。プラズマやモネラについては、岩波文庫版、四二、四六、四九頁〕

（10）Ernst Haeckel, *Generelle Morphologie der Organismen*, 1. Bd., Berlin, 1866, S.269ff, S.275f. 小林博行「ヘッケルの形態学的世界」、『現代思想』一九九四年三月号、青土社、も参照。

（11）Haeckel, *Welträtsel*（註9）, Leipzig: Kröner Taschenausg., 1909, S.68ff.

（12）この面でのオストヴァルトの著作は、次を参照。Wilhelm Ostwald, *Vorlesungen über Naturphilosophie*, gehalten im Sommer 1901 an der Universität Leipzig, Leipzig, 1902. Wilhelm Ostwald, *Monistische Sonntagspredigten*, 4 Bde., Leipzig, 1911-1914.〔本書については註23を参照〕なおオストヴァルトの科学的方法論については、アイザック・アシモフ『化学の歴史』玉虫文一・竹内敬人訳、ちくま学芸文庫、筑摩書房、二〇一〇年、一九四頁以下。前田富士男「相即とグラデーション――オストヴァルトの物理化学的色彩論とゲーテ」、『モルフォロギア』二六号、ゲーテ自然科学の集い、二〇〇四年、二六頁以下。

（13）Wilhelm Ostwald, *Die Energie*, Leipzig, 1908.〔オストヴァルト『エネルギー』山県春次訳、岩波文庫、岩波書店、一九三八年、一八一頁以下〕

（14）オストヴァルト（註13）、一八九頁。

（15）Wilhelm Ostwald, Energie, in: *Monistische Sonntagspredigten*, erste Reihe, Leipzig, 1911, S.88. Wilhelm Ostwald, *Was ist Wahrheit?: Monistische Sonntagspredigten*, 1.T., Nankodos Schulausgabe neuerer Schriftsteller Nr.2, Nankodo, 1918, S.69.

（16）あらゆる意味で二〇世紀初めの「生命論」という思潮の撃鉄を引いたのはニーチェにほかならない。ディルタイやベルクソンによって、生そのものの内発的動性や跳躍が「生の哲学」として浮上する時代だったが、ニーチェは、科学主義に代えて、歴史的「生」を保存する歴史主義を提唱するわけではない。いたずらに生を肥大させるような歴史主義は、批判の的でしかない。陶酔や夢、悲劇というかたちでしか発現しないディオニュソス的な「生／生命」がニヒリズムに身をおく近代人の自己克服をもたらすとみなすニーチェは、芸術創造的な夢や陶酔の「生理学（Physiologie）」の追究をわれわれに呼びかけた。

ニーチェのニヒリズムと対照的な位置をしめるのは、「生活改善運動（Lebensreform）」である。ドイツとスイスでは、改善運動（Reform）の概念が宗教改革（Reformation）の「改革」をふまえている背景は言うまでもない。近代化とともに肥大化してゆく都市文明的な既成の生活制度への批判として、自然環境に即した共同体生活、ヘッケルに出発する「エコロジー」への希求、菜食主義、女性の下着改革と解放的ファッション、自然療法、ホメオパシーが実践されてゆく。英国のエベネザー・ハワードによる田園都市運動の協会設立（一八九九年）以前にすでにドイツでは、ハインリヒ・テセノ（一八七六―一九五〇）によるベルリン郊外の果樹栽培共同体が明確な理念をもって開村している（一八九三年）。スイス・アスコナのモンテ・ヴェリタ療養所開所（一九〇〇年）や、ドレスデン近郊ヘレラウでの家具製作工房を中心とする共同体開設（一九〇九年）も、たんなる芸術家コロニーとしてではなく、社会改革を企図した生活改善運動の一環として実践された。

（17）Hans Driesch, *Philosophie des Organischen*, 2 Bde., Leipzig, 1909. Hans Driesch, *Die Biologie als Selbständige Grundwissenschaft*, Leipzig, 1893, zweite Aufl., Leipzig, 1911. Hans Driesch, *Naturbegriff und Natururteile*, Leipzig, 1904. ドリーシュの著作目録は、*Hans Driesch, Persönlichkeit und Bedeutung für Biologie und Philosophie von heute*, hrsg. von Aloys Wenzl, Basel, 1951, S.209-221. を参照。ドリーシュの生気論については、ドリーシュ『生気論の歴史と理論』米本昌平訳・解説、書籍工房早山、二〇〇六年、を参照。米本昌平は、ドリーシュの再検証が情報科学的観点からも緊要だと指摘する。

（18）生命主義については、Oliver A. I. Botar and Isabel Wünsche (ed.), *Biocentrism and Modernism*, Burlington, 2011. Raoul Francé, *Die Pflanze als Erfinder*, Stuttgart, 1920. Raoul Francé, *Bios: die Gesetze der Welt*, Bd. 1, München, 1921. Raoul Francé, *Plasmatik: die Wissenschaft der Zukunft*, Stuttgart, 1923.『視覚の実験室　モホイ＝ナジ／イン・モーション』井口壽乃監修、神奈川県立近代美術館・京都国立近代美術館・DIC川村記念美術館、展覧会カタログ、二〇一一年。なお同カタログ所収のボーターの論文「モホイ＝ナジ・ラースローと生命中心主義」は、論中で「ヘッケル、オストヴァルト、フランセらによって設立された一元論者同盟」と記述している（二〇八頁）。だが、この同盟がヘッケルやオストヴァルトのような世界的な学者によって設立された事態にてらしてみると、フランセをここに並置するのは、ボーターの拡大解釈に思われる。実際、ボーターはハンガリーほかの同盟支部を念頭におくのかもしれないが、少なくともイエナで一九〇六年一月に開かれた一元論者同盟開会にフランセが参画した事実は、筆者の知る通常の研究資料からは確認しがたい。また、イエナ大学附属研究所エルンスト・ヘッケル・ハウス編の叢書として刊行され、現在のモニスムス研究で最も信頼できるパウル・ツィヒェ編集でモニスムス研究者六人による論集（註8）でも、フランセについては一度も言及がない。また、モニスムスのみならず、ひろく二〇世紀初頭の非還元主義的科学主義を検討するきわめて重要なツィヒェの浩瀚な研究書でも、フランセへの言及はまったくない。筆者が「生命中心主義」ならびにフランセを民衆科学と芸術との接点に位置づけるのは、モニスムスの生命論およびドリーシュの専門的生物学研究とフランセとを明確に区別すべきだと考えるからである。Paul Ziche, *Wissenschaftslandschaft um 1900. Philosophie, die Wissenschaften und der nichtreduktive Szientismus*, Zürich, 2008.

(19) Peter Bernhard, Der Philosoph des Funktionalismus im Widerstreit mit der modernen Kunst: Raoul Francé und das Bauhaus, in: Ute Ackermann, Kai Uwe Schierz u. Justus H. Ulbricht (Hg.), *Streit ums Bauhaus*, Begleitband zur Ausst., Erfurt, 2009, S.142-148.

(20)『〈新〉校本宮澤賢治全集第二巻詩Ⅰ・本文篇』宮沢清六ほか編、筑摩書房、一九九五年、五三頁。『宮沢賢治全集1　『春と修羅』『春と修羅』補遺「春と修羅　第二集」』ちくま文庫、筑摩書房、一九八六年、六三頁。

(21) 下記を参照。大塚常樹『宮澤賢治　心象の宇宙論コスモロジー』朝文社、一九九三年。鈴木貞美「宮沢賢治の生命観——大正生命主義における位置」、『國文學　解釈と鑑賞』二〇〇三年九月号。米地文夫・佐野嘉彦「自然科学からみた宮沢賢治の『スケッチ』——『春と修羅』における天空の表現を例に」、『総合政策』第六巻第一号、六三頁以下。金子務「宮沢賢治の自然観——その超自然的四次元への思慕」、『國文學　解釈と鑑賞』二〇〇六年九月号。天沢退二郎・金子務・鈴木貞美編『宮澤賢治イーハトヴ学事典』弘文堂、二〇一〇年（次の項目を参照。「エネルギー一元論」鈴木貞美、六六頁。「オストワルド」依岡隆児、七七頁。「コロイド」一戸良行、一七九頁以下。「ヘッケル」鈴木貞美、四二二頁）。稲賀繁美「宮澤賢治とファン・ゴッホ——相互照射の試み」、『比較日本学教育研究センター研究年報』第八号、二〇一二年、八九頁以下。

(22) 小倉豊文「賢治の読んだ本」、栗原敦編『日本文学研究資料新集26　宮沢賢治・童話の宇宙』有精堂出版、一九九〇年、二〇二頁（初出は、「『宮沢賢治全集』第一・一一巻月報」第一〇・一一号、筑摩書房、一九五七年）。

（23）南江堂のシリーズは、Karl Schöner, *Glaube und Heimat: die Tragödie eines Volkes*, Nankodos Schulausgabe neuerer Schriftsteller Nr.1, Nankodo, 1918. Wilhelm Ostwald, *Was ist Wahrheit?; Monistische Sonntagspredigten, 1. T.*, Nankodos Schulausgabe neuerer Schriftsteller Nr.2, Nankodo, 1918. Wilhelm Ostwald, *Unsterblichkeit. Monistische Sonntagspredigten, 2. T.*, Nankodos Schulausgabe neuerer Schriftsteller Nr.3, Nankodo, 1918. この第二・三巻の出典は、Wilhelm Ostwald, *Monistische Sonntagspredigten*, 4 Bde., Leipzig, 1911-1914.

（24）Haeckel, *Welträtsel*（註9）, S.154.

（25）当時のエネルギー学については、Georg Helm, *Die Energetik nach ihrer geschichtlichen Entwicklung*, Leipzig, 1898. Wilhelm v. Schnehen, *Energetische Weltanschaung: eine krit. Studie mit bes. Rücksicht auf W. Ostwalds Naturphilosophie*, Leipzig, 1907. オストヴァルトのエネルギー学は、*Die Überwindung des wissenschaftlichen Materialimus*, Leipzig, 1895. *Grundriss der Naturphilosophie*, Leipzig, 1908. *Die Energie*, Leipzig, 1908. *Energetische Grundlagen der Kulturwissenschaft*, Leipzig, 1908. *Der energetische Imperativ*, Leipzig, 1912. *Die Philosophie der Werte*, Leipzig, 1913.〔『価値の哲学』後藤格次訳、大日本文明協会、一九一四年〕

（26）Wilhelm Ostwald, *Prinzipien der Chmie: eine Einleitung in alle chemischen Lehrbücher*, Leipzig, 1907.〔『化学の原理』丸澤常哉訳、丸善、一九一五年〕

（27）Raoul Francé, *Das Sinnesleben der Pflanzen*, Stuttgart, 1905.

（28）註18参照。

（29）Francé, *Die Pflanze als Erfinder*（註18）, S.43.

（30）五十殿利治『大正期新興美術の研究』スカイドア、一九九五年。同書、第十二章「首都美術展から単位三科まで――中原実の軌跡」や、小泉淳一「中原實に於けるシュルレアリスムへの軌跡」、『研究紀要1』茨城県近代美術館、一九九一年、二七―六九頁、を参照。伝記として、中原泉『伝説の中原實』クインテッセンス、一九九一年。

（31）五十殿利治「中原実《乾坤》」、青木茂・酒井忠康監修、萬木康博編『日本の近代美術7・前衛芸術の実験』大月書店、一九九三年、一一三―一二八頁。鮎川武二「『アトミック』連作推考」、『日本歯科大学校友会・歯学会会報』第十五巻第四号、一九九〇年、三二頁以下。

(32) 中原實「理論絵画 Neue Theorie」、『中央美術』一九二五年八月号。中原実『Gemälde 絵画――中原実画論集』美術出版社、一九六六年、一一九頁以下。
(33) Raoul Francé, *Bios: die Gesetze der Welt*, Bd. 1, München, 1921.
(34) 中原実、一九六六年（註32）、三五頁。
(35) 中原実、一九六六年（註32）、一〇八頁以下。
(36) Paul Klee, *Beiträge zur bildnerischen Formlehre*, hrsg. v. J. Glaesemer, Faksimierte Ausg. des Originalsmanuskripts, Weimar 1921/22, Basel und Stuttgart, 1979.〔『パウル・クレー手稿　造形理論ノート』西田秀穂・松崎俊之訳、美術公論社、一九八八年〕
(37) Paul Klee, *Pädagogisches Skizzenbuch*, Bauhausbücher 2, München, 1925.〔『教育スケッチブック』利光功訳、中央公論美術出版社、一九九一年〕
(38) 分節およびクレーの造形思考については、前田富士男『パウル・クレー　造形の宇宙』慶應義塾大学出版会、二〇一二年、を参照。
(39) Julius von Sachs, *Lehrbuch der Botanik nach dem gegenwärtigen Stand der Wissenschaft*, vierte, umgearbeitet. Aufl. Leipzig, 1874, S.4ff.
(40) 前田富士男（註38）、「クレーにおける『分節』概念の成立」、三頁以下。
(41) Moholy-Nagy, *Von Material zu Architektur*, Bauhausbücher 14, Berlin, 1929, S.60. ほかに註17の研究を参照。
(42) Raoul Francé, *Die Pflanze als Erfinder*, Stuttgart, 1920, S.43.
(43) 三木清「ゲーテにおける自然と歴史」、『三木清全集　第二巻』岩波書店、一九六六年、三三四頁以下。
(44) 村本詔司「三木清とゲーテ」、『モルフォロギア』一九号、ゲーテ自然科学の集い、一九九七年、三一頁以下。
(45) 三木清（註43）、三七一頁。
(46) 三木清（註43）、三七五頁。
(47) 三木清「形の哲学」、『三木清全集　第十巻』岩波書店、一九六七年、四七六頁。

大正期日本における蓄音機の教育的利用の事例

――雑誌『音樂と蓄音機』と日本教育蓄音機協會の場合――

中川克志

はじめに

本論では、大正期の雑誌『音樂と蓄音機』とこの雑誌が母体となって作られた「日本教育蓄音機協會」という団体の活動を、大正期日本における蓄音機の教育的利用の事例として取り上げて紹介する。[1]そうすることで、大正期日本における蓄音機の位置づけや日本における音響メディアの展開の考察に貢献できるだろう。明治一〇年代に初めて輸入され明治三〇年代には一般層に浸透しつつあった蓄音機は、大正期には、音楽再生メディアとしてのみならずその他様々な用途での利用が模索されていた。そのなかで、音楽や語学の分野における蓄音機の教育的利用も模索されていた。そこで本論では、まず第一節で、大正期日本の音楽――洋楽――と蓄音機をめぐる状況と『音樂と蓄音機』のコンテクストを確認し、第二節で、音楽教育における蓄音機の利用を提唱するロジックを整理し、第三節で、「日本教育蓄音機協會」なる団体が設立されて国語教育レコードなるものが成立されたことを紹介する。

蓄音機の教育的利用の事例を検討することは、西洋芸術音楽の輸入プロセスの再検討や、本科研の目的である近代日本文化の近代化プロセスの再検討にも資するだろう。なぜなら、大正期は日本に「クラシック」の規範が誕生した時期だし（細川一九九八：二八―三二）、蓄音機を用いた音楽教育において鑑賞対象として想定されていた音楽の多くは西洋（芸術）音楽――洋楽――だったからだ。蓄音機の教育的利用の事例は、複製メディアを通じた「オリジナル＝西洋芸術音楽」受容の事例のひとつなのである。

一．蓄音機の教育的利用のコンテクスト

大正時代の日本で、『音樂と蓄音機』という雑誌が創刊され日本教育蓄音機協會なる団体が創設された背景として、大正時代に、（1）音楽――洋楽――と蓄音機が大衆化したこと　そして　（2）唱歌教育中心だった日本の音楽教育に音楽鑑賞教育論が登場したこと　を指摘できる。洋楽と蓄音機（を用いた洋楽聴取）が大衆化した時代に音楽鑑賞教育論が登場したからこそ、大正時代の日本で蓄音機の教育的利用が様々に模索されたのである。

一－一．音楽――洋楽――と蓄音機の大衆化

明治以降の洋楽受容については多くの先行研究がある（堀内一九六八、神林二〇〇六、日本音楽教育学会二〇〇四「明治前期」の項、奥中二〇〇八、塚原一九九六など）。それらをまとめると、はじめは音楽取調

『音樂と蓄音機』（第十巻第四号表紙）

掛を通じて教育音楽として輸入された洋楽がエリートに浸透するようになったのは明治二〇年代以降である。大衆レベルでは明治の中頃まで（唱歌以外の）洋楽を耳にする機会はほとんどなかったようだ。明治三〇年代にレコードの輸入販売や国産レコードの製造販売が産業として成立するようになってからやっと、鑑賞対象としての洋楽が、蓄音機の普及とともに、大衆に浸透することになったといえよう（倉田二〇〇六：三四―四四など）。

一―二．大正期日本の音楽教育の変化：（蓄音機を用いた）音楽鑑賞教育論の登場

こうした音樂と蓄音機の大衆化を背景に、大正期には、それまで唱歌教育中心だった日本の音楽教育において、脱唱歌中心主義が唱えられ音楽鑑賞教育論が登場した（西島二〇〇九、日本音楽教育学会二〇〇四「音楽教育史」：一一五）。大正期に蓄音機の教育的利用が様々に模索された所以である。

寺田貴雄は日本における音楽教育の軌跡を概観している（寺田二〇〇一―二〇〇二）。それによれば、明治四〇年代には音楽鑑賞（教育）に対する関心が生じ、一般愛好家向けの洋楽の解説書や音楽鑑賞教育に関する論考が発表されはじめた。明治四三年には、日本の音楽教育史上、初めてタイトルに「鑑賞」が明記された論考――牛山充「學校に於ける鑑賞力と批判眼との養成」――が発表され、また大正四（一九一五）年には、小川友吉（青柳善吾）が「鑑賞的教授に就て」（大正四〈一九一五〉年二月）という論考を発表し、唱歌教授のみに偏っていた当時の音楽教育の状況を批判した。こうして大正四（一九一五）年頃から、先進的な教師たちは、唱歌科における鑑賞指導を試みはじめた。寺田は、大正五（一九一六）年の第七回全国小学校唱歌教授担任中等学校音楽科担任教員協議会と大正一〇（一九二一）年の全国唱歌担任教員協議会を比

較することで、大正年間に生じた教育現場の変化を報告している（この二つの協議会の比較については、日本音楽教育学会二〇〇四「大正」：五六一―五六二も参照）。それによれば、大正五（一九一六）年にはすでに、唱歌科における歌唱の技術的指導偏重を批判し、音楽聴取によって人間的な成長が可能になるとする主張が登場していた。そこでは、従来は歌う対象だった唱歌は聴く対象でもあることが主張され、唱歌科の授業に音楽鑑賞教育を導入すべしという音楽鑑賞教育論が主張されていた。大正一〇（一九二一）年の協議会では、唱歌科における鑑賞教育の必要性を説く報告はますます増加し、さらに、蓄音機を用いた音楽鑑賞教育の実践も幾例か報告されていた(2)。

このように、大正の半ば過ぎから学校での音楽鑑賞教育の試みは活発化し、蓄音機を用いた音楽鑑賞教育指導が本格的に研究され始めた(3)。大正一三（一九二四）年には、日本の音楽鑑賞教育黎明期を代表的する二つの著作が刊行された。山本壽『音樂の鑑賞敎育』（七月）（山本一九二四）と津田昌業『音樂鑑賞敎育』（一二月）（津田一九二四）である。いずれも、当時のアメリカの代表的な音楽鑑賞教育書だったヴィクター蓄音機社教育部の著作『*Music Appreciation for Little Children*』（MALC）を翻案したものである――これは、授業に使う曲目を録音したレコードの型番をたくさん収録した、半ば自社のレコード販売促進をはかる冊子だった――。いずれも、幼稚園から小学校三年生の子どもを対象に、どの学年の子どもにどの曲をどのように鑑賞させるかという具体的な指導方法や指導計画を、授業に用いる曲やレコードまで考慮に入れて日本向けに翻案したものだった（この二冊とMALCとの照応関係については寺田一九九九参照）。この後、昭和初期には日本の実情に即した日本独自の音楽鑑賞教育理論が提唱され始め、昭和一六（一九四一）年には太平洋戦争下に交付された「国民学校令」において、日本の学校教育において初めて音楽鑑賞指導が法制上明文化されるのである。

一―三．雑誌『音樂と蓄音機』について

さて、以上が雑誌『音樂と蓄音機』と日本教育蓄音機協會が登場したコンテクストである。大正年間とは、蓄音機が家庭や人々に音楽を提供する音楽メディアとして機能し始め、また、音楽教育において音楽鑑賞論が勃興した時期だった。この時期に音楽鑑賞教育における教育的利用を模索したのが、雑誌『音樂と蓄音機』である。

雑誌『音樂と蓄音機』は、大正年間に横田昇一なる人物によって、音樂と蓄音機社から発行されていた雑誌である。大正四（一九一五）年に蓄音器世界社なる出版社から創刊された『蓄音器世界』という雑誌が前身で、第七巻第十号（大正九〈一九二〇〉年）以降『音樂と蓄音器』へと名称を変更し（後に『音樂と蓄音機』へと名称変更）、関東大震災による一時休刊を挟み、昭和二（一九二七）年の第十四巻第九号以降は発行された形跡はない。

本論では、この雑誌を大正年間の蓄音機の教育的利用の事例として取り上げたい。この雑誌は、当時蓄音機が教育界に普及していたことを示す事例だし（西島二〇〇九：八一―八二、九四―九五）、また、大正期に登場してきた蓄音機を用いる音楽鑑賞教育論の事例（日本音楽教育学会二〇〇四「大正」：五六〇）でもある。また、この雑誌あるいは横田昇一の目的は、一貫して蓄音機の教育的利用だった。この雑誌は、例えば、西洋芸術音楽を日本に啓蒙するために「良い」レコードをレビューしたり外国人演奏家に関する情報を知らせたり西洋芸術音楽史的な知識の啓蒙を目指す音楽ジャーナリズムではなかった。そうした目的も皆無

ではなかったが、この雑誌の最大の目的は「聴覚教育の上に蓄音機の利用を以て奉仕」すること（音樂と蓄音機社一二〈一九二三〉：一〇・八：二五）だった。『音樂と蓄音機』（に寄稿していた複数の論者）は、日本では美術教育などの「目の教育」はなされてきたが、「聴覚教育」あるいは「耳の敎育」は閑却されてきたので、知的あるいは感情的な側面に問題が生じており、それゆえ蓄音機を活用した「耳の敎育」が必要だ、ということを主張していた（栗山一一〈一九二二〉：九・一一「目と耳の敎育」や日本敎育蓄音機協會特集号〈一〇・四〉など）。つまりこの雑誌はレコードという新しいメディアの使い方を模索していた事例なのだ[4]。

この雑誌で蓄音機を活用すべき領域としてとりあげられたのはおもに二つである。ひとつは「音楽的教養」に関する領域、もうひとつが「言語（国語）」に関する領域である。蓄音機は、日本に音楽――西洋芸術音楽――を普及させることで日本全国を教育するためのツールとして、あるいは教室で（日本の田舎の一教師が模範演奏をして事例を提示するのが困難な）西洋芸術音楽の実物＝「ホンモノの芸術音楽」を提示するためのツールとして、考えられた。また蓄音機は、（地方では訛りのある教師が模範を提示することが困難な）標準語――国語――＝「ホンモノの日本語」を提示して国語――標準語――を教育するためのツールとして、考えられた。

以下、次節では音楽教育における蓄音機の利用を（1）音楽の普及　と（2）音楽の教育――音楽演奏教育と音楽鑑賞教育――　を目的とするものに分類して紹介した後、節を改め、語学教育における蓄音機の利用を模索した事例として、日本教育蓄音機協會について紹介する。

二．音楽における蓄音機の教育的利用

二－一．音楽の普及：日本社会における西洋芸術音楽の浸透

蓄音機はまず第一に、日本社会に音楽――西洋芸術音楽――を普及させ、そうして日本社会全体を向上させる道具として理解された。蓄音機を使うことで、大衆は、低級な浪花節だけではなく、生演奏に触れる機会を持つことが難しい高級な西洋芸術音楽を聴けるようになり、知的あるいは感情的に成長できる、とされたのだ。つまり、蓄音機は音楽を社会に浸透させることで日本社会全体を向上させる最新のハイテクノロジーとして、大衆啓蒙に役立つ機械として理解された。

例えば、佐久間鼎「楽壇から民衆へ」（佐久間一一〈一九二三〉：九・八：九―一六）では蓄音機という最新テクノロジーが果たす文化的貢献への期待が表明されている。佐久間によれば現代社会は「文明の利器」（一〇）を利用する社会である。それゆえ、当時利用され始めた無線電話は普及すれば「耳によつて丁度今日新聞が行つてゐるやうな仕事を一層迅速に一層直接に報道する」（一〇）ことに役立つと推測される。要するに、ラジオは演説や音楽を家庭に伝達するのに役立つだろうと推測される。しかし、佐久間によれば「一方に於てその日〳〵に讀み捨て、行く日刊新聞を必需品とする現代の生活は、他方に於て同時に保存に適する月刊雜誌、乃至精神の糧となるべき書籍を要求する」（一〇―一一）。それゆえ蓄音機は評価される。というのも、蓄音機は、書物や事物が私たちに「深遠な思想や幽玄な情景や切實な興趣に耽」らせてくれるように、音を保存することで「私共の魂を隨時に捉へ隨所に悠遊させる」（一一）ものであり、賞賛すべき

発明だからである。しかも今日の蓄音機は「半獣的な聲色によつて世人の神經を痺れさせ」る浪花節などを流行させた下品な機械ではなく、「一流の藝術家が安んじてその妙音を託」す「信頼すべき再現能力を有する忠實な寫音器」（一三）である。かつてレコードに記録された音楽は「罐詰音樂」と軽蔑されたこともあったがそれは蓄音機の性能が悪かったからで、今や蓄音機は今日の文明の利器として「一流の藝術」を託し得る機器として認められる。このように佐久間は述べる。蓄音機は文明の利器として位置づけられるのだ。

蓄音機は西洋芸術音楽の普及に貢献するので日本社会の教育と向上に役立つ、というロジックはたくさん見出せる。例えば石川義一「蓄音機と社會敎化」（石川一一〈一九二二〉：九・二：八―一二）はその典型である。石川は、一〇年以上滞米して帰国した時、日本が拝金主義、経済中心主義、物質中心主義に染まっていることに驚いた。とはいえ石川によれば、人や社会は物質中心主義的な思考だけでは駄目でもっと精神的に教化されねばならない、つまり芸術を通じて美的に教化されねばならない。それゆえ石川は、蓄音機を、音楽を社会に普及させるという点でその「效の絶大なるを激賞して止まない」（九）と評価する。石川によれば「人間の生活の安定といふことは金銭のみでは出來ません。……金銭は生活の安定の全部と心得るのは實に淺い考へである。蓄音器は此の物質慾の融和に偉大なる效力があつたと思ふ。卽ち一般の廣い意味での社會敎化に盡力したと思ひます」（一〇）と述べる。つまり蓄音機は、日本社会に（西洋芸術）音楽を普及させた媒体として教養主義的な思考の中で評価されるわけだ。石川は、この後も何度か日本社会での洋楽普及に関する文章を寄稿している(5)。

このように、音楽――西洋芸術音楽――を社会に浸透させることで日本社会や大衆を教育する機械として、蓄音機を教養主義的で啓蒙主義的な思考の中で受容する傾向があった。この教養主義的で啓蒙主義的なテクノロジー理解は、文部省推薦認定レコード事業に結実したといえよう。これについては次で言及する。

二―二　音楽の教育：音楽演奏教育、音楽鑑賞教育

また蓄音機は、音楽教育のためのツールとしても理解された。音楽教育ということで想定されるのは、音楽演奏の教育――楽器の訓練――と、(学校での) 音楽鑑賞教育の二つである[6]。両傾向の事例を確認しておきたい。

(1) 音楽演奏教育

蓄音機は、日本音楽であれ洋楽であれ、歌唱や楽器演奏の訓練に役立つとされた。

例えば田邊尚雄「日本音樂の学習に蓄音機を用ふることについて」(田邊一一〈一九二二〉：九・八：四―九) によれば、蓄音機は「声楽」の訓練に最も効果を発する。というのも、「声楽」であれ何であれ、良い先生を得るのは難しいし、また、先生に何度も同じ手本を示してもらうのも難しい。というのも「日本の歌謡は節廻しや咽喉の使ひ方が頗る技巧的で」何回も繰り返して手本を聞かないと学習は困難だが、名人大家は何でも繰り返して同じ節を教えてくれないだろうし、また「同一人でも同じ節を幾度もやると多少疲れるに従つて節廻しが變化して來る」ものだからである (四―五)[7]。蓄音機は、好きな時に好きなだけ繰り返し模範を示してくれるがゆえに音楽演奏教育に役立つ、とされるのだ。これは、音楽演奏教育における蓄音機の効用を述べる際にほとんどの論者が採用する立論だといえよう。

（2）音楽鑑賞教育：須永と大橋と推薦レコード

また既に述べたように、大正期は、それまで歌唱教育中心だった音楽教育の領域で音楽鑑賞教育論（と、そのための蓄音機の利用）が論じられ始めた時期だった。音楽鑑賞教育の目的を大別すると、音楽を通じた人格的成長などを目的とする音楽鑑賞教育――音楽経験を介して学習者の美的情操を育てて人間的成長を促す教育――と、西洋音楽芸術という対象を学習する教養教育とに大別できるが、どちらの場合も、蓄音機はわざわざ演奏会などに出かけなければ実際に経験するのが難しい西洋芸術音楽の実物を提示する手段として理解された。

例えば須永克己「最近の音樂教育と蓄音機の利用」（上は須永一一〈一九二二〉：九・八：二二―四九、下は須永一一〈一九二二〉：九・九：五一―二二）は前者の例で、人格的成長を目指す音楽鑑賞教育論である。須永によれば、音楽とは単なる娯楽ではなく「世界を導き人生の歸趨」（二七）を教えるものであり、音楽教育とは「有機體の調和を完全にし、必要な印象と表現との最直接にして有效なる路を拓く事」であり「換言すれば音樂が有する教育的の力を遺憾なく發揮せしめる事」を目的とするものである（二八）。そして須永は、音楽教育では出入力の両面――音楽によって自らを表現する能力の育成すなわち歌唱教育と、音楽鑑賞教育――を重視すべきであると主張し、それゆえ主として音楽鑑賞教育において「蓄音機を利用すること」を主張するのである。須永によれば、蓄音機を使う最大の利点は蓄音機を用いることで元々の音楽演奏を再現できることにある。録音物を通じて音楽鑑賞する機会の方が多い私たちからすれば奇妙に感じられるが、大正時代にはまだ、音楽作品の実例を提示できるという利点は強調される必要があったといえよう。音楽鑑賞教育に蓄音機を利用することは須永以外にも多くの論者が主張している。蓄音機は、児童たちをいちいち演奏会に連れて行ったり音楽家を招待したりせずとも、教師の模範演奏よりも多くの種類の「実例」を提示できる手段として期待されていた。蓄音機は手軽に「ホンモノ」を提示できる手段だったのだ。

また、大橋生「音樂的智識の涵養に蓄音機を利用せよ　レコード音樂會の有效化」(大橋一一〈一九二二〉：九・八：五一―五八)は、後者の例で、蓄音機の最適な利用法の一つは西洋芸術音楽史という教養学習のために使うことだと主張している。(8) この記事の目的は、レコードで音楽を聴いた後に田邊尚雄による西洋芸術音楽史の講義を聞くレコード音楽会――エコー・シンフォニック・ソサエティー――について報告して、この種の会の増加を訴えることである。その中で大橋はわざわざ蓄音機の使用の利点を強く訴えている。音楽史の知識を録音物ではなく生演奏から得る場合の方が少ないだろう今日の私たちには奇妙に見えるが、「レコードを使えば西洋芸術音楽を鑑賞できるということ」は、大正時代にはまだ、文章化して断っておくべき事項として理解されていたといえよう。そしてまたこの場合も、蓄音機は西洋芸術音楽という「ホンモノ」を提示するツールだったといえるだろう。

また、文部省推薦認定レコード事業というものがあった。これは、学校を超えた日本社会全体の教育を目的として行われた、日本社会全体を対象とする音楽鑑賞教育だったといえよう――またこれは、先に言及した、教養主義的で啓蒙主義的なテクノロジー理解の産物でもあろう――。以下、この事業についてまとめておきたい。

大正一五(一九二六)年の『音樂と蓄音機』第十三巻第十号が、この事業の存在と意義を紹介した特集号で、関係者の多くが寄稿している。これによれば、大正一〇(一九二一)年頃にレコード推薦事業の構想が生じ、大正一一(一九二二)年九月に具体的な事業化が決定した。映画の審査事業にも委員として関わっていた菅原教造が田邊尚雄に相談を持ちかけ——後で言及するように二人とも日本教育蓄音機協會の評議員でもあった——、推薦レコードの選定基準などを立案整理した。翌大正一二（一九二三）年一月には初めて会議が行われ、二月に推薦レコード審査が行われ、四月に第一回推薦レコードが発表され、一二八種二〇三枚のレコードが選定された。

推薦レコードは、基本的には日本製レコードだけを対象に行われた——外国製レコードは審査対象に入れると事業規模が大きくなりすぎるので省かれた——。審査ではレコードを　1．民衆娯楽に資するもの／2．芸術的賞玩に資するもの／3．学校の教育に資するもの／4．特殊なる教育に資するもの／5．語学練習用に資するもの　に分類し、楽曲の性質、録音した演奏者、レコード制作方法、レコードの素材　の良否で審査してA―Dとランク付けを行った（田邊尚雄「文部省レコード推薦事業の生ひ立ちに就て」＝田邊一五〈一九二六〉：一二・一〇：七―一二）。この推薦レコード事業は年に数回のペースで行われた。大正一二（一九二三）年五月には文部省推薦レコード演奏発表会が行われ、七月には第二回の審査と発表が行われ、第三回の審査を終えたところで関東大震災（九月一日）が起こった。その後、同年一二月に震災者慰安を兼ねて第二回推薦レコード演奏会が開催され、大正一三（一九二四）年には審査事業が再開され、一一月には第四回推薦レコードが発表され、以降大正一五（一九二六）年六月の段階で第一〇回の推薦レコードが発表されるまで継続した。

なぜこのような事業が行われたのか？　この事業を行う文部省の目的は、国民に「社会教育」を行うことだったといえよう。文部省関係者によれば、全国的に普及しつつあった蓄音機は「社會教化の機關として重要な役目を演ずる」（文部省普通学務局長　関屋龍吉「教育上より見たる蓄音機」：二）ようになった。それゆえ文部省は、（活動写真に続いて）市販されるレコードの中から優秀なものを選んで一般社会に推薦することで「社會的教育」に役立たせたいと考えた（文部省普通学務局社会教育課長　小尾範治「蓄音機の改善及利用」：四）。そうして構想されたのがレコード推薦事業である。その目的は、学校教育だけではなく社会全体の教育に資することであり、音楽鑑賞教育や語学教育の教材に限らず民衆娯楽や芸術鑑賞のためのレコードの中から「優秀」なものを選定して「一般社會に推薦」（関屋三、小尾五）することだった。推薦レコード事業とは、教養主義的で啓蒙主義的なイデオロギーと結びつき、蓄音機を通じて「優秀」な「レコード」を普及することで「社會的教育」を行い国民を教育しようとする、教養主義的で啓蒙主義的な思考に基づいて構想されたものなのだ。

とはいえ、この推薦レコード事業は一般にあまり認知されていなかったようだし[9]、あまり大きな影響も与えなかったようだ。そもそも法的な規制や軍の圧力などを背景に持つ大規模な政府事業ではないので何らかの強制力を持つものではなかったし、市販されるレコードの中から一部を「推薦」するだけではその他のレコードに影響を与えることは難しかったようだ。大正一二（一九二三）年五月に行われた、日比谷楽奏堂での第一回文部省推薦レコード演奏會の広告には次のような文句が書かれていた。「音樂なき生活は乾ける砂漠を行くが如く、／家庭に音樂を有する生活は春の海に船を行くが如し。／蓄音機は音樂の泉なり」。音楽とは砂漠の底を流れる地下水のようなものだとすれば、推薦レコード事業とは、いわばその水質を管理しようとする事業だったわけだ。生半可な人力では不可能な事業ではないだろうか。軍や政府の圧力を背景に持たなかった大正時代のレコード推薦事業が一般に認知されなかったのも無理もなかろう。

以上、音楽教育の場において蓄音機がどのように利用できると考えられていたか、その諸相を概観した。

蓄音機は、日本社会において「ホンモノ」の西洋芸術音楽を提示するツールとして、あるいは、学校の音楽鑑賞教育においては教師の模範演奏よりも多くの種類の「実例」を提示する手段として理解されたのだ。

三．日本教育蓄音機協會：国語教育レコード

また蓄音機は、言語教育に役立つツールとしても理解された。言語教育における蓄音機の利用は、外国語教育と日本語標準語教育に大別できるが、「日本教育蓄音機協會」は、英語学習のための外国語レコードではなく、日本語標準語を学習するための「国語教育レコード」を制作するために設立された。[10] 蓄音機は、（地方では訛りのある教師が模範を提示することが困難な）標準語――国語――を提示して国語――標準語――を教育するためのツールとして期待されたのだ。標準語――国語――教育に対する要請をめぐって、近代国家と標準語――国語――との関連という興味深いが大きなテーマを論じる余裕は本論にはない。標準語は国民間の意思疎通や国家から国民に対する指揮系統を可能とし、近代国家がひとつの共同体として機能することを可能とするためには必須のツールだった、とだけ述べておこう。

では、日本教育蓄音機協會とは何か？　第十巻第四号（大正一二〈一九二三〉年）は、日本教育蓄音機協會創設の告知と、その第一期事業である国語教育レコードの諸問題を特集した号である。本節以下の引用は全てここからである。それによれば、大正四年に雑誌『蓄音器世界』を創刊して以来の、蓄音機を教育に貢献させたいという横田昇一の長年に亘る希望がこの日本教育蓄音機協會創設につながった。日本教育蓄音機協會事業は数年前から計画されていたが、文部省の国語調査委員たちが国語読本の標準レコード作成を計画

したことをきっかけに直ちに具体化された。この協會の評議員のうち四名は「文部省國語調査囑託」という肩書きを持ち、その他の評議員である音楽学者の田邊尚雄も「文部省邦樂教育調査委員」の、音楽教育者の菅原教造も「文部省社会教育調査委員」の肩書きを持つ。設立の経緯からも顧問や賛助員の肩書きからも文部省や教育界との関連が深いことが察せられる。

ではこの協會は何を目指していたのか？　日本教育蓄音機協會は、「教育と蓄音機との新交渉!!　これ本協會存立の理由也」（日本教育蓄音機協會一二〈一九二三〉：一〇・四：一）と宣言していた。また「日本教育蓄音機協會設立旨《し》意《い》及事業方針」（三二―三八：この文章の日付は大正一一〈一九二二〉年九月二八日）によれば、この協會の設立理由は次のように要約できる。

すなわち、「従來わが國では教育上甚だ耳を軽んじた觀」（三一）があり、それゆえ「國語の不統一、否むしろ紛糾」と「立派な音樂が普及せずに、低級な歌謠が喜ばれてある現狀」が生じ、国民は知的にも感情的にも未発達な状態となっている。[11] それゆえ「耳の教育」が必要で、そのために「最も普及に便利な現代文明の利器たる蓄音機」（三二）を用いるのは大変時宜に適った考えである。また「社會教化の具として蓄音機と姉妹關係にあるところの活動寫眞」は学校や様々な場所で活用されて「一個の有力な教化機關の實」（三二）を備えているのに対して、蓄音機の「文化的使命」が一般に認められていないのは、（蓄音機は一般には娯楽装置に過ぎないからかもしれないが）非常に遺憾である。なのでこの協会を設立することにした。「蓄音機の効用をその文化的使命の發揮において認めようとするのは、私共の年來の所懷」だから、「私共は適當な方針の下に愼重の用意と最高の技術とを以て、教育用蓄音機及び教育的レコード」（三三）を生産することにした。一言で言えば、日本教育蓄音機協會の目的は、標準語教育と音楽鑑賞教育ひいては社会教化という、「文化的使命」に役立たせるべく蓄音機を教育的に利用すること、だった。

では日本教育蓄音機協會は具体的には何をしようとしたか？　第十巻第四号に掲載されている「日本教育蓄音機協會設立旨意《しい》及事業方針」（三一―三八）によれば、計画されていたのは次の五つ　1．教育用蓄音機の製作及び普及／2．国語教育レコードの製作及び普及／3．音楽教育レコードの製作及び普及／4．外国語教育レコードの製作及び普及／5．一般の教育に資するレコードの製作及び普及　である。この後、第十巻第八号（大正一一〈一九二二〉年）を発刊した後に関東大震災が生じて雑誌とこの協會の活動は停止するので、この五つの事業の中で実際に行われたのは「2．國語教育レコードの製作及び普及」だけだったようだ。[12] 以下、「国語教育レコード」にかけられていた期待について整理しておこう。

　事業方針に明記されているのと同様に、[13] 全ての論者が国語教育レコードが標準的な発音とアクセントを提示する点を賞賛していた。当時はまだラジオ放送も始まっていなかったし、東京近郊ならまだしも東北地方やあるいは山間地域の人々が、学校教師やその他の人々から標準的な発音やアクセントを知る機会は皆無に等しかった。しかし、国定教科書を標準的な発音とアクセントで朗読する国語教育レコードを用いることで、「標準語としての東京言語の発音やアクセント」（上田一二〈一九二三〉：一〇・四：四）や「発音およびアクセントの標準」（佐久間一二〈一九二三〉：一〇・四：二三）を提示して、「標準語の標準的発音を諸方に普及させる」（三上一二〈一九二三〉：一〇・四：六）ことができると期待された。例えば、「あふぐ・あふぎ・かばふ」といった言葉における「あふ・ばふ」は「アウ・バウ」か「オー・ボー」と発音するのか、とか、「へいえい」は「ヘイエイ」と読むのか「ヘーエー」と発音するのか、といった問題が解決するだろう、といったことが期待された（佐久間一二〈一九二三〉：一〇・四：二四）。こうして「標準語」を学ぶことで、方言がひどすぎて日本国内なのに会話が通じないということもなくなるだろうし、また、音声を用いた国語教育が行われることで、言語教育の四大要素――話すこと、聞くこと、書くこと、読むこと――のすべて――特に「話すこと、聞くこと（そして音読すること）」――が訓練されるので、十分な「国語」教育が可能となると期待された（上田一二〈一九二三〉：一〇・四：一二）。佐久間鼎「國語の標準レコード出現の意義」（佐久間一二〈一九二三〉：一〇・四：一六―二五）では、この教育レコードが登場するまで数年の間、文部省は毎年夏休みに全国の小学校の教員を対象に講習会を開催してきたがあまり成果は上がらなかったと述べられている。全ての記事に、日本教育蓄音機協會の国語教育レコードが標準語の発音とアクセントの「実物を提示すること」に対する期待感が溢れている。

この日本教育蓄音機協會について幾つか指摘しておきたい。まず第一に、この協會の事業計画からも分かるように、教育用レコードは「国語教育レコード＞音楽教育レコード＞外国語教育レコード」と明確に序列化されている。音楽教育レコードよりも国語教育レコードの方が重視されていたわけだ。これは、この協会がそもそも文部省が国語読本標準レコード作成を計画したのをきっかけに設立されたものだから当然かもしれないが、大正期の蓄音機の教育的利用の傾向を示すものと解釈すると興味深い。蓄音機というテクノロジーは音楽鑑賞教育よりも語学教育にこそ用いるべきだと考える傾向があったことを示すものと解釈できるかもしれないからだ。日本教育蓄音機協會の事例だけでは判断できないが可能性として記しておく。少なくとも、横田と『音樂と蓄音機』にとっては、音楽教育のためだけに蓄音機を利用することではなく（何らかの）教育的目的のために蓄音機を利用することが重要だった、ということはいえるだろう。

もう一点、音楽教育レコードの用途として音楽鑑賞教育は考慮されるが音楽演奏教育は考慮されていないことを指摘しておきたい。事業計画に記されている音楽教育レコード制作としては、音楽鑑賞教育のための教育レコードだけで演奏教育のためのレコードは想定されていないようだ(14)。日本教育蓄音機協會の設立以前は、『音樂と蓄音機』誌上でもしばしば音楽演奏教育に蓄音機を用いることが論じられてきたが、これ以降あまり論じられなくなる。その理由は現段階では不明である。

おわりに

以上、大正期の雑誌『音樂と蓄音機』とこの雑誌が母体となって作られた「日本教育蓄音機協會」という団体の活動を取り上げ、大正期日本における蓄音機の教育的利用の事例を紹介し、そのコンテクストを整理した。蓄音機が、日本社会や学校の音楽鑑賞教育において「ホンモノ」の西洋芸術音楽の実例を提示したり、あるいは本物の「国語――標準語――」を提示したりするためのツールとして期待されていた事例を確認した。これが本論の成果である。美術史における「スライド」を通じた名画受容と同じく(15)、芸術音楽受容における複製メディアを通じた「オリジナル＝西洋芸術音楽」受容の事例として紹介しておく。『音樂と蓄音機』と「日本教育蓄音機協會」は、音楽教育と国語教育の双方の領域で蓄音機を利用することを模索した事例である。これを音楽以外の領域でも蓄音機の利用を模索した事例としてメディアとしての蓄音機の展開史のなかに位置づけることが今後の課題である。また、大正期の語学教育レコードの系譜を調べ、当時の蓄音機をめぐるメディア的想像力の布置をさらに解明することも今後の課題である。そうすることで日本における音響メディアの展開史の考察に貢献できるだろう。また、音楽鑑賞教育は、近代日本が西洋（芸術）音楽（洋楽）を受容するプロセスのひとつとして機能したはずだ。それゆえ本論の事例は、近代日本文化の洋楽受容プロセスの考察に貢献するものだろう。

以上、今後の課題は多いが、ひとまず本論は終えておきたい。

註

（1）私は、雑誌『音樂と蓄音機』と「日本教育蓄音機協會」という団体の存在を西島千尋氏の博士論文（西島二〇〇九）を通じて初めて知った。単著（西島二〇一〇）出版前の博士論文を快くお見せしていただいた西島氏に深く感謝したい。西島二〇〇九は、明治期から昭和に至る「鑑賞」概念の成立と展開を考察したもので、「鑑賞」概念の特異性——日本独特の概念かもしれないという可能性——に注目しつつ大量の一次資料を渉猟した労作である。また西島二〇〇七は、大正期以降の日本における音楽鑑賞教育と西洋芸術音楽受容との関連を考察したものである。大正期の音楽鑑賞教育論を通じた西洋芸術音楽輸入は「教育志向のアメリカのレコード産業」を迂回した西洋芸術音楽受容であった、とする西島二〇〇七の指摘は興味深い。

本論では、西島二〇〇七を参考にしつつも、直接的に西洋芸術音楽受容の問題には触れず、時期的にも大正期の音楽鑑賞教育論が登場する少し前を検討することになる。

（2）蓄音機を用いた音楽鑑賞教育は、はやくも明治四〇年代には試みられており——明治四〇年代以降、蓄音機を音楽教育に利用しようとする動きが認められる。なかでも、東洋音楽研究の先駆者として有名な田邊尚雄は積極的で東洋音楽学校（現在の東京音楽大学）での講義に蓄音機を利用していたし、音楽学者の田村寛貞も東京音楽学校での講義に蓄音機を使用していた——、大正四（一九一五）年には、平戸大「音樂教育に於ける蓄音機の利用」（大正四〈一九一五〉年一月）という論考が発表されていた。これは、歌唱指導のみの唱歌科に、教師の模唱の代わりにレコードの演奏を導入することを主張するもので、寺田によれば「積極的な鑑賞指導の意識が希薄である感は否めないが、レコードの演奏を聴くことによって、洋楽への耳を慣れさせ、子どもの音楽的基盤を醸成することを意図していることは、感じられる」（寺田二〇〇一—三：二五—二六）論説だった。また大正五（一九一六）年の協議会では、教師の模範演奏の代わりにレコードの演奏を子どもが聴くことが想定されていた。実際は、大正半ば頃までは実際に教育現場で音楽鑑賞教育のために蓄音機を使う実践はあまりなされていなかったようだが、大正一〇（一九二一）年の協議会では、鑑賞教育の必要性が主張され——鑑賞教育は、例えば、児童の心情を陶冶したり音楽的趣味を向上させたりする効用を持つとされた——、そのために、教師が歌ったり演奏できない音楽を児童に鑑賞させるための道具として蓄音機を用いる、音楽鑑賞教育実践の事例が報告されていた。

（3）また、大正年間には蓄音機は爆発的に社会に浸透した。蓄音機のレコード輸入額は、複写盤氾濫による国内産業の混乱に伴ない大正四（一九一五）年には一万八一四七円にまで落ち込んだが、大正九（一九二〇）年には三五万四一四九円に、大正一三（一九二四）年には一六四万六一四四円にまで上昇し、戦前の最高値を示している（倉田二〇〇六：一一四、一一三）。

（4）この雑誌が同時代にどのように受け入れられていたかは良く分からない。この雑誌は同時代の新聞にはほとんど何の形跡も残していない。私は、この雑誌は同時代の音楽ジャーナリズムを牽引するメジャーな雑誌ではなくある種の業界誌のようなものだったのではないか、と推測している。というのも、まず第一にこの雑誌には記事の偏りが見られるからである。例えばこの雑誌には、大正一三年に刊行された日本の音楽鑑賞教育黎明期を代表的する二つの著作（山本一九二四と津田一九二四）への言及や広告が見当たらない。この雑誌はしばしばアメリカのレコード会社制作の音楽（鑑賞）教育論の翻訳や日本人による音楽教育論の記事を掲載しており、あってしかるべきなのにもかかわらず、である。また第二に、この雑誌には業界関係者を想定読者とする記事が多いからである。この雑誌には、海外蓄音機の新製品の性能に関するレビューや蓄音機の新案特許目録、あるいは蓄音機小売店店主やレコード会社取締役たちの執筆記事が掲載され、時には日本の蓄音機産業黎明期の社史や立志伝が掲載され、蓄音機業界内の労働問題を論じる記事が掲載される。それゆえこの雑誌と団体は、明治末から大正にかけての日本の蓄音機業界黎明期の情報源——当時のレコードの生産枚数や製造従事者人数や販売従事者人数など——として用いられる（倉田一九七九、倉田二〇〇六）。また、この雑誌の主幹である横田昇一は、大正期の日本でレコードに著作権を認定させるべく精力的に活動したジャーナリストとして言及される（倉田一九七九：二一〇—二一四、倉田二〇〇六：一一四—一一六）。

（5）例えば石川義一「音樂の大衆化」（石川一五〈一九二六〉：一三・四：三—四）や石川義一「再び音樂の大衆化について」（石川一五〈一九二六〉：一三・五：六—八）など（作曲家石川の活動については藤井二〇〇四を参照）。

ちなみに石川は、米国では社会教化や学校教育や家庭での教育に蓄音機を用いることは常識なので、日本でも蓄音機を用いるべきだと主張する。石川は米国を理想化するのである。

(6) 音楽演奏における蓄音機の利用も蓄音機を用いた音楽鑑賞教育論もかなり早い段階から論じられており、どちらが先に主張され始めたのかは分からない。ただ、日本教育蓄音機協會の設立以降、音楽演奏教育における蓄音機の利用についてはほとんど語られなくなることを指摘しておきたい。

(7) 田邊はさらに、とはいえ蓄音機で学習した節廻しには特徴があるからそれを避けるべく良い性能のプレイヤーを用いなければならないし、また練習用レコードだけでは不十分で一種の講義録のような解説書が必要で、そのためにも「完全なる日本音樂の樂譜」(九)――原文は「完全なる日本音樂」だが、九・九：四より「完全なる日本音樂の樂譜」の誤植だと判断できる――が必要だが、そのためには、完全ではないのは承知しつつも五線譜を用いてできるかぎり微妙な点まで五線譜で日本音樂を表現する方法を研究する必要がある云々と論を続ける。

(8) ちなみに、教養教育のための蓄音機利用を訴える後者の事例は音楽鑑賞教育のための蓄音機利用を訴える前者の事例より少ない。他に正面から音楽史の教育に蓄音機の利用を訴える記事は、須永克己「レコードを以て例示する「概観西洋音樂史講座」(其一)」(須永一五〈一九二六〉：一三・二：六―七) くらいしか見当たらなかった。現段階では私にはその理由は分からない。

(9) この特集号の編集顧問を務めた須永克己によれば、文部省が推薦レコード事業を行っていることを知っている一般人あるいは教育関係者はあまりいなかった (「レコード推薦事業の理想と實際」(須永一五〈一九二六〉：一三・一〇：一八)。また、この特集号の中では、日東蓄音器株式会社常務取締役の勝田忠一も「レコード推薦事業」の広報の徹底を望んでいる (「レコード推薦事業に就ての所感」：三三―三四)。

(10) 倉田一九七九、倉田二〇〇六は、「國語レコード」を制作した団体として「日本教育蓄音機協會」に言及している。倉田によれば、「レコード芸術」が誕生しつつあった大正期、芸術音楽や流行歌の録音以外にも「人間社会に役立つ」べくレコードを様々に活用することが模索された。そのなかには演説レコードや教育レコードという二つの傾向があり、横田は、教育レコード――なかでも「國語レコード」――を制作した人物として言及される (倉田一九七九：二七二―二七三、倉田二〇〇六：一四三―一四四)。

ところで、教育レコードとりわけ語学教育のためのレコードについて記しておきたい。語学教育のためのレコードは、第一次世界大戦終戦直後の『蓄音器世界』には英語学習レコードの記事や広告があるので、遅くとも大正八（一九一九）年までには登場していたらしく、大正一二（一九二三）年四月以降の全国中等学校で採用された英語教科書『ニュー・クラウン・リーダー』のために製作販売されたものは反響が大きかったようだ。これは大正末に来日して日本でオーラル・メソッドによる英語教育の改革運動を始めたハロルド・E・パーマーが日東の新譜として録音したもので、二月の販売時に開催した講演会ではおよそ五〇〇〇名の聴衆が集まったという（パーマーについては伊村二〇〇三：六七—七四）。

日本で初めて商用販売された外国語レコードもまだ同定できていないし、語学教育レコードの展開に関するさらなる検討は今後の課題である。

(11) 例えば「かやうにして國民の精神生活は、知的方面に於ても國語の紛難といふことのために正常の發達を阻碍されて國民文化を遅滞させ、感情の方面に於ても音樂的教養の不足のために民衆を卑俗な鄭聲の中に沈湎させることによつて高い特性を萎靡させるやうなみじめさを露呈してゐます」（横田一二〈一九二三〉：一〇・四：三一—三二）など。

(12) この時作られたレコードが具体的にどこでどのように使われたかは不明である。また、これらが震災後も現存しているかどうかも不明である。昭和館ＳＰレコードコレクションには、日本蓄音器商会から発行された尋常小学校国語の教科書を朗読したレコードがあるが、日本教育蓄音機協會発行のものはなかった。

(13)「國定小學校讀本について文部省における國語調査の成績により、及び斯道の専門家の監督の下に精確な標準的發音及びアクセントを吹込み、尚摸範的な朗讀法及び話し方を示すこと。そのレコードには、標準的發音及び教授竝びに學習に際しての注意を示した解説書を添へて、國語教育上の效果を擧げるやうに努めること」（三四）。

(14)「3．音樂教育レコードの製作及び普及」ということで、以下のような事項を計画していた。

「子供に音樂の美的情操を涵養するを目的とし一切のマンネリズムを排して多分の藝術味ある優秀な唱歌、童謠等の標準的レコードを作りその普及を計ること。／又社會教化の目的で、藝術的鑑賞に堪ふべき平明で雅致ある東西の名曲、乃至民衆娯樂に資すべき穩健で和氣に滿ちた古今の佳曲を吹込み、その普及を計ること。／又工人の能力增進、趣味向上の目的を以て、工場音樂として適當なものを選んでレコードを作り、その普及を計ること。／尚蓄音機による音樂の系統的知識の教授や古曲保存の如き有意義の事業も將來を期して漸次著手すること」（三四）。

(15) スライドを通じた美術史の受容をめぐる問題については、前川二〇〇〇、前川二〇〇二を参照。

参照文献

言及しなかったが参照したものも含む。

○雑誌『音樂と蓄音機』について

『音樂と蓄音器』第九巻第七号まで（大正一一年七月まで）東京：蓄音器世界社。

『音樂と蓄音機』第九巻第八号より（大正一一年八月より）東京：音樂と蓄音機社。

この雑誌収録記事の書誌情報は「著者姓＋年（西暦年）：巻号：ページ数」と記す。この雑誌は大正年間にしか刊行されていないので、発表年は大正の年号で記す。例えば

　石川義一「蓄音機と社会教化」『音樂と蓄音機』九・二（大正一一〈一九二二〉年）：八―一二

は「石川一一（一九二二）：九・二：八―一二」と記す。

○その他の文献

藤井浩基　二〇〇四「朝鮮における石川義一の音楽活動：1920年代前半を中心に」鳥取短期大学（編）『北東アジア文化研究』第十九号：七三―九一。

堀内敬三　一九六八『音楽明治百年史』東京：音楽之友社。

細川周平　一九九八「近代日本音楽史・見取り図」『現代史手帖　特集　日本「近代」音楽の発生』四十一・五：二四―三四。

伊沢修二　一九七六『洋楽事始　音楽取調成績申報書　東洋文庫』東京：平凡社。

神林恒道　二〇〇六『近代日本「美学」の誕生』講談社学術文庫　東京：講談社。（特に第六章「洋楽受容と音楽美学――教育音楽から芸術音楽へ」）

倉田喜弘　一九七九『日本レコード文化史』東京：東京書籍。

――・二〇〇六『日本レコード文化史』岩波現代文庫　東京：岩波書店。

前川修　二〇〇〇「複製の知覚」『哲学研究』（京都哲学会）五七〇号。

――・二〇〇二「美術史の目と機械の眼」岩城見一（編）『芸術／葛藤の現場――近代日本芸術思想のコンテクスト』京

都：晃洋書房。
日本音楽教育学会（編） 二〇〇四 『日本音楽教育事典』 東京：音楽之友社。
西島千尋 二〇〇七 「日本における音楽鑑賞教育の成立：教育としての鑑賞と芸術の鑑賞」 金沢大学大学院人間社会環境研究科『人間社会環境研究』十三号：二一一―二二七。
――. 二〇〇九 『「鑑賞」教育からみた近代日本の西洋芸術音楽受容の研究』 博士論文 金沢：金沢大学大学院人間社会環境研究科。
――. 二〇一〇 『クラシック音楽は、なぜ〈鑑賞〉されるのか』 東京：新曜社。
奥中康人 二〇〇八 『国家と音楽――伊澤修二がめざした日本近代』 東京：春秋社。
山東功 二〇〇八 『唱歌と国語 明治近代化の装置』 講談社選書メチエ 東京：講談社。
寺田貴雄 一九九八 「山本壽の音楽鑑賞教育論――『音樂の鑑賞教育』（一九二四）および雑誌『學校教育』掲載論文の検討を通して――」『エリザベト音楽大学研究紀要』一八号：二七―四三。
――. 一九九九 「大正期の音楽鑑賞教育におけるアメリカの音楽鑑賞教育書の影響：Victor Talking Machine 社刊 *Music Apprecation for Little Children* (1920) の受容の諸相」 東京学芸大学大学院連合学校教育学研究科芸術系教育講座音楽教育学研究室（編）『音楽教育学研究論集』 第一号：五四―六五。
――. 二〇〇〇 「自動演奏楽器と音楽鑑賞――20世紀初頭から１９２０年代にみる鑑賞・教育メディアとしての役割――」 財団法人音楽文化創造『ＣＭＣ音楽文化の創造』十八号：七八―八一。
――. 二〇〇一―二〇〇二 「日本における音楽鑑賞教育の軌跡」 財団法人音楽鑑賞教育振興会（編） 月刊『音楽鑑賞教育』二〇〇一年一月号（№３８９）―二〇〇二年三月号（№３９１）掲載。
津田昌業 一九二四 『音樂鑑賞教育』 大正一三年一二月刊行 十字屋楽器店（河口道朗〈監修〉一九九二 『音楽教育史文献・資料叢書 第12巻』 東京：大空社を参照）。
塚原康子 一九九六 「第2部 日本音楽史 第4章 近代――伝統音楽と西洋音楽の並存のなかで（西暦１８５０年～１９４５年まで）」 片桐功（他）『はじめての音楽史』 東京：音楽之友社：一六五―一七三。
Victor Talking Machine Company Educational Department. 1920. *Music Appreciation for Little Children: in the Home,*

Kindergarten, and Primary Schools. Forward by Frances Elliot Clark. Camden, New Jersey: Victor Talking Machine Company. (= MALC) (= Clark, Frances Elliott. 2008. *Music Appreciation: For Little Children, In The Home, Kindergarten, And Primary Schools (1920)*. MT: Kessinger Publishing, LLC.)
http://www.archive.org/details/musicappreciatio00victiala (accessed June, 30, 2010)
山本壽　一九二四　『音樂の鑑賞敎育』　大正一三年七月刊行　東京：目黒書店。
吉見俊哉　二〇一二（一九九五）『「声」の資本主義　電話・ラジオ・蓄音機の社会史』　河出文庫　東京：河出書房新社。

竹久夢二、超−、脱−境界的「画家（?）」
――「夢二神話」のハイブリディズム――

岩城見一

はじめに

「まえがき」で記したように、本書の基になった文部科学省科学研究費申請のために書かれた計画書のタイトルは、「日本近代建築・デザイン・工芸：東西文化の磁場――それらの超−、脱−境界的相互作用史に関する基盤研究」となっていた。明治以降の日本の近代化のなかで、いわゆる「芸術」の諸分野が分けられ、芸術の教育システムや諸文化施設が整えられてゆく。芸術の諸ジャンルは時代を経るにつれて一層細分化され、各ジャンルの独立性は一般的にも自明になっていった。例えば「美術」と「工芸」との分離が自明になり、「日本伝統工芸展」における「工芸」の区分をみるなら、「陶芸」、「染織」、「漆芸」、「金工」、「木竹工」、「人形」、「その他の工芸（硝子、七宝、截金、硯等）」という分類が現代では一般化している。

だがこのような芸術ジャンル固有の本質とみなされているものは、少し考えてみれば決して自明なものではなく、近代という歴史のコンテクストのなかで作られた枠組み、つまり歴史的構成物に過ぎないことがわかる。芸術諸ジャンルの本質的差異の自明性への信念、この今では一般化しているようにみえる信念は、近代以後作られた枠組み（人為的構築物）が、次第に社会に定着して人々にとって自然なものと思われるようになった枠組みに支えられている。

すでに一九三〇年代に三木清は優れた「神話」と「制度」に関する理論を公にしている。それによれば、「人為的に作られたもの」、つまり「フィクション」、そのような思考の産物としての「制度」は、次第に「自然」に、つまり誰もが信じる「神話」になってゆく。「神話」とは単に個人的な信念にとどまるものではなく、一つの時代、一つの社会の成員が共に抱くようになった信念、要するに集合心性となった信念だ。「制度」は「神話」になることでその効力を手に入れる。「神話」は一定の時代、社会、文化に根を張った信念として、そこに生きる人々の心の拠りどころになるし、同時にそれはまた「命令的なもの」になって人々の心や行動を拘束することにもなる（三木清『構想力の論理』一九三九〈昭和一四〉年、特に第一、二章）。「制度」が「神話」になってゆく過程をたどり直し、現在の私たちには自明となっている考え方が実は歴史的に限定された一つの観念にすぎないことを自覚し、もう一度芸術のあり方について考える、これが本書の企画に際しての一つの主要課題だが、このような課題を引き受ける上で、竹久夢二（明治一七〈一八八四〉―昭和九〈一九三四〉）の芸術は、私たちに多くの点でヒントになるように思われる。

一つは、夢二の仕事は現在のジャンル区分には収まらない広い範囲にわたって、まさに「超-、脱-境界的」な仕方で展開されているからであり、いま一つは、特定のジャンルを超えた夢二の作品に魅了された人々の間で夢二神話とでも言える世界が生み出され、その神話的言説が今日まで紡ぎ出されてきたからだ。

この小論では、夢二の「超－、脱－境界的」芸術が生み出した「夢二神話」を概観し（一）、次に「線とイメージ」についての夢二の考え方および夢二作品の特色を確認し（二）、最後に近代中国における漫画の始祖とされる豊子愷の夢二受容に関する諸論考をみることで夢二受容の国内とは異なる側面をも見ておくことにしたい（三）。

一・「夢二神話」の超－、脱－領域性

周知のように、夢二は「夢二式」と呼ばれる特有の美人画を生み出した画家として愛されてきた。だが、同時にかれの領分は「絵画」を超えて、ポスター、絵葉書、新聞、雑誌、本などの挿画、本の装丁、「セノオ楽譜」に代表される楽譜の表紙デザイン、千代紙、封筒、便箋のデザインに関わったいわゆるグラフィック・デザイナーと呼びうる世界にもおよび、さらに半襟、帯、浴衣のデザインも試み、自ら描く美人像に自らが考案した紋様の和服を着せ、これらが多くの人に受け入れられ、流行現象になったという点では、夢二はファッション・デザイナーとでも言える作家だった。それだけではない。夢二は独特の人形の作者でもあり、また子ども向けの絵本や絵手本の作者、童話、さらには詩歌や小説など、文学者としても多くのファンを見出してきた。

神戸で活躍した版画家川西英（一八九四—一九六五）のコレクションが二〇〇六年から京都国立近代美術館によって順次購入されていった。寄贈品を含めて美術館に入ったのは作品・資料すべてを入れれば一〇〇〇点に及ぶものだ。これがマルチ・タレントとしての夢二の仕事を改めて知る機縁となった。そのうちの三

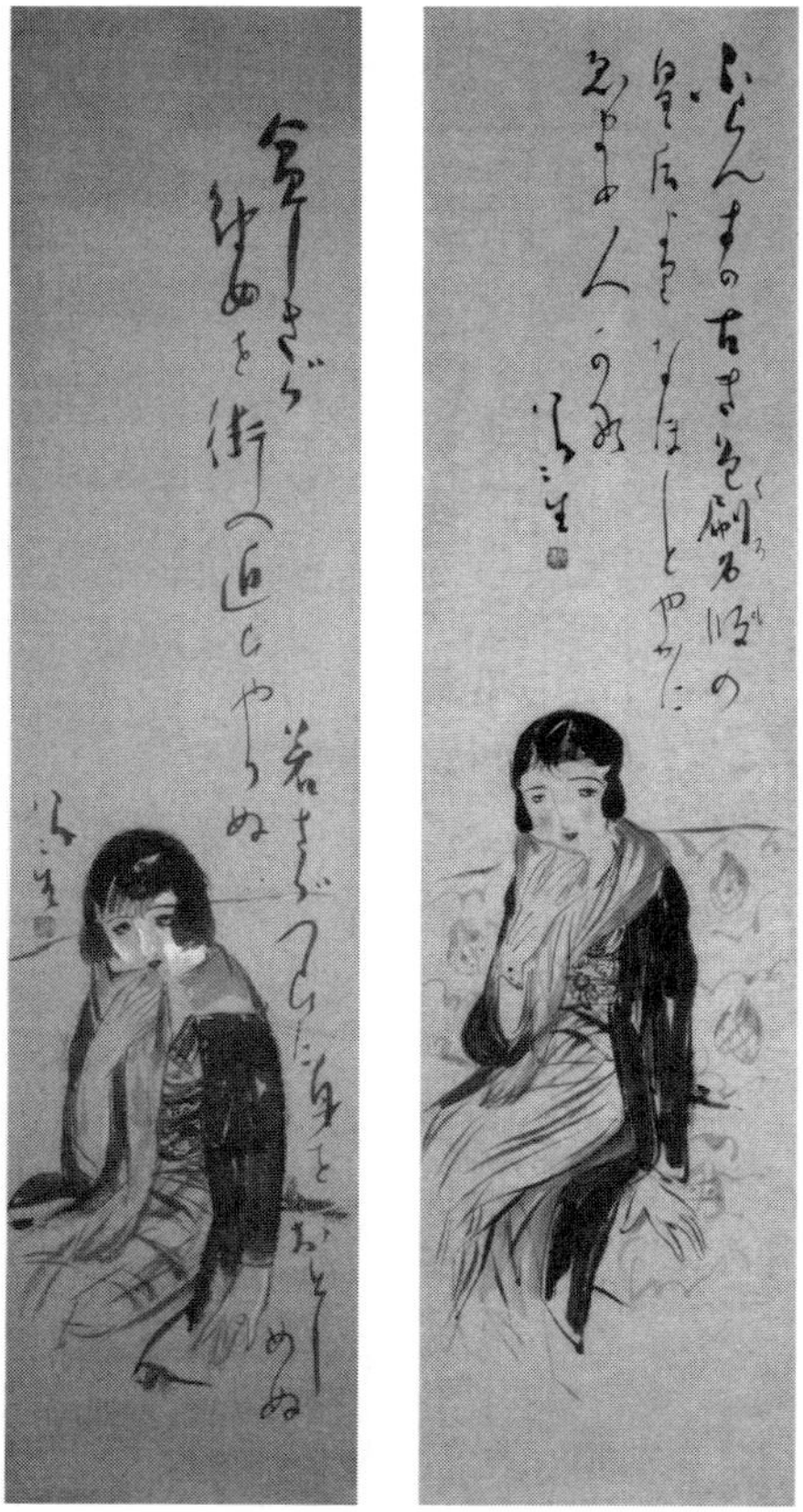

図1—（右）竹久夢二『ショールの女（ふらんすの）』
1920年代　紙本着色　軸装　137.0 × 34.5cm
京都国立近代美術館
（左）竹久夢二『女（貧しさが）』
1920年代　紙本着色　軸装　132.5 × 31.5cm
京都国立近代美術館
〔『川西英コレクション』展図録
2011年　京都国立近代美術館〕

〇〇点が夢二の作品と彼に関する資料だったからだ。

川西英は少年時代から夢二の作品に魅せられ、すでに一五歳のときから夢二の作品を模写し、技法を学ぼうと試みていた。それ以後、英は夢二の多くの作品を集め、スクラップ・ブックを作るなどして整理していった。

このコレクションについての数年に及ぶ調査の後、二〇一一年一一月から一二月にかけて、京都国立近代美術館は、『川西英コレクション収蔵記念展　夢二とともに』というタイトルで大規模な展覧会を開催した。

この展覧会では、これまで知られていなかった何点かの夢二の絵画も紹介された。これらの絵画のうち二点は、いわゆる「夢二式」の「美人画」であった。一目見たときには、二作品に描かれた若い女性はよく似た姿、顔つき、ポーズをしている（図1）。

しかし私たちがこれら二点を少し詳しく見ると、夢二は微妙な差異を二人の女性に与え、イメージのこの差異により、一方の絵は温かく、他方の絵は冷たい雰囲気を醸し出していることがわかる。夢二は、一方の絵には「ふらんすの古き色刷石版《くろも》の皇后よりなほしとやかにゐまふ人かな」、他方には「貧しさが彼女を街へ追ひやりぬ若さがつひに身をおとしめぬ」という短歌を夢二特有の美しい文字で書き入れている。

夢二はデリケートな線で、特に眼、髪、手の線によって、この二人の女性の表情や境遇の違いを巧みに描き分けるとともに、着物、ショール、ソファーにも異なる色を付し、二人の感情や境遇の違いを描いている。夢二は川西英の前でこれらの即興的な絵を速筆で描いたのだろうと推定されている（山野二〇一一年、二八頁）。これはありうることだ。夢二は英の眼前で自分の筆の技術を直接示し、そしてこれらの絵を英に与えたのだろう。夢二が書き入れた短歌は、これらよく似た絵の意味の違いを、言葉によってわかりやすく説明しているわけだ。

夢二の多くの絵画作品からしても、かれは言葉とイメージ、詩と絵とを分けていなかったし、分ける必要もさほど感じていなかったことがわかる。このため夢二はかれの生きた時代においても、「日本近代絵画史」における正当な画家という尺度からすれば傍流とみなされていた。すでに「絵画」は他のジャンルとは区別された独自の領分を制度的にも手に入れていたからだ。夢二より八歳若い評論家森口多里（一八九二―一九八四）が夢二の没後編集された「夢二特集第二集」（『本の手帖』一九六二・七）でこのことを証言している。そこでは「明治以降の美術史」の「表街道に居ならぶ作家」と夢二との「格差」が指摘されている。森口は前者を「楷書的存在」、夢二を「草書的存在」と呼び、夢二は「タブローでは名をなさなかった」と結論づけている。ただし森口は、むしろ「それでよかったのだ」という言葉をそこに付け加えている（八四頁）。

川西コレクションを細かく調べ整理して『川西英コレクション展』を企画した山野英嗣は、森口多里のこの評論を紹介しながら、「夢二式美人画」を超えた「タブロー作家」としての夢二の能力をも評価している。それは、夢二があまりに「夢二式美人画」の画家として語られすぎてきたことに対して、山野は夢二の芸術をより広い視野から公平に理解する道を新たに探ろうとするからだ。山野が注目したのは当時の前衛芸術、特に恩地孝四郎への夢二の影響だ（山野二〇一一年、三〇頁以下）。

実際、恩地孝四郎と夢二との親しい交わりについては、多くの証言がある（小野一九六二年一月、および一九六七年、渋谷一九六二年一月、普門一九六二年七月など参照）。渋谷は自らと恩地をも含む「前衛派の絵画は夢二の絵画を出発点として発生した」と語っており（六二頁）、また一九二〇年日本の未来派結成の主導者であった普門暁は、夢二と恩地との親しい交わりに触れるとともに、夢二の新しい美術への貢献を称賛し、「有為の青年画家を美術界に送り込んだ夢二の力は見逃すことはできない」と語っている。普門によれば、夢二は「近世版画の開発」と「現代の美術発展」の「貢献者」なのだ（一三四頁）。

このように夢二は近代日本の新しい芸術の動向にも密接に関わっていた。だが夢二が夢二らしいのは、たとい新しい芸術を求める作家と親しく交わっていたとしても、かれ自身は特定の芸術運動に拘束されなかった点にこそあるだろう。森口多里はこの点をよく見ていた。森口が、夢二は「タブローでは名をなさなかった」が「それでよかった」と語るとき、この批評家は「タブローの画家」には収まりきらない脱領域的作家としての夢二を積極的に評価していたことになる。夢二の個性は東京という「都会」に住む「田舎者の個性」だ（森口、八四頁）。この一見突き放したような言葉に続くのは次のような評価だ。「竹久君は人物に新しいタイプを与えた。というよりは人物の新しいタイプを創造した」（同頁）。

森口が夢二の仕事を積極的に評価していたことがこの言葉からわかる。森口は夢二が昭和五（一九三〇）年に仲間と開いた人形展（『雛に寄する展覧会』）にも足を運んでいた。森口はそのときに書いた「一部分」を再度呈示している。最初に来るのは、「かがめる背を僕等に向けて、杖と蝙蝠傘とを力に雪路をとぼとぼと辿り行く老人夫婦の互に扶け合ふ姿、―これが《国境へ》である。小さな創作人形によって是程複雑な感情を表はしたものを、僕は見たことが無い」（同八六頁）。以下もこのような心のこもった感想文が続く。森口は夢二の多様な活動を好意的に評価していた。

夢二が「人物の新しいタイプを創造した」と言われたのは、「夢二」の仕事は、制度的にも独立したものとして受け入れられ語られるようになっていた「絵画」という限定された世界の人々に受け入れられるよりも、むしろまず世間に受け入れられ、「夢二式美人画」に倣った髪形や服装をした女性を生み出し、夢二式の女性像が男性、特に青年たちの憧れの女性像になったからであり、日常生活の諸場面をかたちにして取り出したからだ。

夢二と親しく交わった有島生馬も当時夢二式女性が「街に溢れ出た」様子に触れ、「所謂〈夢二の女〉なるものは、オスカー・ワイルドのいふ〈芸術が自然を作る〉好適例であった」と語っている（有島一九六二年一月、九頁、有島一九三六年も参照）。

「夢二式美人画」は、最初の妻「たまき」をモデルにすることで生まれたと言われてきた（河北一九六三年、一八頁、有本一九六七年、二一三頁など）。だが真相では、現実の「環《たまき》」は夢二にとり絵のモ﹅チ﹅ー﹅フ﹅、き﹅っ﹅

かけに過ぎない。むしろ夢二の絵が現実を生み出したのであり、それによって現実の女性が、そして男たちが現実に求める女性像が作られたのだ。これが、芸術が「タイプを創造する」ということの意味だ。実際に「夢二ごのみの女を探し」、「夢二式の女性」に似た「芸妓」に恋をした青年の思い出も語られている（大木一九六二年七月、九四頁以下）。今日でも、年配者の中には「大正時代の女性」と言えば「夢二式美人」を思い起こす人が少なからずいるはずだ。「平安時代の女性」と言えば大和絵の女性が、「唐代の女性」と言えば、唐代のふくよかな姿態の女俑が思い起こされるように。芸術は人々の現実の認識、現実の感情、現実における所作の枠組みを生み出すのであり、夢二の作品も短い時期だったとしても、そのような枠組みを生み出したのだ。「夢二神話」が生まれたわけだが、それは夢二の作品のイメージが生み出した共同幻想、単に知識の問題にとどまらない感情の奥にまで浸透した共同幻想だと言えよう。

　夢二自身も、自分の絵の女性像をかれの愛した女性に探し求めていたようだ。妻たまきは夢二式美人の姿で写真に撮られている。夢二は愛人になったモデルの「お葉」にも夢二好みの「着物と化粧をほどこし」、「夢二趣味の生きた人形として扱ったようだ」（小倉一九八六年、五一頁）。夢二の愛した「たまき」、「彦乃」、「お葉」の写真は「夢二式」ポーズと髪形で撮られている（同四一、五〇頁）。夢二は現実の女性を自分の作ったイメージに当てはめようとしたようだ。芸術には、このような多少危うい作用力も含まれている。このことも見逃すわけにはいかないだろう。

「夢二神話」は夢二の生み出すイメージが人々の感情に浸透することで生まれた。それを促したのは、当時の、以前とは比較にならないほど大量の絵入りの新聞や雑誌といった視覚メディアの流通だ。高橋律子によってこのような夢二人気の歴史的背景が論じられている。高橋は絵入り雑誌などの視覚メディアの普及、展覧会、スクラップ・ブックの流行等々の文化現象を当時の史料に当たりつつ分析し、このような視覚文化の発展を、当時の用語を採用して「美術趣味」の「普及」と呼んでいる（高橋二〇一〇年、第二章）。夢二の人気は、近代日本において顕著になるこのような視覚文化（ヴィジュアル・カルチャー）の隆盛に支えられていたわけだ。高橋にしたがえば、「夢二式美人」という呼称は、夢二の最初の画集『夢二画集　春の巻』出版（明治四二〈一九〇九〉年一二月）の直後から翌年の『夢二画集　夏の巻』が出版される間に定着した（同一三頁以下）。

夢二の活躍は、早稲田実業学校在学中に雑誌『中学世界』に応募して「第一賞」を得た絵からはじまる。明治三八（一九〇五）年のことだ。才能を認められたことにより、夢二の絵は「殆ど毎月」この雑誌と『女学世界』に掲載され、さらに夢二は『太陽』、『少女世界』、『秀才文壇』、『女子文壇』、『少女』、『家庭』等々の多くの雑誌に活躍の場を見出していった（長田一九六二年七月a、一六二頁以下）。また夢二の作品は、『中学世界』投稿と同じ年に「平民社」関係の機関誌『直言』に、次いで明治四〇（一九〇七）年一月から四月まで発行された『平民新聞』に掲載された。それは「風刺画」、「コマ絵」、「俳句」、「和歌」というように、多様なジャンルに及ぶものであった。『平民新聞』掲載の夢二の絵は、夢二没後すべて表にして列記され、それらは「A．青春の感傷もの」、「B．生死などを象徴的にあつかったもの」、「C．貧乏人と富者とを対比したもの」、「D．政治的風刺の強いもの」、「E．単なるスケッチ的なもの」に分類されている（須山一九六二年七月、一二五頁以下、俳句については一三〇頁以下）。

「夢二神話」はこのようにまず新聞、雑誌といった大衆の手に届く視覚メディアを通して浸透し、『夢二画集』の刊行によって確かなものになったと言えよう。最初の画集『春の巻』は、『平民新聞』の印刷に関わった河本亀之助の洛陽堂から刊行された（小野一九六二年一月、一五頁）。すでに人気を得ていた夢二作品の選集とも言えるこの画集の初版一〇〇〇部（明治四二年一二月出版）はすぐに売り切れ、翌年には第二版から第七版まで立て続けに各版一〇〇〇部ずつ出版されている（画集収録の作品の初出雑誌、各版の内容の異同については、長田一九六二年七月aに詳しい）。『夢二画集』は「忽ちにして数十万部を売り尽くし」、と記されている（有本一九六七年、二一四頁）。『春』に続く『夏』、『秋』、『冬』の巻が版を重ね、一回の発行部数も三〇〇〇、四〇〇〇と増え、それらと相前後するかたちで、『花』、『旅』、『野に山に』と題した画集が出、さらには『春』、『夏』、『秋』、『冬』の巻から選んだ絵を編集した『縮刷夢二画集』も版を重ねて出されている（長田一九六二年七月a参照）。それ以外の画集も勘案すれば、「数十万部」はあながち誇張ではなかったことになるだろう。

このような視覚メディアを通して「夢二神話」がいかに強く当時の人々の感情に浸透していったか、このことを大正元（一九一二）年に京都府立図書館で開催された最初の個展の盛況と、大正三（一九一四）年に夢二が妻環のために設けた、まさに夢二グッズ店と呼びうる「港屋」の繁盛とが教えてくれる。

展覧会は入場料五銭になっていたが「連日満員」で、同時期に近くの京都市立絵画専門学校で開催されていた文展京都展よりも入場者が多く、東京美術学校在学中の洋画の恩地や日本画の田中未知草も応援に駆けつけたという（中沢一九六二年一月、五六頁、河北一九六三年、二二五頁）。

また日本橋区呉服橋付近にあった「港屋」は「東京名物」の一つになり、特に「若い女性」の人気の的になり（渋谷一九六二年一月、六四頁）、地方からも女性が訪れる名所になっていた（宮崎一九六二年一月、七一頁）。同時に港屋は、恩地をはじめとする美術家や文学者の交流の場にもなった（渋谷一九六二年一月、六三頁、有本一九六七年、二一八頁）。品物が売り切れ、夢二が補充しないときには、困った妻の環のために、そこを訪れていた若き東郷青児がイミテーションを作り、それさえ夢二の「新作」と思われ「飛ぶように売れた」という。しかしこのときの環と東郷との親密な関係を疑った夢二により「惨劇」が生じ、夫婦の離婚を招くことになったという、笑うに笑えない顛末も伝えられている（渋谷一九六二年一月、同頁）。

ところで、夢二グッズに魅かれて「港屋」、さらには大阪の「柳屋」、京都の「つくし屋」を訪れた人々は夢二グッズをどのように受け止めていたのだろうか（「柳屋」については、中尾二〇一一年、参照）。

諸文献から知ることができるのは、これらの店を中心に売られていた夢二グッズは次のようなものだ。「木版画」、「石版画」、「カード」、「絵本」、「詩集」、「絵はがき」、「絵日傘」、「人形」、「千代紙」、「半襟」、「風呂敷」、「便箋」、「封筒」、「手拭い」、「ふくさ」、「浴衣」、「帯」、「ネクタイ」（中尾二〇一一年、四一頁以下、川西、三頁、宮崎一九六二年一月、七一頁、有本一九六七年、二一七頁）。

そのうち男性向け商品は「ネクタイ」だけであり、他は男女、特に女性向けのものが多かったことがわかるだろう。これらを当時の女性はどのように受け入れていたのか。夢二愛好の「第一の原因」は、「当時の女の子たちの気持ち、夢やあこがれや哀愁、といったものが実によくとらえられ、好もしく描かれていて、その絵がまるで自分自身のものででもあるような錯覚を抱かせられたということ」にある、このように中原綾子は記している（中原一九六二年一月、六七頁）。

歌手の淡谷のり子（一九〇七―一九九九）も女学校時代から夢二ファンだった。このこともあって、晩年夢二が渡米するときの旅費を援助するために、淡谷は夢二の友人たちが企画した催しに協力し、「演奏会」で歌った時の入場収入を全額提供したという（淡谷一九六七年、二六二頁）。この淡谷が夢二の思い出を記

図２一竹久夢二『セノオ楽譜　No.287「君に吾身捧げし日より　歌劇「ルイズ」」』
1926（大正 15）年発行（再版）紙　31.0 × 22.8cm　京都国立近代美術館
〔『川西英コレクション』展図録　2011 年　京都国立近代美術館〕

している。「女学校時代」（おそらく大正中期のことだろう）、「甘い、抒情的な中に、哀しさと美しさが見事にまじり合った夢二の絵」、これに魅了され、「絵の切りぬき」や「彼の絵を表紙にした楽譜」を、「中味より表紙が欲しくて」「買い集めたりしました」（同一六一頁）。「楽譜」とは大正五年から昭和二年にかけて夢二が次々と表紙の図案を描いた「セノオ楽譜」（図2）だろう。夢二が携わった楽譜の「目録」も今では整理され公にされている（長田一九六二年七月b、一九〇頁以下）。

これらわずか二つの証言からもわかるのは、夢二の絵は単に感覚的な喜びを与えるという意味での「美しい」ものでも、何らかの思想的なメッセージを強く発するものでもなく、当時の若い女性にとり容易に感情移入できるもの、そこに自己を投影して自らの人生についての思いを馳せる装置として受け入れられていたということだ。「抒情的」で「美しい」ことがその条件にあっただろう。まさに自分の「夢」、「あこがれ」を絵に投入し、そして同時にそこに現実では叶わない「夢」への「哀愁」が入り混じるわけだ。絵はがき、便箋、封筒などもそのような感情を伝え、また保存してくれる大切なグッズなのだ。だからおそらく、これらのグッズは友人との交信のために消費される以上に、宝物として手元に置かれ、また郵送されてきたこれらのグッズも大切に保存されただろう。

いずれにしても、夢二グッズは「夢二式美人画」への連想作用の中で受け入れられたと思われる。中原や淡谷の思い出の中心にあるのも、夢二の描いた女性のイメージであり、それは、自分もそうなれるような「錯覚」を引き起こすものだったわけだ。こうして夢二グッズに魅せられ、「夢二式美人画」に倣った服装や髪形の女性が現実に生み出され、そのような女性への男性のあこがれさえもが作り出されたわけである。

夢二の作品の特徴は様々に語られている。「江戸趣味のデカダンとエキゾオティシズムの混合」（吉田一九六二年一月、一二頁)、「哀愁」、「日本の伝統的なもの」と「異国的なもの」との「自由」な「消化」(森口一九六二年七月、八四頁)、「甘いような、ほろ苦いようなあの情緒的世界」(壺井一九六二年七月、一一一頁)、「ネオ・センチメンタリスト」(浅見一九六七年、二七一頁)、「浪漫的哀傷」(河北一九六三年、二五頁)、「詩人画家」(小倉一九八五年、一〇四頁)、「異国趣味」、「アール・ヌーヴォー様式」の「抒情的作風」(小倉一九八五年、一〇五、一〇七頁、小倉一九八六年、一八、一九頁)等々。

夢二の絵画の「抒情性」、このしばしば語られる特徴は、大正七年開催の二回目の個展が『竹久夢二　抒情画展覧会』と銘打たれていたことに由来しよう。夢二自身のこのような自己理解にしたがって夢二論や夢二追憶は書かれてきたことになる。「詩人画家」、これも夢二の自己理解に由来する。第一回展で夢二は「絵の形式で詩を画いてみた」と語っており、実際多くの夢二の詩は絵画的イメージを容易に呼び起こし、また絵は詩的感情を呼び起こす。それだけでなく、詩を添えた絵も多く描かれており、先に指摘したように、夢二にとっては言葉とイメージとは相互に支え合って意味暗示力を高めるのであり、この二つを分ける必要はなかった。イメージ豊かな言語表現（文芸作品）、言語的意味を誘発するイメージ表現（絵画）によって、さらにはイメージと言語双方の一作品への導入によって、受け手の連想活動は容易になる。夢二の作品は誰にもわかりやすい構造になっているのだ。

西洋近代美術、中でも当時最新の「アール・ヌーヴォー」、より広くは「世紀末美術」を参照することで、夢二の作品は江戸期の浮世絵とは異なる、新しい感受性にかたちを与えるものとして当時の人々に受け入れられることになった。

夢二自身「浮世絵」について語っており、それは『本の手帖』の「夢二特集第三集」に再録されている。

冒頭で、夢二は、浮世絵の作家は「陋巷の一市人として、人間の悲哀の奥に聖地のあることを、おぼろげながら知っていたに違ひない。……芸術家はもう沢山だ」という言葉を叫ぶように吐き出している。そこでは近代に生まれた「芸術家」とは異なる江戸の浮世絵師と自分との近さが主張されていることになるが、やがて浮世絵の欠点が語られる。「広重」の「美人画」は「非人情」で、「都会的なデカダンなチャームをもたなかった」。歌麿や春章の描く女の「手足」は小さく、「手や足がどんなにその人物の感情を語っているかを彼等は知らなかった」（長田幹雄編『竹久夢二』、二一〇頁以下）。

このような自覚をもって夢二は美人画に西洋風の様式を導入した。「夢二式女性」の手はすべて大きく、それらは感情の描出に欠かせないものになっている。小倉忠夫はこの点に触れ、「夢二芸術を代表する名作」である猫を抱く女性を描いた《黒船屋》の構図のヒント」は、「ヴァン・ドンゲンの《猫を抱く女》から得られた」という意見を採用している（小倉一九八六年、三七頁以下）。

夢二の人物画と西洋文化との関係に関しては、西洋風の人物や景物といった「エキゾティシズム（異国趣味）」を示すモチーフの導入とともに、細い顔で二重瞼の人物像、特に女性像、さらには着物が注目されてきた。

実現はしなかったが、夢二が帰国後に「黒繻子の帯」の図案として淡谷のり子に約束したのは「オランダ船」、まさに異国趣味の象徴ともいえるイメージであった（淡谷一九六七年、二六二頁）。夢二の「異国趣味」が典型的なかたちで描かれている作品を一つ挙げておこう（図3）。このような絵に当時の若い女性は自分を重ねていたわけだ。

西洋化の中で明治四〇年頃から美人の基準が一重瞼から二重瞼に変わってゆくことも跡づけられている

図3―竹久夢二　木版貼り交ぜ　雑誌挿画
38.6 × 27.3cm（36点所収の内の1点）
京都国立近代美術館
〔『川西英コレクション』展図録
2011年　京都国立近代美術館〕

（高橋二〇一〇年、二四頁以下）。「着物」の帯の位置に関しても、かつて腰骨の上で締められていた帯は、次第に「上昇し」、「大正期の娘風ではほとんど乳房を圧するほどであった」という史料が紹介され、夢二がこの現象に戸惑いつつも作品に採用したことが跡づけられている（同四一頁以下）。「夢二のスクラップ・ブック」の分析から、雑誌『ユーゲント』をはじめとする「西欧の世紀末芸術」の切り抜きが多く、また利用された画集や雑誌はドイツ語圏で出版されたもの、しかも「明治末年から大正期にかけてのものが非常に多い」ことが指摘されている（高階一九八五年、一一四頁）。「夢二式」イメージは、浮世絵とともに西洋世紀末美術を参照することで形成されていったわけだ。

さらに興味深いのは、夢二のスクラップ・ブックには一般雑誌に載った写真がかなり含まれ、そこには

「外国人の目で見た日本の姿」（同一一六頁）が多く見出せるという点だ。「時にはいささかぎこちなく着物を着た外国の女性の姿まである」と記されている（同頁）。「夢二の描く女たちは、明治期になお色濃く残っていた江戸情緒を湛えながら、他方でしばしば洋行帰りのハイカラな華やかさを身に着けているが、その芸術の根の一端は、これら西欧の、場合によってはかなり通俗化したジャポニズムのなかにあると言えるかもしれない」（同一一五頁）。

この推定は蓋然性が高いだろう。夢二の描く女性の着物における帯の位置は、夢二の独創でも、単なる当時の風俗の直接的反映（再現）でもなく、西欧から逆輸入された日本イメージを具体的な参照例として姿をとったたと考える方が自然のように思えるからだ。芸術には無からの創造ということはないし、また外界の直接的再現もない。芸術の創造は常に先行するイメージの枠組みを参照することで進んでゆく。直接的再現の場合でさえ、かつて身につけたものの見方の枠組みが否応なしに、つまり無意識に稼働する。だから同じ対象を描写しても作家によってまったく違う作品になるのだ。アカデミックな描写教育を受けていない夢二の場合、様々な表現を自分の表現に適用することは一層容易だし、それに躊躇することもなかっただろう。夢二様式はこの点でも特定のジャンルの決まりごとに拘束されない、多様な表現媒体のきわめてハイブリッドな適用実験から生まれたと言わねばなるまい。「もし夢二に天性の芸術家的特長があったとすれば、それは気に入ったものには平気で真似る、そのところにその類型少ない天分があったのだ、と私はいってみたい」（秋山一九六七年、三〇一頁）。この意見は、「（渡辺）与平の亜流夢二」という「先入観」への反論として書かれたエッセイ（「〈夢二亜流〉論」）で示されたものだ。「その出発に於て模倣するものが芸術家なのである。模倣しえない能力は表現力を欠く能力であって、論外である」（同三〇六頁）。これは芸術表現のみでなく、私たちの表現行為全体を考えるうえでも基本とすべき考え方だ。この短いエッセイには、反骨の文学者秋山清ならではの意見が吐露されている。

これまで見てきた様々な夢二論から、「ハイブリッド」で「超ー、脱ー境界的作家」としての夢二の生み出した芸術の特徴は理解可能になっただろう。だがそのような夢二式芸術がなぜ大衆、とりわけ青年男女を魅了し「夢二神話」を生み出したのか、この点についてはもう一度作品に戻って考えなければならないだろう。というのも、夢二作品の受容を通してはじめて神話は生まれてゆくからだ。

上述のように、夢二の作品はそこに自分の人生や夢を投影できる装置、「連想作用」を誘う装置として機能したはずだ。そして連想作用が活発に働くには、この装置にある特有の仕掛けがあるはずだ。私たちは「仕掛け」のいくつかをすでに見てきた。それらは「連想作用」という視点からみるとき、相互に密接な関係を取り結びつつ一つの作品に組み入れられたものであることがわかるだろう。

「異国趣味」の諸モチーフ、これが絵に取り入れられるとき、鑑賞者の現実感情は現実を超えた遠い世界への連想に誘い込まれるだろう。「異国」への憧れは「現実（自国）」に住まうからこそ強くなるからだ。「大きな手」の仕草、これが特定の感情表現として連想作用を容易にすることは明らかだろう。イメージへの言葉の導入も連想作用を助けるだろう。着物の「帯」の位置、それは描かれた人物が受容者と同じ新しい時代の子であることを確認させるだろう、というより受容者を自分が新しい世界の住人だという連想に導くだろう。夢二は着物の柄をも新たに考案して自分の描く女性像を描いた画家であり、「明治末から大正期にかけて、……夢二の関心もファッションに向かっていったのだと思われる」という指摘もある（高橋二〇一〇年、三四頁）。これもまた人々が夢二の絵に見入る装置、自分が新しい時代に属することを、喜びを持って連想させる装置になるのだ。

これらのモチーフ以上に人々の連想を容易にするのは描かれた人物、とりわけ女性の眼差しだ。夢二の描く美人画では、まず大きな眼をした女性が目に入ってくるのだが、それ以上に特徴的なのは、多くが横向きや後ろ向きで背中を見せる女性の姿になっているという点だ。これによって鑑賞者は自分の眼差しをはねつけられることなく容易に絵の中に入り、女性を眺め、彼女たちが物思いにふけって遠くを見ていることを連想できるようになっている。現に目に見えるイメージの構造（絵）によって、イメージの彼方（絵の向こう側）に思いを馳せるようになっているのだ。正面向きの女性の場合も事情は変わらない。夢二の絵には鑑賞者に眼差しを送り返す人物はないといってよい。眼を開けているときでも、大きな眼は焦点の定まらない、漂うような眼差しをしたり、恥ずかしげに眼を少し伏せたりしている。眼を閉じたものもある（《立田姫》）。要するにすべての女性の眼差しが鑑賞者に対して無防備であり、これが連想作用、現実にいながら現実を離れたものに思いを馳せる、そのような連想作用を容易にする主要装置なのだ。手の表現、姿勢全体、時として加えられる詩歌などの言葉がそれをさらに助長する装置として機能していることは明らかだろう。すべてがこのような夢や希望や哀しみの世界を連想させ、そこへと私たちを誘い込むことに寄与している。

このような連想の中で、夢二グッズも消費されただろう。「便箋」や「封筒」も、これからそれを送りたい人への連想をかきたてるグッズだ（図4）。それが美しくデザインされていれば、連想はさらに甘く働くようになるだろう。千代紙も同じ連想を引き出すだろう。単純な色の組み合わせでデザインされた千代紙は思わず懐かしさを覚えて手にしてしまいそうな魅力をもっている（図5）。夢二特有の柔らかな線とイメージ、それらを包む余白によって、千代紙の単純な色の組み合わせは魅力的で美しいグッズとなっている。柔らかな線と単純な色をうまく配合したイメージの組み合わせ、そして余白、これらが夢二の絵においても作品の「美しさ」を支えるものだろう。しかもそれは誰もが感じうる「美しさ」、新しい美しさというより懐かしい美しさだと言える。

　すでにお気づきの読者もおられると思うが、今試みた夢二作品、特に「夢二式美人画」の分析に、私は「フェミニズム」の芸術論で用いられてきた「眼差し（gaze）」という視点を導入した。描かれた女性の「眼差し」に注目して作品を見る者の「眼差し」の特性を炙り出す手法、これを私は採用してみたわけだ。作品に描かれた対象（女性）の眼差しの「無防備」、これによって作品の観者の「欲望」の「眼差し」は抵抗を受けることなく活発に働くことができる。フェミニズムの芸術論はここに観者（男性）の対象（女性）に対

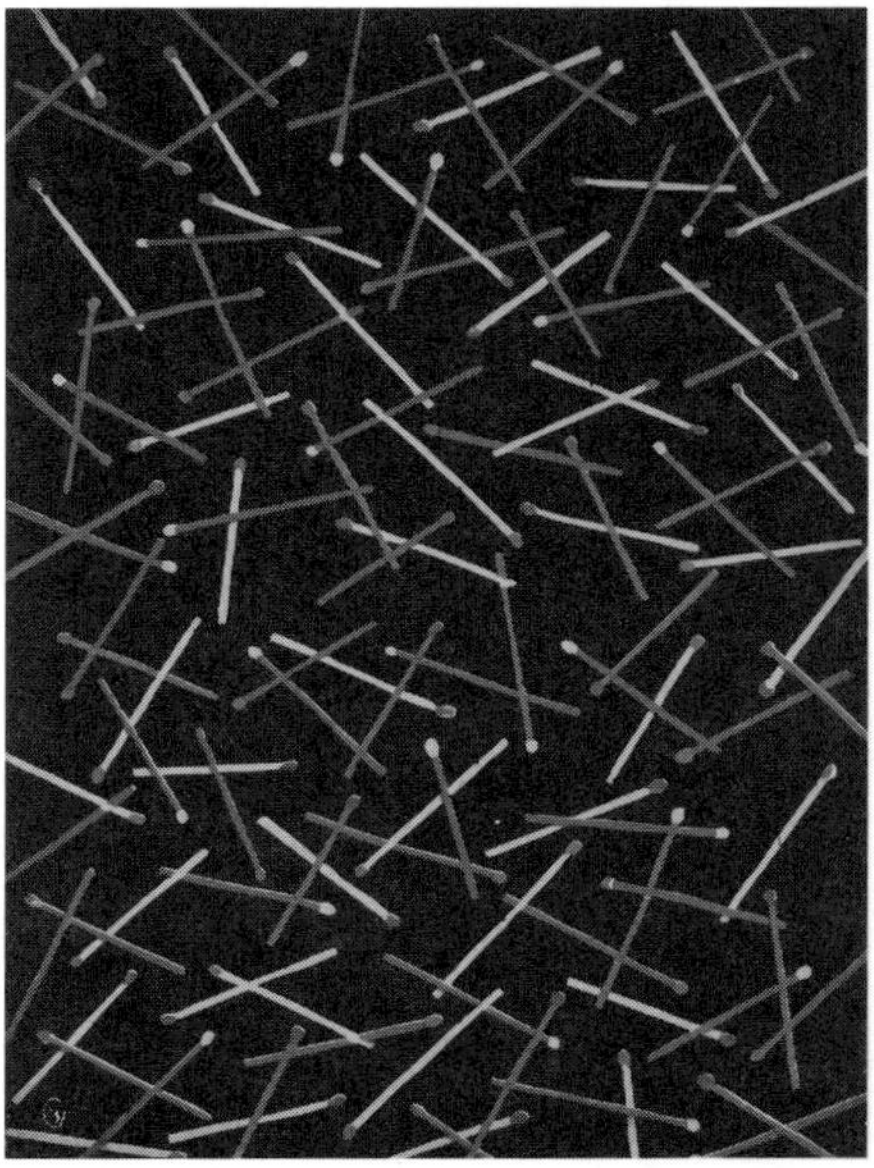

図4―（左）竹久夢二　つくし屋便箋（大落葉）
大正期　木版、紙　24.1×10.6cm
（中）竹久夢二　柳屋便箋（安来節）
大正期　木版、紙　23.5 × 15.7cm
（右）竹久夢二　柳屋便箋（奈良の塀）
大正期　木版、紙　24.1 × 10.9cm
以上３点、京都国立近代美術館
図５―竹久夢二　千代紙（マッチ棒）　大正後期
木版、紙　39.2 × 25.4cm　京都国立近代美術館
〔ともに『川西英コレクション』展図録
2011 年　京都国立近代美術館〕

する不当な権力の発動を見、それを告発してきた（コースマイヤー、九二頁以下）。この視点を採用するとき、これまでの夢二論に頻出する「抒情的」、「情緒的」、「センチメンタル」、「浪漫的」といった用語は、夢二作品の孕む問題点への私たちの「眼差し」を曇らせ、はぐらかしてきたとも言える。これに気づくとき、上のような曖昧な用語を紡ぎ出してきた「夢二神話」に亀裂が走ることになるだろう。現在の私たちが夢二の芸術について語ろうとするときには、こういった点も考慮に入れておく必要があるわけだ。

夢二作品の分析によって明らかになるのは、夢二が創造したのはまったく「新しいタイプ」の人物ではない、ということだ。「まったくの新しさ」は「異質なもの」として最初は退けられるか、反発を引き起こすだろう。それが理解されるには、受け手の現在の認識、感情の枠組みが壊れ、新しい枠組みに組み替えられねばならないからだ。これに対して夢二の作品は、人々の無意識の好みや夢にかたちを与えるという意味での「タイプ」を生み出したものだったと言えよう。それによって人々はおぼろげに感じ求めていたものを現に見ることができるようになったのだ。これが夢二人気、「夢二神話」の生まれる理由だったのだ。夢二が晩年に欧州旅行の際にベルリンのイッテン・シューレで行った講義は、これまで見てきた夢二の芸術を理解する一つのヒントになるだろう。

二．夢二の講義「日本画に就いて」

夢二は、晩年になって、ヨーロッパ旅行中にイッテン・シューレで絵画の講義を行っている。一九三三年のことだ。よく知られているように、ヨハネス・イッテン（Johannes Itten 1888–1967）はバウハウスの教

図6—本阿弥光悦筆・俵屋宗達下絵『鶴下絵三十六歌仙和歌巻』［重要文化財］ 17世紀　紙本金銀泥　一巻　34.0 × 1356.7cm（部分）　京都国立博物館〔『琳派』展図録　2004年　京都国立近代美術館〕

師を勤めたが、ベルリンでは私的な美術の学校を開いていた。夢二はそこに招かれ講義をする機会を得た。

この講義については二つの草稿が残されている。一つは夢二の手書きの草稿であり、これは『竹久夢二遺作集』に手書きの草稿のまま収められている。他はドイツ語訳の草稿であり、こちらの方は最近イッテン家より京都国立近代美術館に寄贈され保存されている。日本語の手書き草稿は「日本画に就いての概念」、ドイツ語草稿は“Der Begriff der Japanischen Malerei”（日本画の概念）となっている。主題の変更もある。日本語草稿の終わりにある、「日本の服装に於ける愛の表示」の節はドイツ語草稿では削除され、「線に就いて」と題する節がドイツ語草稿には新たに付け加えられている。恐らくイッテン、あるいは聴講の学生がこのテーマを希望したのであろう。

「日本の服装に於ける愛の表示」では、西洋の女性に対する日本女性のつつましさが語られ、それが服装をも「決定した」と言われている。西洋近代の服装は「肉体のポーズ」を「露出することに努める」が、「日本の服装は、肉体を包み隠す」。そのような着物の「腋の下や袖口や襟元から汗ばんだ桜の花のような肉体が不用意にほの見ゆる。それがどれほど肉感的シャルムをもっているか、これは日本の男のみが知っている秘密である」。「この密かな効果を女の方も心得ている。……しかし、ひかえめがちな日本の婦人も一度男を許したうえは、何もかも、命さえ捧げて惜し

図７―本阿弥光悦筆・俵屋宗達下絵『鶴下絵三十六歌仙和歌巻』［重要文化財］ 17 世紀　紙本金銀泥　一巻　34.0 × 1356.7cm（部分）　京都国立博物館〔『琳派』展図録　2004 年　京都国立近代美術館〕

まない。日本に心中というロマンチックな行事があるのもそのゆえである」。これに「近代の日本女性の全体ではない」という断りも加えられている（一〇頁）。

このかなり疑わしい考え方は講義では削除された。夢二もそれに気づいたのかもしれない。だが同時にここには夢二の女性観が思わず出てしまっているとも言える。それは「危うい」女性観であり、これも「夢二式美人画」からまさに「ほの見ゆる」ものなのだ。

この箇所を除く「日本画」についての二つの草稿から、私たちは日本画に関する夢二の理解と、イメージ（形象）としての線への夢二の関心を知ることができる。

夢二によれば、真の意味での日本画は一六世紀にはじまる。「十五世紀［一六世紀　岩城注］に至り、茶人・利休（一五二〇［一五二二］―一五九一）、工人・光悦（一五五七［一五五八］―一六七七［一六三七］）、画人・宗達（一五七五―一六四三［生没年不詳］）等々の天才の出現により、ここにはじめて郷土的日本画の確立を見た」。「十四世紀末には、狩野・土佐・春日の諸画派が続出したが、まだ中国の北画の転用以上のものではなかった」（日本画草稿二頁、ドイツ語草稿一頁、この小論では、日本語草稿の古い日本語表記は現代的な表記に直している）。

夢二は本阿弥光悦、俵屋宗達を、狩野派や土佐派といった伝統的な日本画の流派以上に好んでいたことになる。この点は興味深い。というのも、光悦、宗達は、尾形光琳とともに、日本のデザインにおける偉大な先駆者とみなされているからだ。

光悦は優れたデザイナー、そして書家として知られ、宗達は絵画とデザインにおける余白の達人とみなされている。かれらの共作も存在する。宗達がデザインした料紙に光悦が和歌を書いたものだ（図6、7）。

恐らく夢二は、かれらのデザインや書のスタイルに興味を抱いていたのであろう。同時に夢二は、二人の作品から、芸術家は、近代になって一般化してきた芸術分野の縄張りを越えて自由に制作することができるという知恵も学んだのかも知れない。

講義では、夢二は日本画における線の重要性を強調している。夢二は語っている。

「西洋画においては、光の中に物を見る。物を表現するために、まず面を求める。面を描くためには必然的に陰影を作る。陰影を描くことによって、塊と奥行きが生れる。光の中に見られる物の存在状態を描くことにより、画面は完成されたと言われる。日本画においては、われわれは一つのものごとを心の中に見る。日本画はものごとの表現、ものごとの根源的状態の手探りからはじまる。だから、経過は面に終わるのではなく、表現は線で再現される。これらの線は、動的で、意味を求め、時間的なので、線は内的生命を輪郭づける表現に向いている。線が塊の完全な象徴になることによって、内面的動きが表現される。ここに画が生れる」（日語三頁、ドイツ語二頁）。

「均斉は重複を意味し、運動の可能を阻止する」（日語四頁）。このような「均斉」に対して日本画の特徴が主張されている。「すべてを未完成にしておく心は、未来の完成を約束する」（同頁）。

夢二は日本画のその他の技法にも触れている。「あなた方は、日本画の画面に何も描かれていない余白、あるいは長く棚引く霞で遮られた山や、画面で中断されたように描かれた木々を見たことはないであろうか。……これは、存在するものよりも存在可能なものに想像の喜びを見出すために、動きの可能性を示す試みである」（日語三頁、ドイツ語三頁）。

夢二は先に見たように、このような暗示的な線の技法を自分の作品に取り入れていたわけだ。夢二は講義の続きで語っている。「存在の可能性だけを見せ、またそれの動きを見せることで、われわれには想像の余地が残される」。まさにイメージや線が「連想」を喚起することを夢二は重視していたことがわかるだろう。夢二はさらに続けて、絵画の核心は「生命」の働きを捉えることにある、と述べている。この運動の中で、「精神」は「物質」に移入され、物質は「有機的輝き」を手に入れる。これが「気韻生動」である。「日本画においては、技術の効果は線に負っている。それゆえ、日本画は心を手に、さらに手を筆に伝えるための絶えざる修練をわれわれに要求する」（日語六頁、ドイツ語七頁）。「気韻生動とともに老も日本画において尊重されるが、わたしはこれを他の言葉で説明することはできない」（日語七頁、ドイツ語八頁）。

これが日本語草稿とドイツ語草稿との両方に見られる講義の概要だ。この講義草稿を通して、私たちは絵画に対する夢二の考え方を知ることができる。夢二は面よりも線を重視していた。実際夢二の作品が示すように、夢二はまずは線の芸術家であり続けた。夢二の講義と作品とを通して、私たちは次のような問いに対する答えを見出すことができる。

「線はイメージ（形象）なのだろうか？」夢二の答えは「イエス（是）」だ。なぜなら夢二は、卓越した筆の技法によって、イメージ（形象）としての線による美しい作品を生み出しているからだ。イメージとしての線、それは「表情」をもっている。「速い」、「遅い」、「柔らかい」、「固い」等々。このような線を使い分けることで、心的内容は表現可能になる。作品から明らかなように、夢二は線の表情に精通した画家だったと言えよう（「線」と「イメージ」との差異と関係については、岩城二〇〇一年、二〇頁以下参照）。

上の問いとは反対の問いもありうる。「線はイメージ（形象）とは異なるのだろうか？」

この問いに対する夢二の答えも「イエス（是）」である。夢二は講義において、日本画は物の「心」、「物質の精神」を表現すべきことを主張していた。それゆえ、筆の技法はイメージとしての美しい線を創造するだけでなく、目に見えるイメージ（形象）を超えた眼に見えない「心」をも暗示できなければならない。このように夢二は考えていたのだ。

夢二の線はこの二つの要求を満たしていると言える。夢二は、線のすばらしい美を創造するだけでなく、かれの作品は、作品が暗示するものを想像しながら作品を楽しむことへと私たちを誘っているからだ。連想を誘う線の力を夢二は利用していたのだ。

この点では、夢二は伝統的な水墨画の継承者だと言える。イメージとしての線の技法とともにそれの暗示機能をも尊重してきたのは、まさに伝統的な水墨画だからだ（岩城二〇一一年参照）。実際夢二は「南画」こそ「自分の好みからしても日本画の正道だ」と語っている（日語九頁）。夢二の生きた時代には、芸術家にとって「南画」、「文人画」と伝統的な「書」は、基本的な教養であった。夢二はベルリンでの講義において、筆の技法を説明するときに、「Gerader Ansatz」、「Seitlicher Ansatz」、「Umgekehrter Ansatz」、「Gegenansatz」というドイツ語で線の引き方を区別している。これは書道の「直筆」、「側筆」、「逆筆」、「逆入平筆」に相当すると解されている（金子一九九三年）。夢二は書や南画の用語を自明のものとして用いる時代に生きていた画家だったのだ。

それぞれの線の特徴と表現法も説明されている。その箇所を日本語に訳しておく。

「直筆（Gerader Ansatz）」

a．筆の軸と穂は、紙面に対して鋭角に動く。

b．穂先（筆鋒）は、常に線の中央を進む。

c．多かれ少なかれ筆圧がかかる。

「側筆（Seitlicher Ansatz）」

a．筆の軸と穂は、紙面に垂直に動く。

b．穂先（筆鋒）は、線の一方の側（大抵左側）にある。

c．筆圧は少ない。

「逆筆（Umgekehrter Ansatz）」

a．筆の軸と穂は、紙面に対して鋭角に動く。

b．穂先（筆鋒）は、線の中央を進む。

c．筆圧はほとんどない。

　　［「逆筆」では、筆の打ち込みは線の方向とは逆になる。その後筆を立てて「直筆」で進む　岩城注］

「逆入平筆（Gegenansatz）」

a．軸は、紙面に対して鋭角か垂直に動く。

b．筆の軸と穂は、動きの方向とは逆向きになる。

c．穂先（筆鋒）は、線の中央か線の端を進む。

d．かなり筆圧がかかる。

恐らく講義では、夢二は学生の前で実際に筆を使って線を描いて見せたであろう。

さらに夢二は線の幅を分類している。「a. 広い線」、「b. 広くも細くもない線」、「c. 細い線」。夢二によれば、これら三種類の線の組み合わせによって、二七種類の線が分類できる（aaa, aab, aac, baa 等）(ibid.)。

夢二は線によって表現される感情の違いにも触れている。「幅広の線、細い線、強い線、弱い線、固い線、柔らかな線、乾いた線、湿った線、重い線、薄い線等々」（同一頁）。夢二はさらに「遅い線」、「速い線」等を線の特徴に加えることができたであろう。というのも、私たちが見たように、夢二は線の「時間的性質」を指摘していたからだ。線の時間性、これは絵画を理解するときの最も重要なポイントになるだろう。絵画にとっては、線は単に空間内の静止した存在ではなく、それは「時間的」でもあり、「力動的存在」でもある。イメージとしての線のこの時間的で力動的な機能により、それぞれの絵画は独自の表情をもつことになる。宗達と光悦とは、二人の共作が示すように、イメージとしての線の空間性だけでなく、それの時間性にも精通していた偉大な芸術家だったのだ。

光悦と宗達の共作をもう一度見ておこう。一四mに近い長い料紙に、宗達は鶴の群れを描いた。紙の右端の岸辺に描かれた鶴の群れは、そこから左上方に飛び立ち（図6）、列をなしてゆるやかな曲線を描きながら左へと飛んでゆき（図7）、紙の左端の岸辺に舞い降りる。この動性をもつ料紙デザインの上に光悦が書いた三十六歌仙の和歌が右から左へと縦書きで流れてゆく。宗達が描いた鶴の飛翔のデザインにも、光悦の書いた和歌にも、余白を計算に入れたすばらしい空間感覚が発揮されているが、同時に宗達の画と光悦の書には、右から左に向かって進んでゆく筆線の運動の連続性、時間性への二人のすぐれた感覚が現われている。

この作品は巻物であり、すべてを広げて見るものではない。左から右へ、私たちは一つの和歌を読みながら、次の和歌の部分を開いてゆく。このような鑑賞方式を前提として鶴は描かれ、和歌も書かれている。だからイメージの時間的な変化、速度といった筆が生み出す「時間性」は一層具体的に目に見えるものになる。

夢二も線のこのような特殊な機能をよく知っていた。南画の知識と筆の技法とによって、夢二は独創的な線を創造することができたのだ。

しかし夢二は伝統的な水墨画の単なる継承者ではなかった。夢二の作品には、伝統的な水墨画の典型的な主題である山水画はほとんど見出せない。夢二は、南画における線の伝統的な技法を取り入れ、それを自分自身の主題、すなわち幾分憂いを含んだ顔つきの、近代的な日本女性を繊細に描き出すために利用したのだ。

夢二は、一方で「講義」からも窺い知れるように、東洋の伝統芸術に親しみ、他方で近代西洋文化の影響の中で制作活動を展開した近代日本の芸術家の一人だった。そのような東洋の伝統と近代の西洋文化とが交じり合う中で、夢二は日本の近代的な都会生活の中で流通する女性のイメージを生み出していったと言えよう。

三　夢二と近代中国漫画の「鼻祖」豊子愷

最後に、中国の近代絵画において特異な位置を占める豊子愷（Feng Zi-kai 1898-1975）による夢二受容についても触れておきたい。子愷は文芸、美術の広い分野で活躍した中国近代の代表的な芸術家であり、また「子愷漫画」で知られる近代中国漫画の創始者（「鼻祖」）とみなされてきた。しかし文化大革命のときに子愷は「反動的学術権威」として迫害を受け革命の終結を待たずに世を去った。迫害の理由の一つが日本への「遊学」にあったという（楊一九九八年、一八頁、四五頁、陸二〇〇七年、一一九頁）。

子愷は、一九二一（大正一〇）年に西洋絵画を学ぶために来日したが、そのとき書店で見て感動し、自らの絵画制作の手本として購入したのが『夢二画集　春の巻』であった。夢二の子愷への影響については、近年中国人研究者によって興味深い研究が公にされている。

西洋画を学ぶために来日した子愷は、東洋的な線を用いて、近代西洋の影響を受けた日本の近代都市生活を描く、西洋的・東洋的な夢二の絵画は、改めて中国文人画の伝統の意義を再認識することになった。西槇は『豊子愷文集』にある夢二に関する一文を紹介している（西槇二〇〇五年）。それによれば、子愷は、夢二の「画風」の特色を「東洋と西洋との」「融合」と受け取り、「構図」と「形」が「西洋的」で、「画趣」と「筆致」が「東洋的」だと語っている。「最大の特色」として「詩趣」に「富んでいる」点が挙げられ、夢二はほとんどの漫画家の「浅薄な趣味を排除して人生の深遠な味を描きだしている。絵を見る人にまるで一首の短詩を読むような感を与え、余情が心に残って消えることはない」という賛辞がそれに続く（同一七一頁）。子愷は、私たちが先に見た夢二芸術の特色を、東京に来て書店ではじめて出会った夢二の画集に見出したわけだ。西槇は、子愷が「夢二によって、文人画を再認識したのかもしれない」と推定している（同一七二頁）。楊暁文もすでに一九九八年の子愷論において、上に見た子愷の夢二賛美の箇所を呈示し、子愷が夢二のうちに「詩と画の融合」を見た点を強調している（楊一九九八年、二五頁以下、西槇が挙げた子愷の言葉は五七頁以下で取り上げられている）。

夢二が西洋ジャポニズムに触れて日本の美人画を新たに生み出したように、今度は子愷が夢二を通して中国文人画を「再認識」したことになる。子愷が来日した時期は日本における文人画の再興の時期と重なる点も指摘されている（西槇二〇〇五年、五四頁、陸二〇〇七年、二四頁以下）。このような、一方で西洋化が進み、他方で文人画の伝統が見直されつつあった日本の中で、子愷は夢二の作品に出会ったわけだ。

子愷は日本滞在により、ミレーとゴッホを受容したことも指摘されている（西槇二〇〇五年、七〇頁以下）。近代中国の画家や学者が近代日本を経由して西洋文化を取り入れる。これは明治から大正にかけての中国の西洋受容の一つの特色になっていた。この場合、かれらの意識においては、日本から学ぶことではなく、日本で西洋文化を学ぶことが眼目だった。子愷来日と同じ年にこのことを語った汪英賓の言葉も紹介されている（同四九頁）。これは特殊な考え方ではなかった。日本人によって新たに漢字を組み合わせて翻訳された哲学用語を中国に移入した王国維は、現代の中国における哲学用語の父とも言える学者だが、彼もすでに一九〇〇年代のはじめ、つまり明治三〇年代に同じように日本を捉えていた。王国維は日本を西洋と中国とを媒介する「橋」と呼んでいた。遅くとも明治三〇年代以後、中国にとって日本は「日本橋」だったわけだ（李二〇〇二年、二二八頁）。実際中国人留学生はすでに「一九〇五年には八千人、一九〇六年には一万二千人」にのぼったという（西槇二〇〇五年、一四頁）。

子愷の日本滞在は経済的な理由もあってわずか一〇ヶ月で終わった。だがこのとき偶然出会った夢二の絵画はきわめて印象深いものだったようだ。帰国後も友人を通して夢二の画集『夏の巻』、『秋の巻』、『冬の巻』、『京人形』、『夢二画手本』を購入していることからも、このことはわかるだろう。実際の制作においても、夢二の作品をもとにした素描を子愷は多く残しており、今日の子愷研究でも、写真図版を比較することでこの影響関係が明らかにされている（楊一九九八年、西槇二〇〇五年、陸二〇〇七年）。

図8—豊子愷『一葉落知天下秋』
紙本　34.5×27.5cm　浙江省博物館
〔『豊子愷漫画選　禅意　閑趣　化境』
山西博物院　浙江省博物館編　2012年〕

楊は、子愷の夢二への関心、あるいは両者の共通点を、先の「詩と画の融合」とともに、「含蓄の妙味」に見、それを表わすときの絵の特徴を「不完全な顔」、「後姿と横顔の魅力」、「余白の美」に見ている（楊一九九八年、二五頁以下）。先に挙げた夢二の絵の特徴が、ここでは子愷と夢二に共通する特徴として理解されているわけだ。

今取り上げている近年の子愷研究においては、当然ながら子愷と夢二との違いも論じられている。大きな違いとして指摘されているのは、子愷は「夢二式美人画」に相当するような美人画を描くことはなかったという点だ（楊一九九八年、四八、五五頁、西槇二〇〇五年、一七五頁）。

子愷が関心を抱き学んだのは美人画の夢二ではなく、「社会主義時代の夢二」であり（陸二〇〇七年、一二一頁）、「夢二の風俗画的要素」だとみなされている（西槇二〇〇五年、一七五頁）。楊はこのような子愷の夢二受容の特徴を、「仏教信者」としての子愷の姿勢を示すものと解している（楊一九九八年、五〇頁以下）。要するに、子愷の作品は夢二の作品に比較して、より強く社会生活に訴えかけるものだというのが現在の子愷研究の共通の理解になっていると言えるだろう。二〇一二年、山西博物院で開催された豊子愷の展覧会『豊子愷漫画選　禅意　閑趣　化境』に展示された子愷漫画の諸作品を見る限り、このような理解は正当だと言えるだろう。いずれの作品においても、人物の眼は簡略化された線で表現され、夢二のような憂いを含む表情を示すことはないし、人物のポーズも哀しみを連想させることはない。「一葉落知天下秋」という言葉の書かれた作品にも、夢二の絵から漂ってくるような「哀愁」は感じられず、テラスの女性はただ落ち行く葉をみているだけだ（図8）。子愷が描いているのは市井の人々の生活であり、それへの作者の共感だと言えよう。

だから夢二の仕事全体から見れば、子愷は夢二芸術の一側面に光を当てた作家だったということになるだろう。

子愷もまた夢二のように、あるいは夢二以上にハイブリッドな作家だった。上に見たように子愷は夢二の絵画のみでなく西洋絵画からも多くを学んでいたし、またかれは教育者であり美術の理論家であり、美術のみか音楽、文学にまでおよぶ多様な分野の出版物の翻訳者でもあった。かれは夏目漱石の研究者であり、『源氏物語』の翻訳者でもあった（楊一九九八年、二、三章）。この多彩な中国作家の若き時期の絵心の琴線に夢二の画集は触れたのだ。

おわりに

森口多里が語っていたように、夢二は近代化してゆく日本の美術界において「表街道に居並ぶ作家」ではなかったし、大きなタブローの画家でもなかった。しかし子愷の夢二受容が示すように、夢二の作品は多様なかたちで、美術の専門領域を超えてさまざまな人々の心の琴線に触れ、多くの夢二ファンを見出してきた。また夢二グッズは「表街道」の作家たちの作品に比べて手軽に手に入るものだったこともあって、他に例を見ないほど多くの個人コレクターを生み出した。このような夢二ファンのコレクションがもとになって、今いくつかの「夢二美術館」が存在し、そこに保存された夢二の作品がファンを喜ばせている。

幸いそのような夢二ファンの一人だった川西英のコレクションが購入されることにより、夢二コレクションははじめて国立美術館の一つである京都国立近代美術館に保存されることになった。興味深いのは同じ二〇〇六年に、二〇一〇年に開館した静岡市美術館の前身である静岡アート・ギャラリーに夢二作品の個人コレクション（作品・資料約三〇〇点）が寄贈されたことだ。これらの作品・資料は志田喜代江氏によって収集された。志田氏もやはり少女時代からの夢二ファンであり、この個人コレクターによる夢二の作品の収集と保存により、公立美術館における新たな夢二コレクションが可能になった。それは二〇〇七年には静岡アート・ギャラリーで展示され、次いで二〇一二年には新しい静岡市美術館で『竹久夢二と静岡ゆかりの美術』展と題して展示された（『竹久夢二と静岡ゆかりの美術』展図録、静岡市美術館　二〇一二年、一〇二頁）。

夢二は、作品の多様性のみか、それを受容する人々の多様性によっても、「芸術」とは一体何なのか、芸術諸ジャンルの区分にどのような意味があるのか、美術館のコレクションとは何かといった、現在の私たちにとって重要になってきている問い、すなわち近代以後確立してきた「芸術」という制度はどのようなものだったのか、またこれからそれをどのように捉えなおすべきかという問いを投げかけている。

〈付記〉この小論の第二節は、二〇一二年三月に中国深圳で開催された「第六届深圳水墨論壇」で口頭発表され、『文集』に収録された原稿に基づく。岩城見一「線与形象（?・）」（『文集　線条与図像』湖南美術出版社　二〇一二年）。

参考資料（アルファベット順）…（引用略号）

一．「夢二神話」の超－、脱－領域性

秋山清「〈夢二亜流〉論」（『本の手帖　特集竹久夢二第三集』一九六七年四月）（長田幹雄編『竹久夢二』昭林社　昭和五〇年所収）…（秋山一九六七年）
有島生馬「夢二のこと」（有島生馬、恩地孝四郎、竹久虹之助編『竹久夢二遺作集』アオイ書房　一九三六年）…（有島一九三六年）
有島生馬「夢二追憶」（『本の手帖　特集竹久夢二第一集』一九六二年一月）（長田幹雄編『竹久夢二』昭林社　昭和五〇年所収）…（有島一九六二年一月）
有本芳水「夢二と私」（『本の手帖　特集竹久夢二第三集』一九六七年四月）（長田幹雄編『竹久夢二』昭林社　昭和五〇年所収）…（有本一九六七年）
浅見淵「夢二のこと」（『本の手帖　特集竹久夢二第三集』一九六七年四月）（長田幹雄編『竹久夢二』昭林社　昭和五〇年所

収）…（浅見一九六七年）

淡谷のり子「夢二の思い出」（『本の手帖　特集竹久夢二第三集』一九六七年四月）（長田幹雄編『竹久夢二』昭林社　昭和五〇年所収）…（淡谷一九六七年）

普門暁「夢二の思い出」（『本の手帖　特集竹久夢二第二集』一九六二年七月）（長田幹雄編『竹久夢二』昭林社　昭和五〇年所収）…（普門一九六二年七月）

河北倫明「竹久夢二　流離の詩愁」（河北倫明・小倉忠夫著『竹久夢二　村山槐多　関根正二』［『日本近代絵画全集』8］講談社　一九六三年）…（河北一九六三年）

川西英「夢二追憶」『これくしょん』第六・七号　一九六〇　ギャラリー吾八（『京都国立近代美術館所蔵作品目録Ⅸ　川西英コレクション』二〇一一　京都国立近代美術館二一三頁所収）…（川西）

キャロリン・コースマイヤー著、長野順子／石田美紀／伊藤政志訳『美学　ジェンダーの視点から』三元社　二〇〇九年（Carolyn Korsmeyer: *Gender and Aesthetics: An Introduction*, Routledge, 2004）…（コースマイヤー）

森口多里「美術史の中の夢二」（『本の手帖　特集竹久夢二第二集』一九六二年七月）（長田幹雄編『竹久夢二』昭林社　昭和五〇年所収）…（森口一九六二年七月）

中原綾子「夢二さんの思い出」（『本の手帖　特集竹久夢二第一集』一九六二年一月）（長田幹雄編『竹久夢二』昭林社　昭和五〇年所収）…（中原一九六二年一月）

宮崎白蓮「夢二さんのこと」（『本の手帖　特集竹久夢二第一集』一九六二年一月）（長田幹雄編『竹久夢二』昭林社　昭和五〇年所収）…（宮崎一九六二年一月）

中尾優衣「〈川西英コレクション〉と柳屋」（『京都国立近代美術館所蔵作品目録Ⅸ　川西英コレクション』二〇一一　京都国立近代美術館所収）…（中尾二〇一一年）

中沢霊泉「夢二第一回展の頃」（『本の手帖　特集竹久夢二第一集』一九六二年一月）（長田幹雄編『竹久夢二』昭林社　昭和五〇年所収）…（中沢一九六二年一月）

長田幹雄「夢二画集細見」（『本の手帖　特集竹久夢二第二集』一九六二年七月）（長田幹雄編『竹久夢二』昭林社　昭和五〇年所収）…（長田一九六二年七月ａ）

長田幹雄「夢二挿画『セノオ楽譜』目録」（『本の手帖　特集竹久夢二第二集』一九六二年七月）（長田幹雄編『竹久夢二』昭林社　昭和五〇年所収）…（長田一九六二年七月b）

小倉忠夫「評伝・竹久夢二　宵待草のうた」（『夢二美術館　宵待草のうた』学習研究社　一九八五年）…（小倉一九八五年）

小倉忠夫「評伝　竹久夢二　人生と芸術を抒情した自由人」（『竹久夢二・青木繁』［『20世紀日本の美術』第12巻］集英社　一九八六年）…（小倉一九八六年）

小野忠重「こわれた水車小屋」（『本の手帖　特集竹久夢二第一集』一九六二年一月）（長田幹雄編『竹久夢二』昭林社　昭和五〇年所収）…（小野一九六二年一月）

小野忠重「夢二と恩地孝四郎」（『本の手帖　特集竹久夢二第三集』一九六七年四月）（長田幹雄編『竹久夢二』昭林社　昭和五〇年所収）…（小野一九六七年）

大木惇夫「夢二について　とりとめもなく」（『本の手帖　特集竹久夢二第二集』一九六二年七月）（長田幹雄編『竹久夢二』昭林社　昭和五〇年所収）…（大木一九六二年七月）

渋谷修「竹久夢二と私」（『本の手帖　特集竹久夢二第一集』一九六二年一月）（長田幹雄編『竹久夢二』昭林社　昭和五〇年所収）…（渋谷一九六二年一月）

須山計一「日刊平民新聞と夢二」（『本の手帖　特集竹久夢二第二集』一九六二年七月）（長田幹雄編『竹久夢二』昭林社　昭和五〇年所収）…（須山一九六二年七月）

高橋律子『竹久夢二　社会現象としての〈夢二式〉』ブリュッケ　二〇一〇年…（高橋二〇一〇年）

高階秀爾「夢二のスクラップ・ブック」（『夢二美術館　宵待草のうた』学習研究社　一九八五年）…（高階一九八五年）

竹久夢二「机辺断章」（『本の手帖　特集竹久夢二第三集』一九六七年四月）（長田幹雄編『竹久夢二』昭林社　昭和五〇年所収）

壺井繁治「きれぎれの感想―竹久夢二について―」（『本の手帖　特集竹久夢二第二集』一九六二年七月）（長田幹雄編『竹久夢二』昭林社　昭和五〇年所収）…（壺井一九六二年七月）

山野英嗣「〈川西英コレクション〉について」（『京都国立近代美術館所蔵作品目録Ⅸ　川西英コレクション』二〇一一　京都国立近代美術館所収）…（山野二〇一一年）

吉田一穂「夢二断章」（『本の手帖　特集竹久夢二第一集』一九六二年一月）（長田幹雄編『竹久夢二』昭林社　昭和五〇年所

収）…（吉田一九六二年一月）

二．夢二の講義「日本画に就いて」

岩城見一『感性論　エステティックス—開かれた経験の理論のために』第一章の二「イメージの基本要素」昭和堂　二〇〇一年（中国語訳　岩城見一著・王琢訳『感性論—為了被開放的経験理論』第一章二「形象的基本要素」商務印書館、北京　二〇〇八年）…（岩城二〇〇一年）

岩城見一「東洋絵画における〈色〉—画論とその周辺—」（CROSS SECTIONS. Vol.3　二〇一一　京都国立近代美術館所収）…（岩城二〇一一年）

金子宣正「イッテン・シューレにおける日本画の授業について」（『大学美術教育学会誌』第25号、一九九三）…（金子一九九三年）

竹久夢二「日本画についての概念」（有島生馬、恩地孝四郎、竹久虹之助編『竹久夢二遺作集』アオイ書房　一九三六年）

Takehisa, Yumeji: Der Begriff der Japanischen Malerei（京都国立近代美術館蔵）

三．夢二と近代中国漫画の「鼻祖」豊子愷

李新風「日本の近代美学、芸術思想の中国への影響」（岩城見一編『芸術／葛藤の現場—近代日本芸術思想のコンテクスト』晃洋書房　二〇〇二年所収）…（李二〇〇二年）

陸偉栄『中国近代美術史論』明石書店　二〇一〇年…（陸二〇一〇年）

西槇偉『中国文人画家の近代—豊子愷の西洋美術受容と日本』思文閣出版　二〇〇五年…（西槇二〇〇五年）

楊暁文『豊子愷研究』東方書店　一九九八年…（楊一九九八年）

『豊子愷漫画選　禅意　閑趣　化境』山西博物院、浙江省博物館編　二〇一二年

おわりに

『竹久夢二と静岡ゆかりの美術』展図録　静岡市美術館　二〇一二年

あとがき

山野英嗣

本書は、京都国立近代美術館の研究員を中心に、大学等に所属する方々を含めて、二〇〇九年度以降四年にわたってすすめてきた、科学研究費補助金（基盤研究（A））「東西文化の磁場――日本近代建築・デザイン・工芸の脱ー、超ー領域的作用史の基盤研究」の研究成果の一端として、幸いにも公刊できたものである。本科研の申請時におけるそもそもの内容、あるいはその後の研究経過については、すでに「まえがき」で岩城見一氏も記されているので、ここでは主に、本書刊行までの経緯について述べておきたい。

このたびの研究は、岩城氏が二〇〇五年七月から二〇〇九年の六月末まで、京都国立近代美術館長を勤められていた最後の年に発案され、科研に申請して採択された大型プロジェクトである。「日本近代」と冠しているものの、「東西文化の磁場」という主題名からも明らかなように、東アジア、さらには西欧の芸術概念、そして制度などを視野に収め、岩城氏の「まえがき」の言葉を引用すれば、「日本文化の近代化のプロセスの再検討、そこにおける光と影との両面についての考察、ジャンルの枠を越えた相互作用の具体的解明、これらが学会においても、美術館の展示活動においても、一つの重要な主題になってきている」ことが、本研究の中心軸となっている。

ここでぜひとも強調しておきたいのは、岩城氏が美術館の館長職にあってこそ、本研究は生み出されることができたということである。京都国立近代美術館は、一九六三年に国立近代美術館〈現東京国立近代美術館〉の京都分館として誕生し、二〇一三年に開館五〇年の記念の年を迎える。当館は、現在も京都の文化ゾーンというべき岡崎公園内に、八〇年の歴史を刻む京都市美術館と向かい合って建っている。そして京都市は、美術館を擁していたにもかかわらず国立近代美術館の誘致を行い、その美術館は、京都の地場産業である陶芸や染織などの伝統の継承と発展を願い、「工芸」を中心とした活動を行ってほしいと要請したのであった。当館は、この要請を開館当初から堅持して、毎年「工芸」にかかわる展覧会を開催し、コレクションにおいても、陶芸や染織、漆工ほかジュエリーなど、国内外の「工芸」作品の充実につとめてきた。

さらに京都国立近代美術館のきわだつ特徴は、「工芸」概念を拡張し、デザインやファッション、そして建築も含めた展覧会を開催してきたことだろう。こうした活動とも連動して、「建築・デザイン・工芸」の領域を射程に、しかも「ジャンルの枠を越えた相互作用の具体的解明」というテーマさえも浮上することが可能になったといって過言ではない。また、岩城氏は、当館で二〇〇八年に開かれた〈生活と芸術　アーツ＆クラフツ展〉とも関連して、その「アーツ＆クラフツ」運動も、「周知のように『工芸』のみの運動ではなく、建築、デザイン、工芸、そして美術をも巻き込んだ総合芸術とも呼びうる運動」だと記す。

現在当館が、ほぼ本書の刊行とも軌を一にするように準備をすすめている開館五〇周年記念の特別展〈交差する表現　工芸・デザイン・総合芸術〉でも、当館の活動の中心軸をなす「工芸」を取り上げつつも、まさに「アーツ＆クラフツ」運動が志向したように、「ジャンルを越えて」「建築、デザイン、工芸、そして美術をも巻き込んだ総合芸術」への視点を核にとらえ、「工芸」再考への道を開こうとした。

たとえば一例をあげると、今回本書を刊行していただくこととなった国書刊行会から、すでに二〇〇八年に出版された『復刻版　インターナショナル建築　全二九冊』（京都国立近代美術館監修）とも関わる上野伊三郎、そしてリチ夫妻の活動などは、たんに建築の領域だけで語ることはできない。一九三〇年に京都市内に建てられた商業施設《スターバー》は、当時は余りにも先端を走りすぎた建築ゆえに、集客では成功せず、短期間での閉店を余儀なくされたという。しかしながら、上野伊三郎の建築業績をふりかえる際には必ず引き合いに出されるほど、その外観並びに内装は、時代を越えた「表現」性を獲得し、加えて「工芸と建築の総合」された事例としてもきわめて興味深い。

先にも触れた京都国立近代美術館の開館五〇周年記念展においても、展示のいわば目玉のひとつに、一九三〇年に竣工した《スターバー》のほぼ原寸大の再現展示を計画し、「交差する表現」の具体的作例として展示したいと思っている。それは、本書に収めた拙稿「上野伊三郎・リチの活動に見る『東西文化の磁場』」でも掲載した《スターバー》内装の「参考図版」としての呈示以上に、インパクトある試みだろう。こうした実践が可能になるのも、展覧会という発表形式があってこそである。

また、今回の研究が美術館という場を基盤に行われていることを有効に活用し、これまで次のような展覧会及びシンポジウムを開催してきた。

まず研究開始の初年度（二〇〇九年）には、京都国立近代美術館講堂において、シンポジウム「『東西文化』交流の視点から見た一九世紀末京都における一動向」を開いた。ここでは、本書にも論考を寄せられている廣田孝氏が「明治後半期、海外万国博覧会出品作品の制作過程と意義――髙島屋の染織出品作品を考察する――」と題して発表され、海外からの発表者としてボストン大学美術史学部准教授アリス・ツェン氏が、「黒田清輝《朝妝》と第四回内国勧業博覧会」のテーマで、黒田のパリ留学時の集大成である《朝妝》について発表した。このシンポジウムは、京都国立近代美術館のコレクション・ギャラリーで開催した小企画〈一九世紀末京都の一動向――田村宗立、伊東忠太を中心に〉展に連動したものであった。

続いて翌二〇一〇年には、パリ日本文化開館を会場に、〈近代日本工芸　一九〇〇―一九三〇――伝統と変革のはざまに〉展を、国際交流基金、パリ日本文化会館ほかの主催、そして当館が協力して開かれたが、この展覧会でも「東西文化の磁場」と題してシンポジウム企画の場をもった。このシンポジウムでも本科研から五名のメンバーが発表した。「万国博覧会」「工芸」「伝統と革新」「装飾」などをキイワードに、日本、中国、フランスといった諸国に関連した内容でまとめられた。これらのシンポジウムの詳細については、京都国立近代美術館研究論集『CROSS SECTIONS』の第三号（二〇一〇年）、並びに同四号（二〇一一年）でもその成果を報告している。二〇一一年には、同じく京都国立近代美術館で開催した特別展〈『織』を極める　人間国宝　北村武資〉に関連して、岩城見一氏も出席したシンポジウムを開催し、二〇一二年は、本書にも論考を寄せている当館の池田祐子が担当した〈KATAGAMI Style〉展でも、「東西文化の磁場」関連のシンポジウムを開いた。

このように本研究が、美術館という場を拠点に行われ、科研費評定基準にも掲げられている研究成果を「社会・国民に発信する方法」として、展覧会あるいはシンポジウムを活用して行ってきたことは、新しい科研の研究成果の発信方法でもあるだろう。さらに今回、本研究の最終報告のひとつとして一冊の書物にまとめられたことは、本科研の研究代表者としても幸運であったと思っている。

本書は、大きく四つの章に分かれるが、これは本研究課題としてある「建築」「デザイン」「工芸」を柱に、ジャンルを超えた章も加えた。各執筆者の論題は、当然のことながら本科研のテーマに則したものであり、執筆者各自の、四年間の研究成果の集大成となっている。本研究分担者総勢二〇名のうちから、岩城氏を含む一一名の執筆者を得て刊行の運びとなったことは、研究代表者としても嬉しく思う。

まず本書は、先にも触れたように、本研究を立ち上げ、科研として申請された岩城見一氏を抜きにして語ることはできない。それゆえ当初私は岩城氏に、本書の編者を岩城氏との連名にしていただきたいとお願いした。しかしながら、研究の実質的な遂行には、直接にはかかわっていないとして、編者は辞退された。しかし「まえがき」にも記されているとおり、本研究「東西文化の磁場」は、岩城氏の発案なくしてはありえなかったことを、ここであらためて強調しておきたい。

科学研究費補助金による書物の刊行については、「研究成果公開促進費」という申請科目があることは周知のとおりである。それにもかかわらず私は、本研究を出来る限り多くの方々に知っていただきたいとの思いから、出版について、国書刊行会営業部の永島成郎氏に相談してきた。これまで国書刊行会からは、京都国立近代美術館に収蔵されている「上野伊三郎+リチ　コレクション」（旧インターアクト美術学校、二〇〇六年度寄贈）に含まれた貴重図書『インターナショナル建築』全冊を、当館監修によって出版いただいていたからだ。このときにも、同書別冊に、岩城見一氏が「『インターナショナル建築』復刻版によせて」を寄稿され、私も「上野伊三郎の視点」の拙文を記した。あらためてふり返ってみると、この復刻版大冊の刊行が二〇〇八年の一二月であり、本書の刊行によって、翌年の「東西文化の磁場」の研究機運も熟したといって過言ではない。

このように本書の実現は、『インターナショナル建築』復刻版以来お世話になった永島成郎氏のご努力なくしてあり得なかった。また、編集部の清水範之氏には、原稿整理や編集、そして校正にいたるまで緻密な作業と温かい励ましをいただいた。重ねてお礼申し上げる次第である。

二〇一三年一月

『近代デザイン史―ヴィクトリア朝初期からバウハウスまで』（丸善、2002年）、トーマス・ハウフェ『近代から現代までのデザイン史入門』（晃洋書房、2007年）

池田祐子　いけだ ゆうこ
1965年大阪府生まれ。大阪大学大学院文学研究科芸術学専攻博士課程後期修了。現在、京都国立近代美術館主任研究員。専攻、ドイツ近代美術・デザイン史。
主要論文―「〈デザイン〉前夜―第一次世界大戦前後のドイツにおけるKunstgewerbe―」（永井隆則編著『デザインの力』晃洋書房、2010年）
展覧会企画―「KATAGAMI Style」展（2012年）、「パウル・クレー―おわらないアトリエ」（2011年）、「表現主義の彫刻家―エルンスト・バルラハ」展（2006年、第2回西洋美術振興財団学術賞）

廣田孝　ひろた たかし
1952年大阪府生まれ。関西学院大学大学院文学研究科博士課程美学専攻修了。現在、京都女子大学家政学部教授。専攻、日本美術史・近代京都日本画。
主要著書・論文―「竹内栖鳳　近代日本画の源流」（思文閣出版、2000年）、「髙島屋『貿易部』美術染織作品の記録写真集」（京都女子大学、2009年）

河上繁樹　かわかみ しげき
1956年大阪府生まれ。関西学院大学大学院文学研究科博士課程前期課程美学専攻修了。現在、関西学院大学文学部教授。専攻、日本染織史。
主要著書・論文―『織りと染めの歴史（日本編）』（昭和堂、1999年、共著）、京都国立博物館編『花洛のモード　きものの時代』（思文閣出版、2001年）、「南宋絹織物にみる二、三の特色について」（『MUSEUM』第464号、1989年、第2回國華賞受賞）、「服飾から見た足利義満の冊封に関する小論」（『人文論究』第62巻第4号、2013年）

前田富士男　まえだ ふじお
1944年神奈川県生まれ。慶應義塾大学大学院文学研究科美学美術史学専攻博士課程単位取得退学。現在、中部大学人文学部教授、慶應義塾大学名誉教授。専攻、西洋近代美術史・芸術学。
主要著書・訳書―『パウル・クレー　絵画のたくらみ』（新潮社、2007年、共著）、『心の探究者としてのパウル・クレー Paul Klee als Seelenforscher』（慶應義塾大学21世紀COE心の統合的研究センター、2007年、編著）、『パウル・クレー　造形の宇宙』（慶應義塾大学出版会、2012年）、ゲーテ『自然と象徴―自然科学論集―』（冨山房百科文庫、1982年、共訳）、ゲーテ『色彩論／完訳版』（工作舎、1999年、共訳）

中川克志　なかがわ かつし
1975年和歌山県生まれ。京都大学大学院文学研究科博士後期課程美学美術史学専修単位取得満期退学。現在、横浜国立大学大学院都市イノベーション学府准教授。専攻、聴覚文化論。
主要論文―「音響記録複製テクノロジーの起源―帰結としてのフォノトグラフ、起源としてのフォノトグラフ」（『京都精華大学紀要』第36号、2000年）、「クリスチャン・マークレイ試論―見ることによって聴く」（『CROSS SECTIONS』Vol.3、京都国立近代美術館、2010年）

執筆者紹介

岩城見一　いわき けんいち
1944年兵庫県生まれ。京都大学大学院博士課程単位取得退学。現在、京都大学名誉教授（前京都国立近代美術館長）。専攻、美学美術史学。
主要著書・論文―『感性論　エステティックス―開かれた経験の理論のために』（昭和堂、2001年）、『〈誤謬〉論―カント『純粋理性批判』への感性論的アプローチ―』（萌書房、2006年）、「東洋絵画における〈色〉―画論とその周辺―」（『CROSS SECTIONS』Vol.3, 京都国立近代美術館、2010年）

中川理　なかがわ おさむ
1955年神奈川県生まれ。京都大学大学院工学研究科博士課程修了。工学博士。現在、京都工芸繊維大学大学院工芸科学研究科教授。専攻、近代都市史・建築史。
主要著書―『重税都市―もうひとつの郊外住宅史』（住まいの図書館出版局、1990年、日本都市計画学会論文奨励賞）、『偽装するニッポン―公共施設のディズニーランダゼイション』（彰国社、1996年）、『風景学―風景と景観の歴史と現在』（共立出版社、2008年）

山野英嗣　やまの ひでつぐ
1952年大阪府生まれ。関西大学大学院文学研究科博士課程前期課程修了。現在、京都国立近代美術館学芸課長。専攻、近代美術・デザイン史。
主要編著書―『デザインとバウハウス』（ゆまに書房、2008年）、京都国立近代美術館監修『復刻版　インターナショナル建築　全29冊』（国書刊行会、2008年）、『小出楢重画集』（東方出版、2002年）

新見隆　にいみ りゅう
1958年広島県生まれ。慶應義塾大学文学部フランス文学科卒業。現在、武蔵野美術大学芸術文化学科教授、イサム・ノグチ庭園美術館学芸顧問。専攻、美術史・デザイン史・美術館論。
主要著書―『モダニズムの建築・庭園をめぐる断章』（淡交社、2000年）、『ウィーン工房1902-1933』（美術出版社、パナソニック電工汐留ミュージアムにおける展覧会図録、2011年、共著）

並木誠士　なみき せいし
1955年東京都生まれ。京都大学大学院文学研究科博士後期課程中退。現在、京都工芸繊維大学大学院工芸科学研究科教授、同大学美術工芸資料館館長。専攻、日本美術史・美術館学。
主要著書―『中世日本の物語と絵画』（放送大学教育振興会、2004年）、『美術館の可能性』（学芸出版社、2006年）、『絵画の変―日本美術の絢爛たる開花―』（中央公論新社、2009年）、『京都　伝統工芸の近代』（思文閣出版、2012年、共著）

籔亨　やぶ とおる
1943年香川県生まれ。京都工芸繊維大学大学院工芸学研究科修士課程修了。現在、大阪芸術大学芸術学部教養課程主任教授、同大学博物館館長。専攻、デザイン史・デザイン理論。
主要著訳書―利光功・宮島久雄・貞包博幸編『バウハウスとその周辺Ｉ』（中央公論美術出版、1999年、共著）、デザイン史フォーラム編『国際デザイン史』（思文閣出版、2001年）、

東西文化《とうざいぶんか》の磁場《じば》

日本近代の建築・デザイン・工芸
における境界的作用史の研究

二〇一三年三月一〇日初版第一刷印刷
二〇一三年三月一六日初版第一刷発行

編者　山野英嗣

発行者　佐藤今朝夫

発行所　株式会社国書刊行会
東京都板橋区志村一―一三―一五　〒一七四―〇〇五六
電話〇三―五九七〇―七四二一
ファクシミリ〇三―五九七〇―七四二七
URL：http://www.kokusho.co.jp
E-mail：sales@kokusho.co.jp

装訂者　伊藤滋章

印刷所　株式会社エーヴィスシステムズ
製本所　株式会社ブックアート

ISBN978-4-336-05636-8 C0070